JIMMY KATZ

CLOSED
SESSION
CALL BEFORE ENTERING

JIMMY KATZ
CLOSED SESSION

SilvanaEditoriale

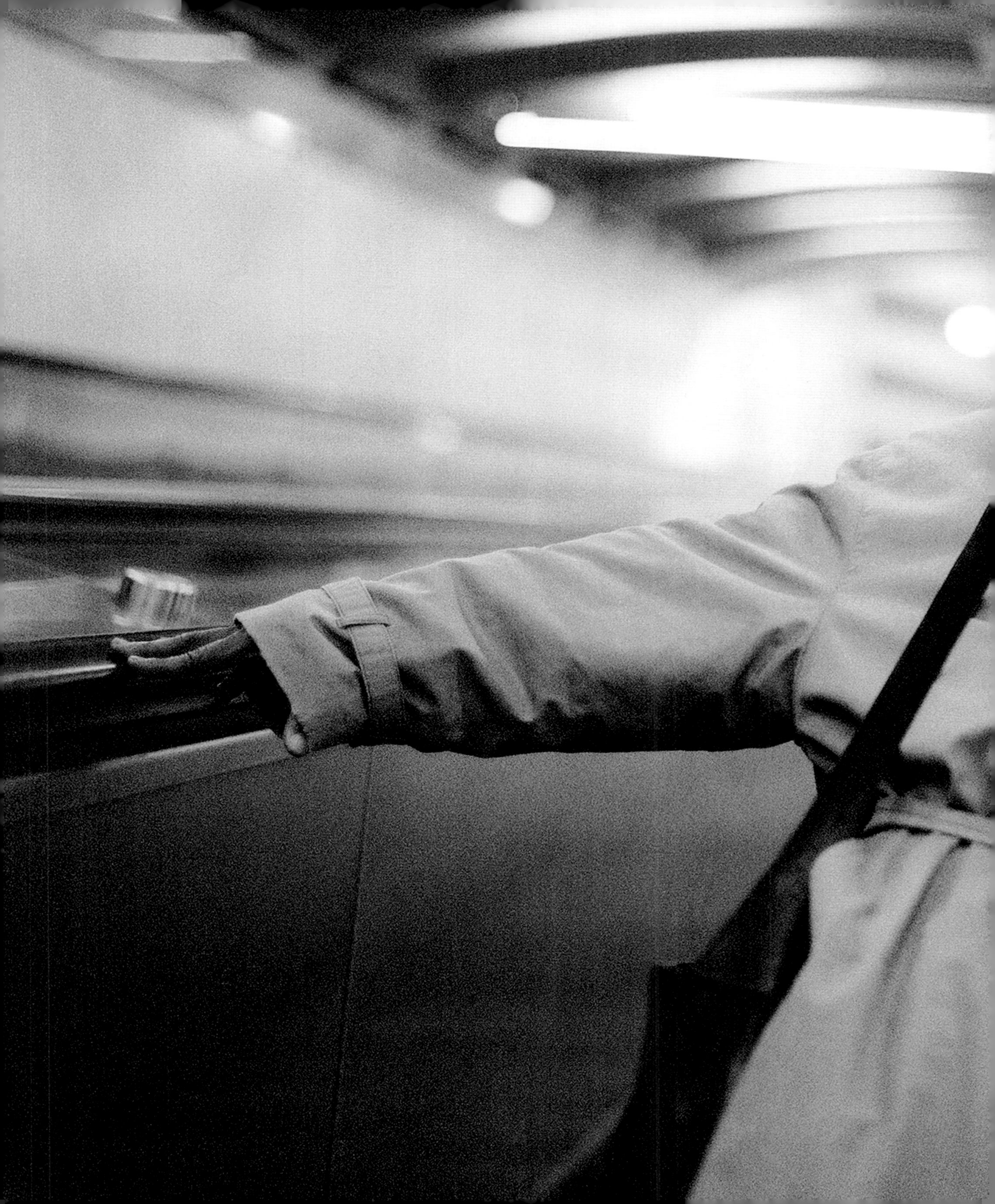

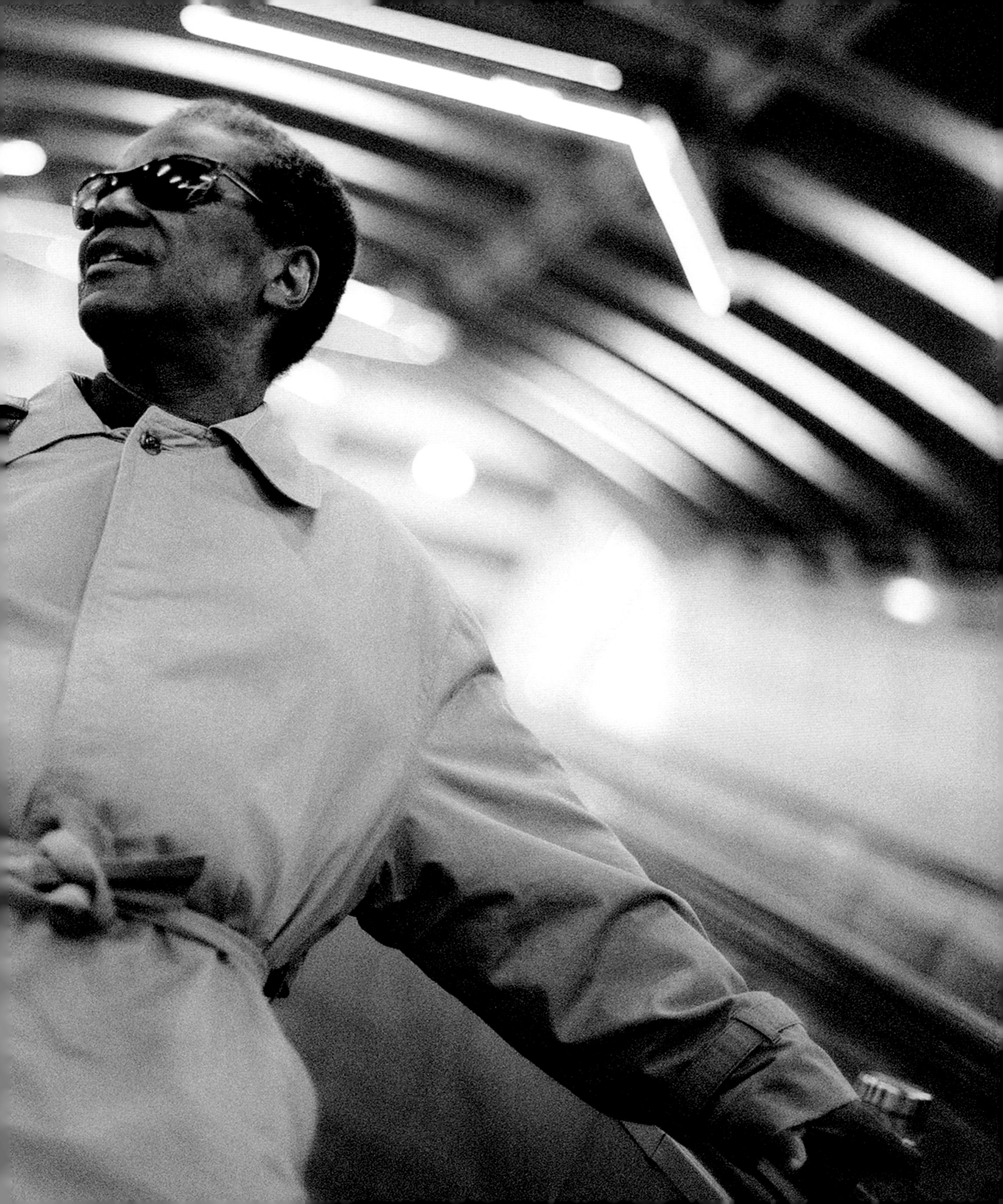

JIMMY KATZ
CLOSED SESSION

Galleria Nazionale dell'Umbria
28 giugno - 1 settembre 2019

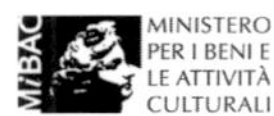

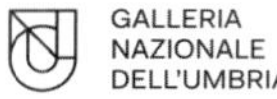

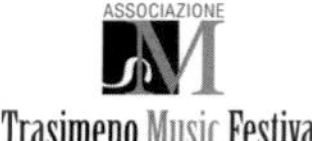

a cura di
Marco Pierini

stampe fotografiche
Jimmy Katz, New York
Marco Quaranta, Nembro (Bg)

allestimenti
Giuseppe Finocchi, Corciano (Pg)

realizzazione grafica
Muttnik, Firenze

impianti elettrici
Arim S.r.l., Perugia

ufficio stampa
CLP Relazioni Pubbliche Srl, Milano

biglietteria e bookshop
Sistema Museo Scarl, Perugia

catalogo
Silvana Editoriale,
Cinisello Balsamo (Mi)

con testi di
Jimmy Katz
Marco Pierini
Luciano Rossetti

ringraziamenti
Paolo Ballerani
Dena Katz
Silvia Pedrini

Desidero ringraziare le persone che hanno reso possibile questo progetto per me molto importante: Marco Pierini per avermi invitato ad esporre in un Museo così importante e prestigioso, tutto lo staff della Galleria Nazionale dell'Umbria; Marina Bon per aver guidato l'organizzazione; Denise Castelnovo per l'eccellente layout del catalogo; la redazione di Silvana Editoriale; Marco Quaranta per le straordinarie stampe in grande formato. Desidero inoltre ringraziare Silvia Pedrini e Luciano Rossetti per l'amicizia, il supporto e il lavoro svolto per conto mio; la mia famiglia, Emily, Eduardo, Erica, Ariela e George. Soprattutto, però, ringrazio mia moglie Dena, che ha collaborato con me in tutti questi anni di fotografia e musica.

I wish to thank the following people for making this show possible: Marco Pierini for his vision and Galleria Nazionale dell'Umbria for hosting the show in such an esteemed Museum, Marina Bon for her shepherding the show, Denise Castelnovo for her insightful layout of the catalogue, the editorial staff of Silvana Editoriale, and Marco Quaranta for his masterful large prints.
In addition I would like to thank Silvia Pedrini and Luciano Rossetti for their friendship, guidance, and work on my behalf, my family, Emily, Eduardo, Erica, Ariela and George. Most of all I would like to thank my wife and collaborator Dena for all the decades in photography and music.

Jimmy Katz

Galleria Nazionale dell'Umbria
Corso Vannucci 19
06123 Perugia, Italia
Tel. 075 58668415
www.gallerianazionaleumbria.it
gan-umb@beniculturali.it

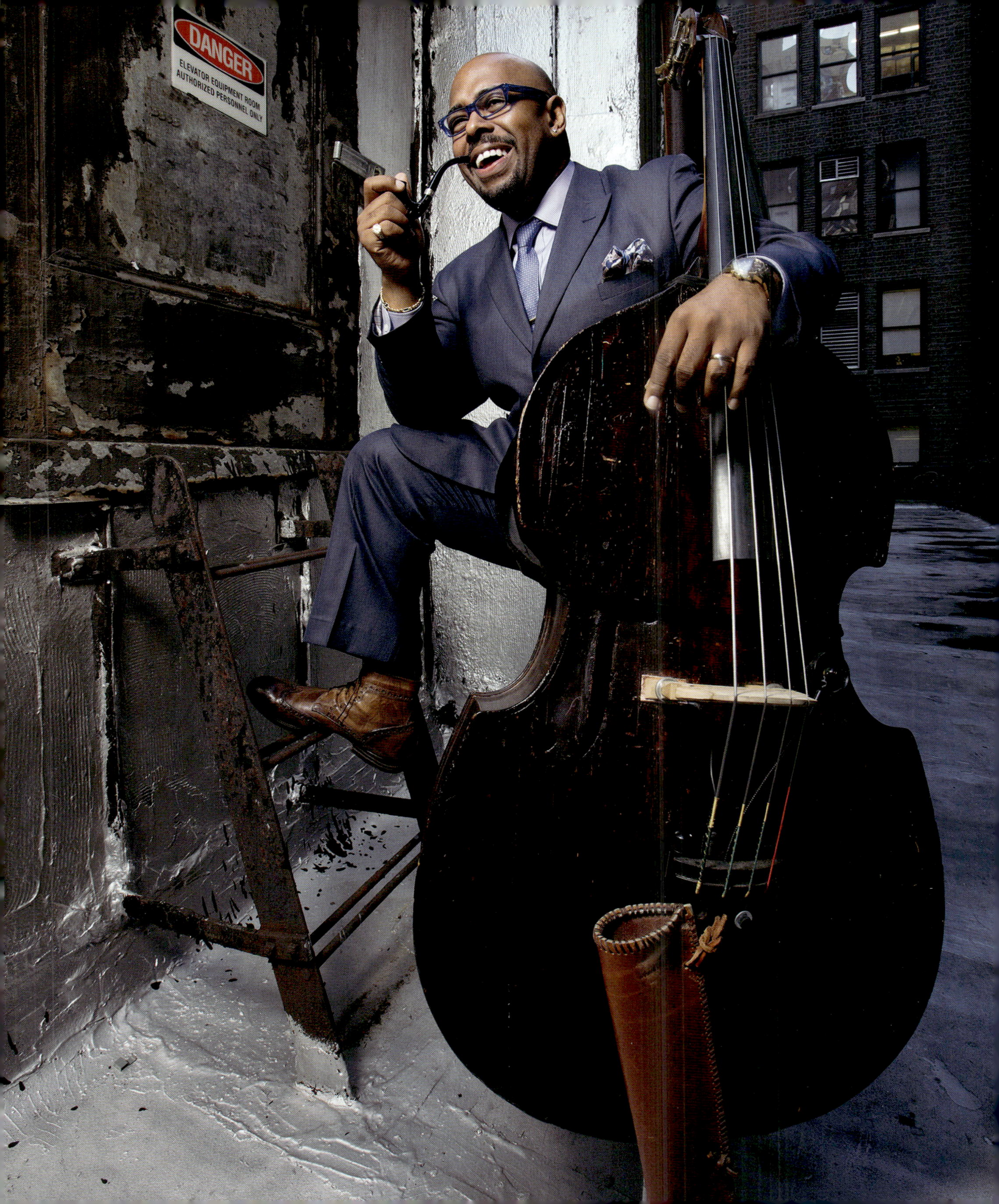
DANGER
ELEVATOR EQUIPMENT ROOM
AUTHORIZED PERSONNEL ONLY

SOMMARIO

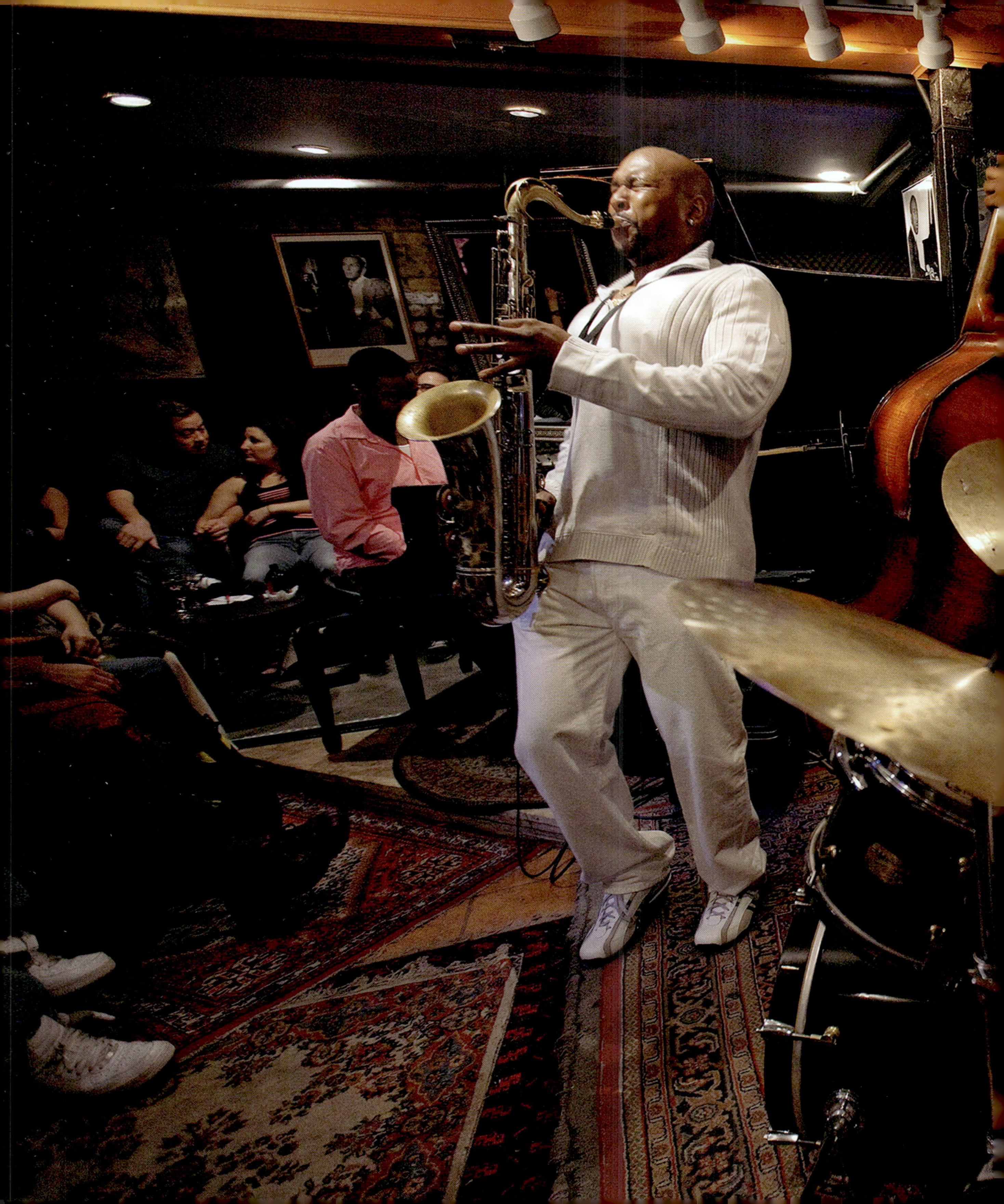

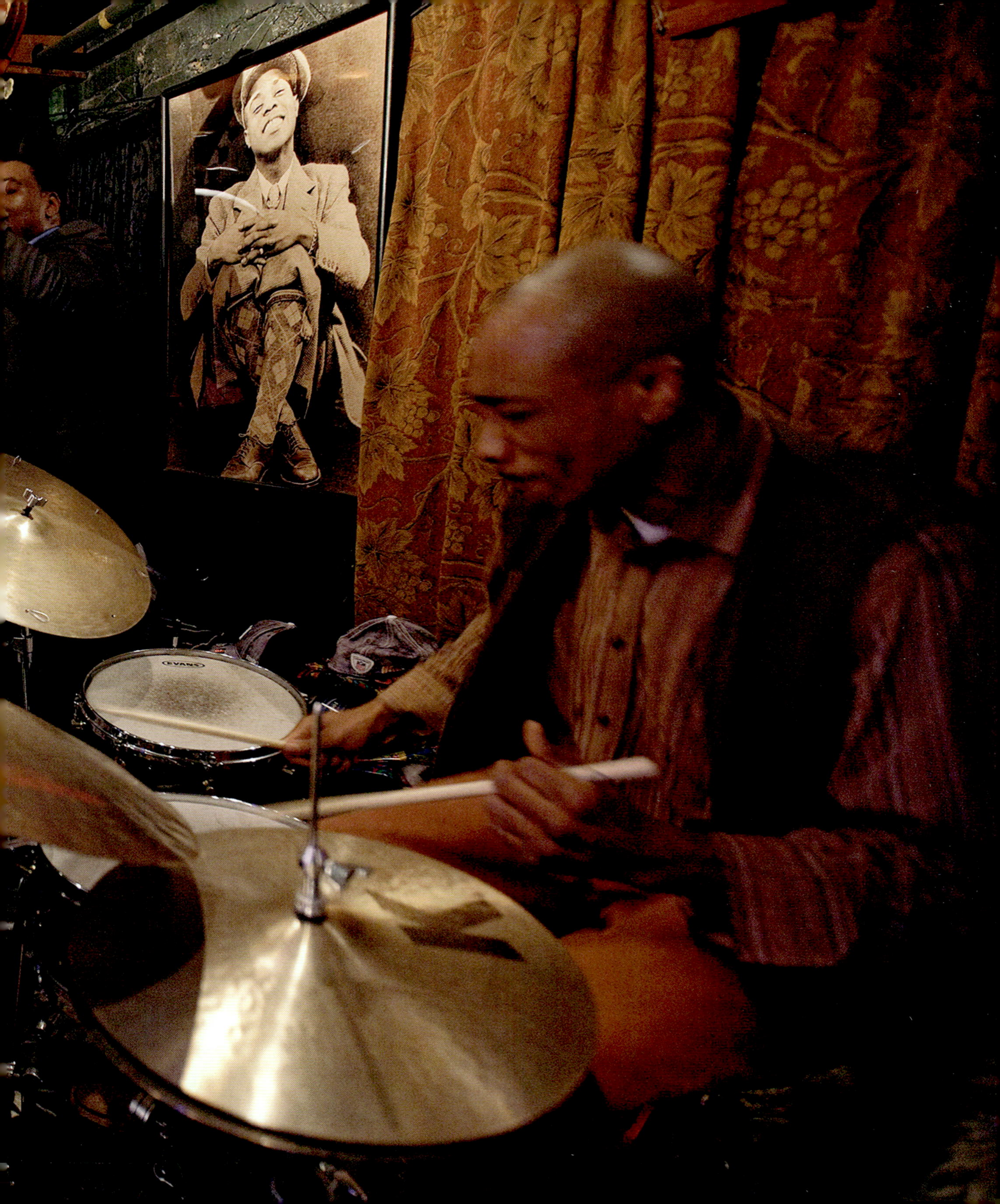

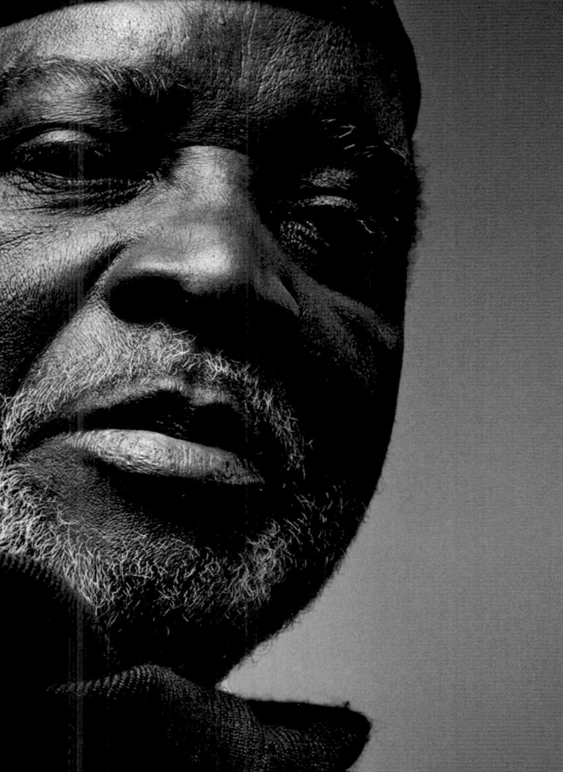

NEW YORK STATE OF MIND

Marco Pierini

Della folgorazione adolescenziale per il jazz Jimmy Katz restituisce un ricordo vivido e fresco, nel quale agiscono già da primattori gli elementi cardine del suo processo creativo: la potenza emotiva del suono, il fascino della performance, la magia di New York. "While in my teens and growing up in New York City, I was given tickets to hear Thelonious Monk and Art Blakey at Carnegie Hall and it changed my life forever. I sat third row center and was transfixed by what I heard. I did not understand what was going on in front of me, but what I did know was that what I heard, was very special and profound. I knew I was in the presence of great human artistry, and emotion, and I decided to explore jazz further."[1] La seconda svolta cruciale ha una data ben precisa, il 1991, quando l'allora giovane alpinista e fotografo della natura decide di tornare stabilmente nella sua città *"not* just to photograph in the music world, but *only* to photograph in the jazz world"[2]. La vocazione, assistita dal talento e dal crescente apprezzamento del suo lavoro da parte dei musicisti e dei media, ha fatto sì che nel giro di pochi anni Katz si affermasse come figura centrale della scena jazz americana, in un crescendo di incontri, commissioni prestigiose, copertine di riviste e di album, mostre.

In quasi trent'anni di attività, durante i quali l'occhio e la tecnica si sono affinati ed evoluti, la fotografia di Katz si è confrontata costantemente con due tematiche principali: la musica dal vivo e il ritratto, argomenti sui quali converrà soffermarsi per comprendere al meglio le linee di indirizzo poetico che sottostanno al lavoro del fotografo, straordinariamente coerente sia che lo si osservi dal punto di vista del mero stile, sia che lo si inquadri – come merita – in un contesto culturale più ampio.

Le fotografie che documentano il momento della produzione del suono sono catturate tanto durante i concerti quanto nello spazio delle prove. In ogni caso il pubblico non compare mai. Ciascuna immagine è pervasa da un'atmosfera di mirabile armonia tra il musicista e il suo strumento che si riverbera quasi per incanto su tutti i membri della band. Anche la gestualità è condivisa,

sebbene in maniera del tutto spontanea e non prevedibile. Difficile figurarsi un istante più ispirato di quello nel quale Roy Hargrove soffia sulla tromba a occhi chiusi e Tyler Mitchell, abbassate anch'egli le palpebre, scandisce il ritmo al contrabbasso. Al contrario, nella fotografia di Grover Washington e Kathleen Battle è proprio il dialogo degli sguardi che dimostra il pieno accordo di coppia. Energia, concentrazione, gioia emergono da ogni immagine e il sorriso prevale sui volti degli strumentisti, a riprova di un'intima, impagabile, soddisfazione, di una rivelazione sincera e franca di sé, possibile solo grazie alla musica. Jimmy Katz riesce a circoscrivere nello spazio, preferibilmente non molto vasto se non addirittura angusto, o altrimenti reso tale dall'obbiettivo, la performance musicale, componendo immagini di grande equilibrio, dove le coordinate possono essere suggerite dalle bacchette sollevate in aria dal batterista (Nasheet Waits) o dalla tastiera di un pianoforte (Lonnie Smith). La medesima, profonda, percezione dell'ambiente determina la più recente attività di ingegnere del suono di Katz, costruttore di immagini acustiche che si offrono come potenziamento delle capacità percettive dell'orecchio proprio come le fotografie lo sono dell'occhio.
L'altro aspetto del lavoro di Katz attiene ancora più propriamente al ritratto. Non mancano primi piani, nei quali il soggetto è in grado di costituire l'immagine in perfetta autonomia. In questi casi l'inquadratura è spesso dal basso verso l'alto, in modo che il volto si stagli sull'astrazione di un duro cielo lavagna come nel caso di Ahmad Jamal o sul fondo indefinito e morbido che contrasta le risate esplosive di Ray Charles (in bianco e nero) o di Cassandra Wilson (a colori). Allargando il campo, il primo piano non esclude del tutto la città, ma gli edifici si prestano volentieri a sfumare il loro carattere per farsi quinta e riservare il proscenio al protagonista. Avviene in particolare per il ritratto di DJ Logic, ma anche per quelli meno protesi verso l'occhio dello spettatore di Gregory Porter, i cui *volants* della camicia riescono a instaurare un inaspettato dialogo con i motivi 'decorativi' del tombino piantato nell'asfalto, di Questlove e di Roy Haynes, dove la città sembra perdere i suoi contorni materiali e farsi di luce attorno alla figura del batterista. I *close-up* in interno sembrano lasciare meno spazio all'ambiente circostante, talvolta quasi eliso dall'immagine. Non è dato, ad esempio, sapere nulla sulla stanza dove si trova John Zorn, mentre il ritratto di Elvis Costello è costruito su una serie di chiusure, di coperture, di restrizioni. Lo spazio è delimitato – in pratica annullato – da un vecchio sipario in velluto rosso contro le cui pieghe si dispone la figura quasi ostile del cantante, intabarrato nel cappotto, avvolto nella sciarpa, la testa nascosta sotto il cappello, lo sguardo scomparso dietro un paio di lenti scure.

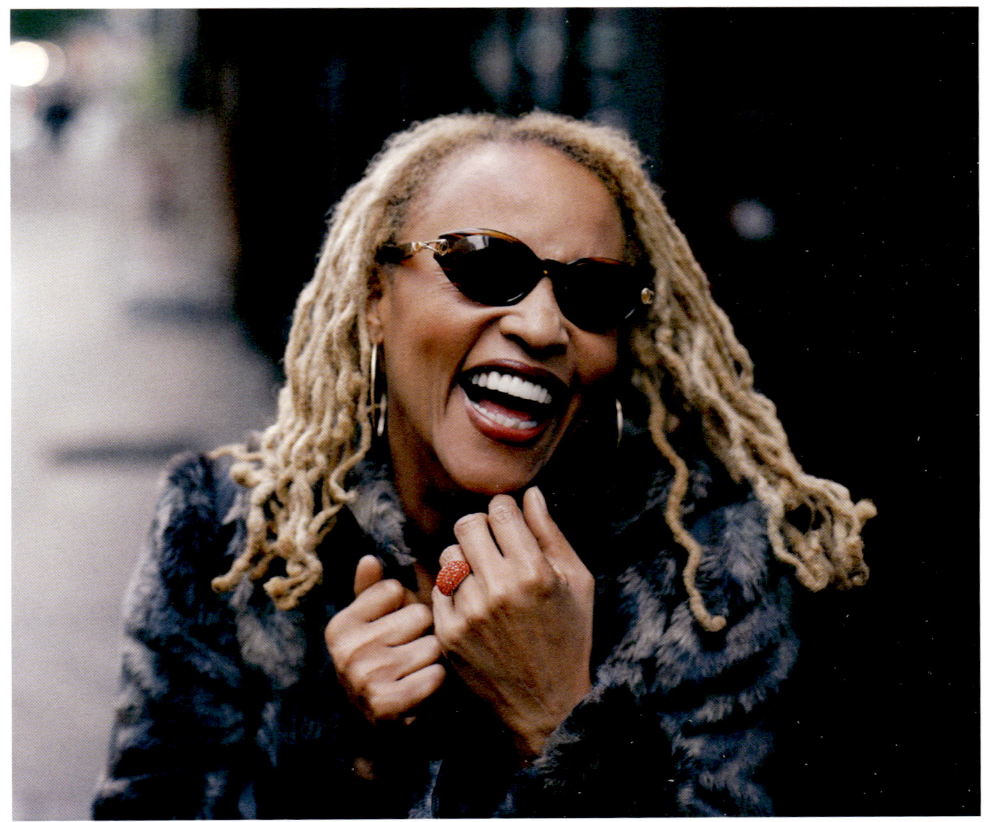

Più frequenti sono i ritratti nei quali il musicista è colto assieme al proprio strumento. La prima sensazione che tutte queste immagini trasmettono è il ruolo da coprotagonista della scena che l'oggetto invariabilmente assume, pur non venendo mai suonato. In molti casi sembra quasi di percepire una simbiosi, una continuità fisica tra il corpo del musicista e la materia dello strumento, da una parte facile allusione alla compartecipazione alla creazione del suono, dall'altra anche – e forse soprattutto – specchio di una naturalezza di rapporto e di un'abitudine quasi inconsapevole ad agire, muoversi, riposarsi, concentrarsi assieme al proprio strumento. E basta far scorrere sotto gli occhi le immagini di Pat Metheny, Lage Lund o B. B. King perché risuonino dentro di noi i versi con i quali Fabrizio De André ha consacrato tale contiguità: "È bello che dove finiscono le mie dita debba in qualche modo incominciare una chitarra"[3]. L'intimità e la familiarità non risolvono però completamente il rapporto del musicista con la propria 'appendice sonora': esiste un ruolo pubblico, quasi sociale dello strumento che nelle fotografie di Katz assume una caratteristica non dissimile da quella rivestita dagli

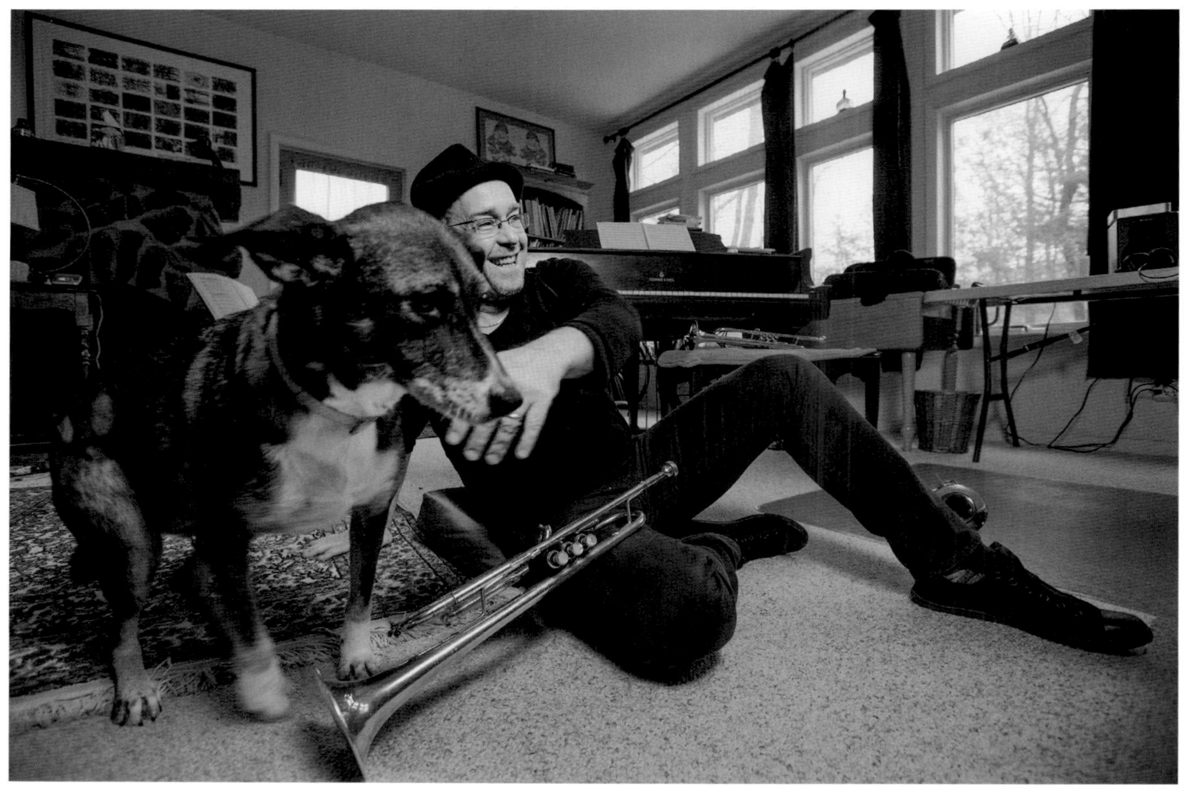

utensili propri delle professioni nei ritratti rinascimentali. La chitarra di Pat Martino, il sassofono di Ornette Coleman o di Sonny Rollins, la tromba di Dave Douglas o di Jason Palmer, la melodica di Jon Batiste paiono davvero agire sul nostro immaginario come le forbici nel celebre *Sarto* di Giovan Battista Moroni, l'armamentario scientifico disposto in bella vista sul tavolo al quale Hans Holbein il Giovane immaginò l'astronomo Nikolaus, la statuetta tenuta tra le mani dall'antiquario Jacopo Strada nel ritratto di Tiziano, per non parlare dei pennelli e delle tavolozze che alludono al mestiere in numerosissime effigi di pittori[4].

È caratteristica precipua della maniera di Jimmy Katz quella di ricercare per ogni ritratto l'ambientazione più consona, individuandola di volta in volta in una sala prove o in uno studio di registrazione (Sting, Jamie Cullum irriverente con il suo pianoforte), sul palco di teatri o di jazz club come lo Small o il Blue Note, a casa del musicista (Keith Jarrett, Dave Brubeck, Brad Mehldau), in una zona di servizio di un edificio, oppure in spazi oggi degradati – e spesso irriconoscibili – dai quali traspare l'amore viscerale per New York e un sentimento di nostalgia per quegli elementi che la continua dinamica urbanistica dimentica e infine rimuove, trasformando così il volto degli isolati e dei quartieri. Katz riesce a sospendere l'inarrestabile vocazione al mutamento della città attraverso lo scatto di immagini esemplari, nelle quali l'autenticità del tessuto urbano s'intreccia con gli interpreti della musica più vicina alla cultura e alla storia novecentesca di New York. E attraverso la cesura temporale instaurata dall'immagine il sentimento individuale del fotografo si propaga e assume una dimensione collettiva. Si vedano a tal proposito, su tutti, i ritratti di Dave Holland, di George Coleman, di Christian McBride. Con quest'ultima fotografia il set si è spostato all'esterno, sebbene lo scatto conservi ancora un'atmosfera intima e raccolta. Intonazione che, in qualche modo, mantengono anche le immagini prese all'imbrunire o dopo il tramonto con lo skyline della città sul fondo e il protagonista in primo piano, avvolto idealmente dalle luci della città. L'artista – Eric Alexander, Joey Alexander, Joe Lovano, Marc Cary e Angela Hewitt, ritratta proprio in occasione della mostra – è invariabilmente solo, talvolta accompagnato dal proprio strumento. L'assenza di ogni altro essere umano, o la sua assoluta irrilevanza data dalle dimensioni e dalla sfocatura, rende ogni immagine un dialogo serrato tra il musicista e la città di New York, percepita come un organismo articolato ma unitario, regolato dal pulsare di un cuore[5] che detta il tempo a chi suona nei teatri e nei club, nelle case, lungo le strade, nelle stazioni della metropolitana, nelle piazze.

[1] Si veda l'introduzione di Jimmy Katz in questo stesso volume.
[2] *Jimmy Katz. The Sound of New York*, catalogo della mostra (Padova, Scuderie di Palazzo Moroni, 30 ottobre - 7 dicembre 2014), Padova 2014, p. 4.
[3] Fabrizio De André, *Amico fragile*, dall'album *Volume 8* uscito nel 1975.
[4] Giovan Battista Moroni, *Il Sarto*, 1565-1570. London, National Gallery; Hans Holbein il Giovane, *Ritratto dell'astronomo Nikolaus*, 1528. Paris, Louvre; Tiziano, *Ritratto di Jacopo Strada*, 1567-1568. Wien, Kunsthistorisches Museum.
[5] È quasi superfluo segnalare come qui ci si voglia riferire al celebre brano di Gallagher and Lyle *A Heart in New York*, portato al successo da Art Garfunkel e contenuto nell'album *Scissors Cut* del 1981. Al 1976 risale invece la canzone di Billy Joel che dà il titolo a questo scritto, posta in chiusura del primo lato dell'album *Turnstiles*.

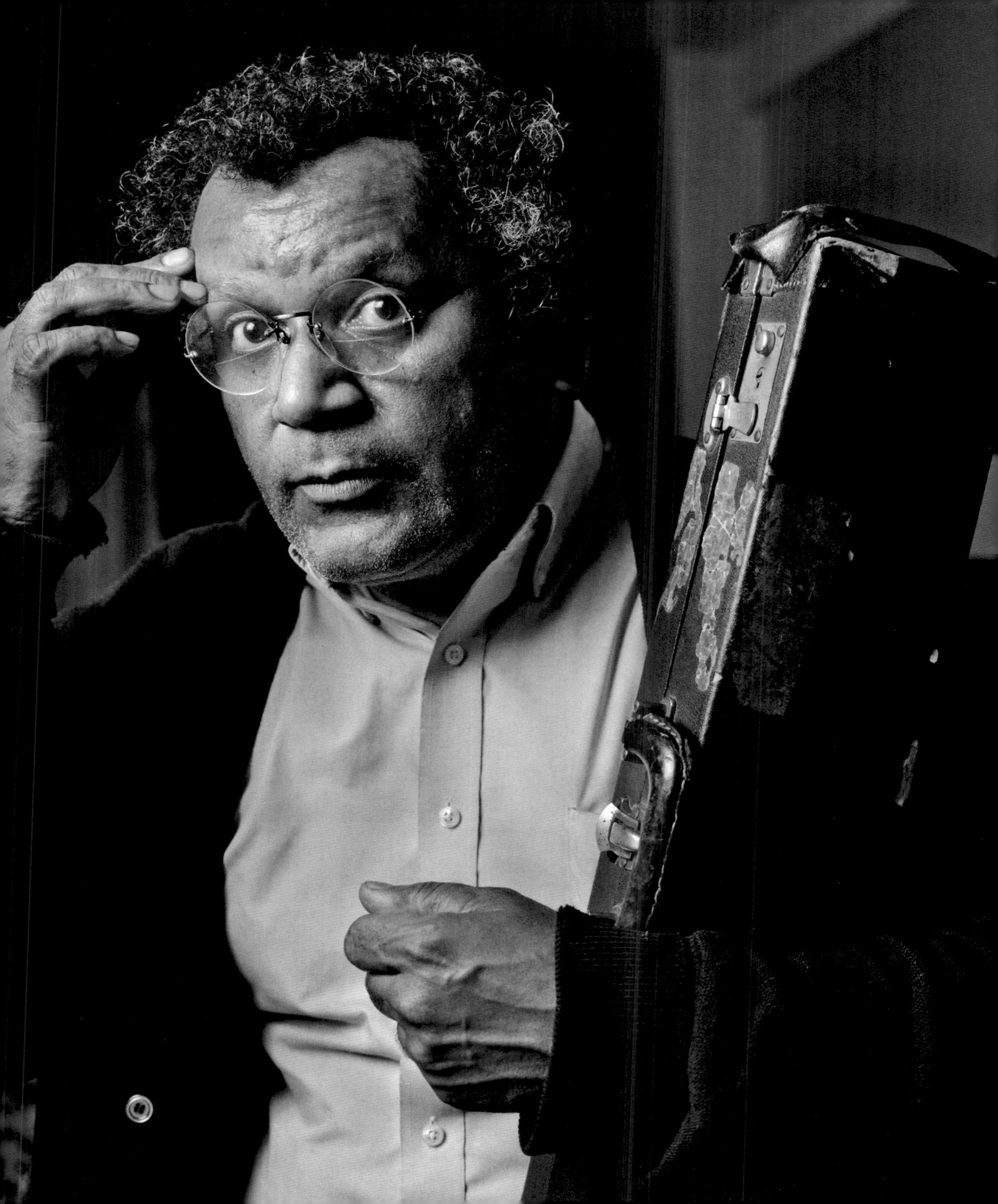

NEW YORK STATE OF MIND

Marco Pierini

Jimmy Katz gives us a fresh, vivid memory of his adolescent inspiration for jazz, wherein the key elements of his creative process have already taken centre stage: the emotional force of sound, the allure of the performance, the magic of New York City. "While in my teens and growing up in New York City, I was given tickets to hear Thelonious Monk and Art Blakey at Carnegie Hall and it changed my life forever. I sat third row center and was transfixed by what I heard. I did not understand what was going on in front of me, but what I did know was that what I heard, was very special and profound. I knew I was in the presence of great human artistry, and emotion, and I decided to explore jazz further".[1] The second crucial shift came at specific time: 1991, when the young mountaineer and nature photographer decided to return permanently to his hometown "*not* just to photograph in the music world, but *only* to photograph in the jazz world".[2] Thanks to this vocation, aided by great talent and a growing appreciation for his work amongst musicians and the media alike, within just a few years Katz had established himself as a key figure on the American jazz scene, in a crescendo of meetings, prestigious assignments, magazine and album covers, exhibitions.

In a career spanning almost thirty years, during which Katz has honed both his eye and his skill, his photography has steadily faced two main themes: live music and portrait pictures, subjects on which it is worthwhile to dwell in order to best understand the poetic trend underlying the photographer's work, which is extraordinarily consistent whether we view it from the perspective of mere style or picture it – as it deserves – within a broader cultural context.

The photographs documenting the moment of sound production are taken both during actual concerts and rehearsals. Either way, the audience never appears. Each and every image is infused with an atmosphere of spectacular harmony between the musician and his or her instrument, reverberating – as if by magic – onto all the band members. Gestural expressiveness also appears shared, in a totally spontaneous and non-predictable manner. It's hard to imagine a more inspired moment than when Roy Hargrove is blowing into his trumpet with his eyes closed, with Tyler Mitchell (whose eyes are also closed), beating time on his double bass. Conversely, in the picture of Grover Washington and Kathleen Battle, the pair's affinity is showcased by an exchange of gazes. All these images are brimming with energy, concentration and joy, with the instrumentalists' faces wreathed in smiles attesting to an intimate, priceless satisfaction, an honest and frank self-revelation that is only possible thanks to music. Jimmy Katz manages to circumscribe the musical performance in space – a narrow space, or at least made so by the lens, being preferable to a vast one – composing well-balan-ced images wherein the coordinates might be suggested by raised drumsticks (Nasheet Waits) or by a piano keyboard (Lonnie Smith). This in-depth per-ception of the surrounding ambience has also determined Katz's more recent activity as a sound engineer, a builder of acoustic images that present them-selves as an enhancement of the ear's perceptive faculty – just as photographs are for the eye.

The other aspect of Katz's work pertains more to the portrait picture. We find several close-ups, where the subjects manage to construct the image comple-tely on their own. In these cases, the photos are often shot from a low angle, in order for the face to stand out against the abstraction of a harsh slate-grey sky, such as with Ahmad Jamal, or against the soft, vague backdrop contra-sting the explosive laughter of Ray Charles (black and white) or Cassandra Wilson (colour). Widening the angle, the close-up doesn't completely leave out the city, yet the buildings fade away willingly to become part of the back-drop, reserving centre stage for the main character. This happens particu-larly for the portrayal of DJ Logic, but also for the ones less geared towards viewers' gazes. For example, the photos of Gregory Porter, whose shirt ruffles manage to build an unexpected dialogue with the "decorative" patterns of the manhole set in the asphalt; the photos of Questlove and Roy Haynes, where the city seems to blur its material edges and become light around the figure of the drummer. The interior close-ups seem to leave less space for the surrounding ambience, at times almost removed from the image. For example, there is no way of knowing anything about the room where John Zom is, while Elvis Costello's portrait is constructed on a series of closures, coverings and restraints. The boundaries of the space are marked – basically cancelled out – by an old red velvet curtain against the folds of which we see the almost-hostile figure of the singer, muffled in his coat and scarf, a hat hiding his head, his eyes lost behind a pair of dark lenses.

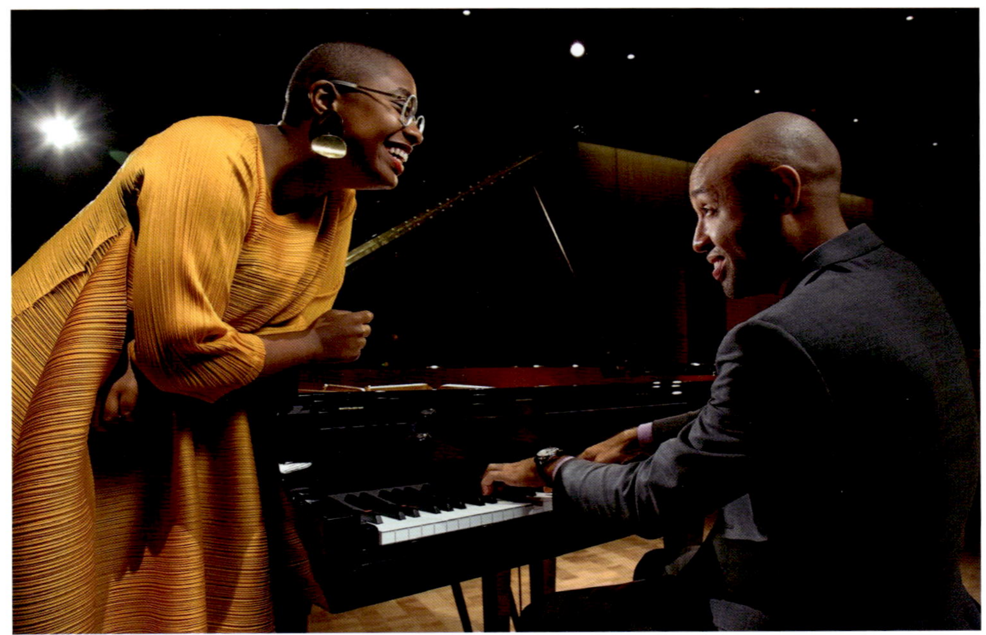

More common are the portraits capturing musicians along with their instruments. The first sensation conveyed by all these images is the role of co-star invariably taken on by the object, though it is never actually being played. In several cases, we almost detect a sort of symbiosis, a physical continuity between the musician's body and the substance of the instrument – on one hand a quick reference to their shared creation of sound, on the other (and perhaps above all) a reflection of a natural connection and an almost unconscious custom to act, move, rest, concentrate along with one's instrument. A glance through the images of Pat Metheny, Lage Lund or B. B. King is enough for us to feel the reverberation of the verses with which Fabrizio De André consecrated this proximity: "È bello che dove finiscono le mie dita debba in qualche modo incominciare una chitarra" ("it's wonderful how a guitar must somehow begin right where my fingers end").[3] Intimacy and familiarity, however, do not completely break down the rapport between the musician and his or her 'sound appendage': the instrument also has a public, almost social, role that – in Katz's photographs – takes on a trait not unlike the one held by the tools of the trade in Renaissance portraits. Pat Martino's guitar, Ornette Coleman and Sonny Rollins' saxophones, Dave Douglas and Jason Palmer's trumpets, Jon Batiste's melodica all seem to act on our imagination like the scissors in Giovan Battista Moroni's renowned *The Tailor*, the scientific paraphernalia laid out in full sight on the table behind which

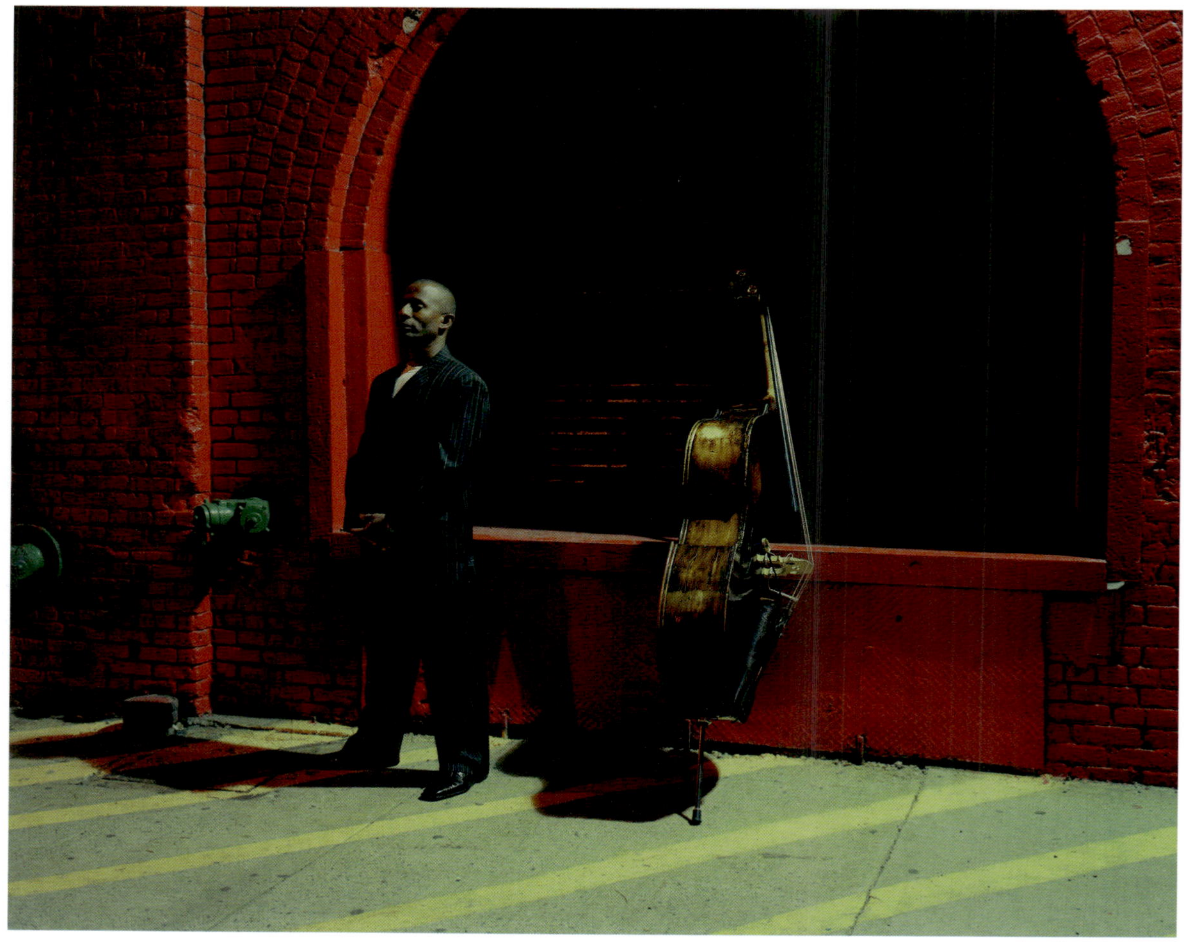

Hans Holbein the Younger placed the astronomer Nicholas Kratzer, the statuette held by antiques dealer Jacopo Strada in the portrait by Titian – to say nothing of the paintbrushes and palettes hinting at the craft in countless effigies of painters.[4]

One of the main traits of Jimmy Katz's photography is seeking the right ambience for each and every portrait, identifying it each time in a rehearsal or recording studio (Sting, Jamie Cullum shown irreverently with his piano), on stage in theatres or jazz clubs like Smalls or Blue Note, at the musician's home (Keith Jarrett, Dave Brubeck, Brad Mehldau), in a building's service area or in spots nowadays degraded – and at times unrecognisable – which exude a deep-rooted love for New York and a feeling of nostalgia for the elements forgotten and eventually removed by the constant urban dynamics, thus transforming the face of the city's blocks and neighbourhoods. Katz manages to halt the city's inexorable vocation for change as he captures exemplary images – wherein the authenticity of the fabric of the city interweaves with the voices closest to New York's 20th-century culture and history – on film. And the photographer's individual feeling spreads through the gap in time established by the image, taking on a collective meaning. On this point, the portraits of Dave Holland, George Coleman and Christian McBride stand out. In the latter photograph, the set has moved outdoors, although the shot maintains a cosy, intimate atmosphere. This tone is somehow also preserved by the photos taken at dusk or just after sunset with the city skyline as a backdrop and the subject in the foreground, ideally enveloped in the city lights. The artist – Eric Alexander, Joey Alexander, Joe Lovano, Marc Cary and Angela Hewitt, portrayed specially for the exhibition – is inevitably alone, occasionally accompanied by his or her instrument. The absence of other human beings, or their complete irrelevance due to size or blurring, turns each image into a fast-paced conversation between the musician and New York City, perceived as a complex yet unified organism, governed by a heartbeat[5] that sets the rhythm for all the musicians who play in theatres and nightclubs, at home and in the streets, in subway stations and in the city squares.

[1] See Jimmy Katz's introduction to this book.
[2] *Jimmy Katz. The Sound of New York*, exhibition catalogue (Padua, Scuderie di Palazzo Moroni, 30 October – 7 December 2014), Padua 2014, p. 4.
[3] Fabrizio De André, *Amico fragile*, from the album *Volume 8* released in 1975.
[4] Giovan Battista Moroni, *The Tailor*, 1565-1570. London, National Gallery; Hans Holbein the Younger, *Portrait of Nicholas Kratzer*, 1528. Paris, Louvre; Titian, *Portrait of Jacopo Strada*, 1567-1568. Vienna, Kunsthistorisches Museum.
[5] Needless to say, this is a clear reference to Gallagher and Lyle's famous song *A Heart in New York*, made popular by Art Garfunkel as part of the 1981 album *Scissors Cut*. The essay, on the other hand, is named after a 1976 song by Billy Joel that appeared as the last track on side one of the album *Turnstiles*.

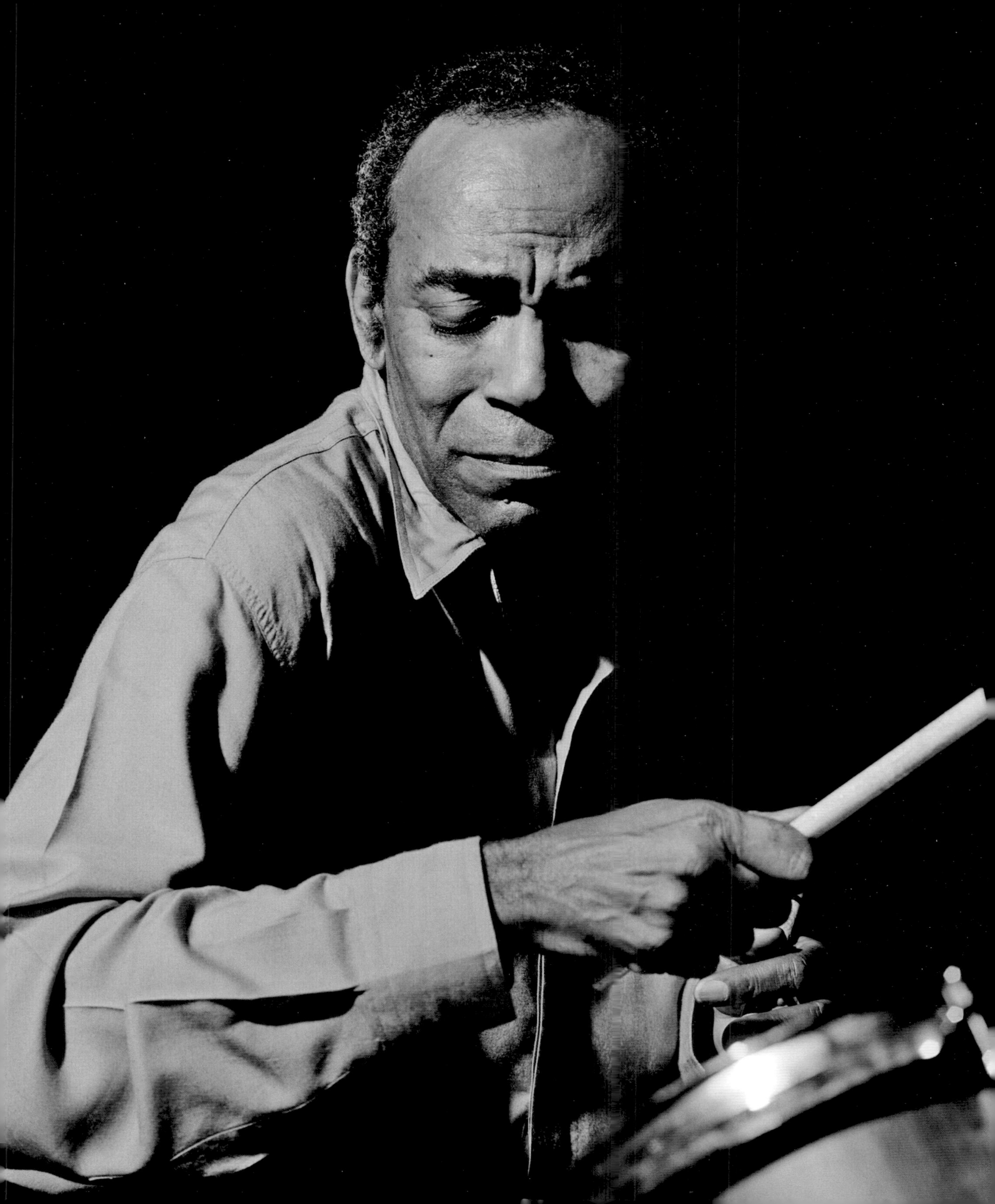

IL MIO VIAGGIO NELLA MUSICA

Jimmy Katz

Da adolescente a New York, mi regalarono i biglietti per sentire Thelonious Monk e Art Blakey alla Carnegie Hall, e da quella sera la mia vita non è stata più la stessa. Ero seduto al centro della terza fila, paralizzato da ciò che sentivo. Non capivo cosa avvenisse di fronte a me; sapevo solo che si trattava di qualcosa di profondo e speciale. Ero conscio di trovarmi al cospetto di una grande abilità artistica ed emozione, e fu allora che decisi di approfondire le mie conoscenze del jazz. Così, poco a poco, ho iniziato a collezionare oltre 4000 vinili jazz, ascoltando quella musica senza sosta.

Dopo l'università e una carriera come alpinista e sciatore, fotografando le vette del West americano, del Sud America e dell'ex Unione Sovietica, tornai a New York. Non scoraggiato dalle sfide che mi aspettavano, la mia intenzione era di fotografare il mondo della musica, documentando principalmente il jazz. Di lì a pochi mesi conobbi il grande batterista Art Taylor a Birdland; diventammo amici, e mi presentò altri musicisti. È stato grazie ad Art Taylor che ho conosciuto uno dei miei idoli musicali, il leggendario sassofonista Jackie McLean. Sopraffatto dall'emozione di trovarmi al suo cospetto, dissi a mia moglie Dena che non credevo fosse davvero lui.

Art Taylor mi chiese anche di assistere a una seduta di registrazione per fotografare il suo progetto successivo. Quando gli spiegai che forse la casa discografica non ne sarebbe stata contenta, lui mi disse: "Se tu non puoi fare foto, io non toglierò la batteria dalla custodia!". La registrazione avvenne nello studio del leggendario Rudy Van Gelder, e la band aveva provato fino all'inverosimile. Durante la registrazione, erano tutti insieme nella stessa stanza, come si faceva spesso negli anni cinquanta. Io ero l'unico non musicista nella *live room* mentre registravano. Stavo lì, ipnotizzato, a toccare gli stessi scalini dove sedeva John Coltrane, cercando di immaginare come sarebbe stato stargli accanto durante una sua seduta di registrazione, proprio lì. La sala sembrava un vero tempio della musica; io ero al settimo cielo, e credevo non ci fosse niente di meglio al mondo. In seguito, Art Taylor mi portò alla Verve

Records, e il grande sassofonista Joe Lovano mi presentò alla Blue Note Records. Le principali riviste jazz iniziarono a rivolgersi a me per realizzare le loro copertine, ed ecco che presi il via nel mondo del jazz. Per me fu un periodo elettrizzante, visto che ho avuto l'opportunità di immortalare artisti leggendari e giovani talenti, sempre nelle cornici più suggestive.

Dagli anni novanta in poi, io e mia moglie Dena abbiamo realizzato più di 200 copertine per DownBeat e JazzTimes, in aggiunta ad altre riviste. Abbiamo anche partecipato alla realizzazione di più di 550 progetti discografici per conto di varie case discografiche di piccole e grandi dimensioni. Per quasi 30 anni, abbiamo avuto il privilegio rarissimo di assistere a collaborazioni creative di un'intensità davvero unica. Una delle nostre esperienze più memorabili fu quando il grande Andrew Hill ci chiese di sedere, immobili, praticamente sotto il pianoforte durante la sua ultima seduta di registrazione. Stava morendo di cancro e aveva tanti di quei pensieri per la testa, eppure ci invitò a sentire l'energia creativa del momento, regalandoci così un'esperienza unica. Nel corso degli ultimi decenni, ho anche avuto l'occasione di incontrare alcuni dei miei idoli fotografici: William Claxton, Bill Gottlieb e il gran maestro Herman Leonard – erano anni che ammiravo le loro opere. Si trattava di fotografi che avevano lavorato nel mondo del jazz per periodi molto lunghi, realizzando imponenti raccolte di opere sugli artisti principali delle rispettive epoche, ognuno con il proprio stile fotografico peculiare. Insieme a Francis Wolff, hanno contribuito a definire la storia visiva del jazz. E per me sono stati tutti fonte d'ispirazione.

Le fotografie selezionate per questa mostra sono state scattate quando lavoravo su commissione, ma per puro piacere personale. Ho avuto la fortuna di vivere una vasta gamma di esperienze in situazioni intime e private, ad esempio fotografando Sonny Rollins con il ponte di Williamsburg o stando in compagnia di Keith Jarrett a casa sua. Questi ritratti sono stati realizzati in modo simile a come i musicisti producono la musica in uno studio di registrazione. In una *closed session*. Ho anche avuto l'onore di lavorare con protagonisti storici della musica pop e classica, quali Sting e Angela Hewitt... Ho apprezzato ogni istante di queste sessioni e spero che le mie opere siano in grado di rispecchiare l'intensità immediata della vita urbana a New York. L'energia travolgente, l'eccitazione, il ritmo sincopato del traffico, la corsa impetuosa della metropolitana, le sirene a tutte le ore, una cacofonia di suoni casuali. La città di New York è, da sempre, la tela sulla quale lavoro.

Sebbene continui a essere ingaggiato come fotografo, a partire dal 2008 ho iniziato – grazie ai consigli e al sostegno di stimati ingegneri del suono – a realizzare registrazioni *live* di musicisti con i quali avevo già lavorato come

fotografo. Come nella fotografia, volevo che la musica venisse catturata in situazioni spontanee e irripetibili. E, sempre come nella fotografia, cercavo la magia ispirata del momento. Sono stato fortunatissimo, perché fin da subito le conoscenze maturate da fotografo nel mondo del jazz mi hanno permesso di iniziare a registrare musicisti rinomati. Più di 30 di queste registrazioni sono state proposte come uscite commerciali nel corso dei 9 anni successivi. Nel 2017 si è avverato un sogno: un gruppo di filantropi mi ha chiesto di avviare un'associazione americana no-profit allo scopo di aiutare musicisti jazz a portare a termine i loro progetti musicali senza dover fare alcuna concessione dal punto di vista artistico, e senza vincoli commerciali. I musicisti restano i proprietari del loro *master*. Come parte di quest'associazione no-profit, io e Dena abbiamo avuto l'occasione di fotografare, produrre, registrare, mixare e masterizzare dei giovani artisti davvero straordinari.
La nostra speranza è quella di continuare a ricevere fondi in modo da poter dare il nostro contributo alla comunità jazz.
Sono davvero onorato che Marco Pierini abbia scelto di presentare le mie fotografie – molte di esse inedite – in un museo tanto prestigioso. Un ringraziamento speciale va a Luciano e a Silvia per la loro amicizia e il loro sostegno. Infinite grazie a mia moglie Dena, che ha collaborato al mio fianco a ogni passo di questo viaggio gioioso e affascinante. Spero che guardare queste immagini sarà per voi emozionante quanto scattarle lo è stato per me.

New York, 2019

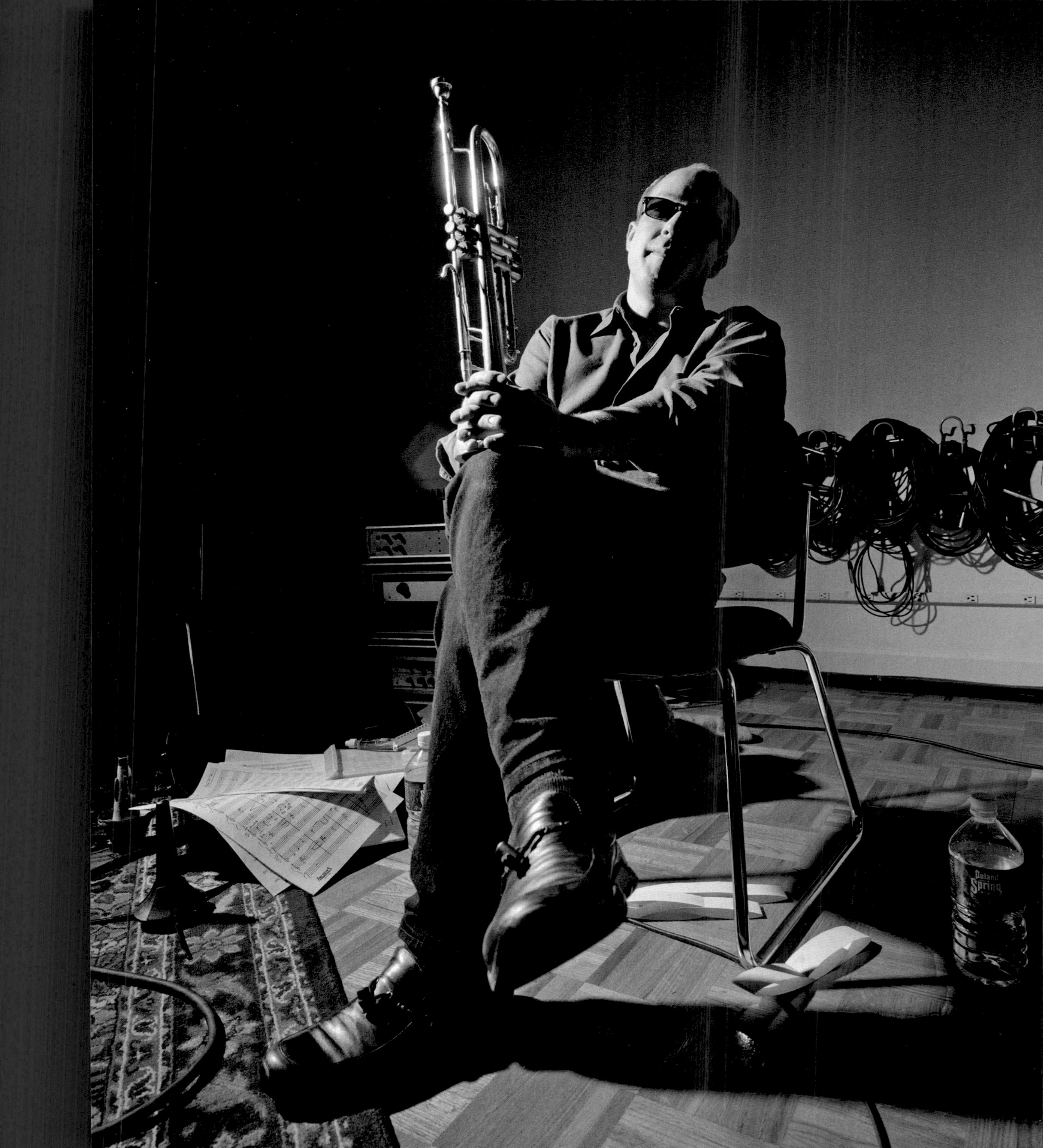

MY JOURNEY IN MUSIC

Jimmy Katz

While in my teens and growing up in New York City, I was given tickets to hear Thelonious Monk and Art Blakey at Carnegie Hall and it changed my life forever. I sat third row center and was transfixed by what I heard. I did not understand what was going on in front of me, but what I did know was that what I heard, was very special and profound. I knew I was in the presence of great human artistry, and emotion, and I decided to explore jazz further. Slowly but surely I collected over 4000 jazz records and listened to the music nonstop.

After college and a career as a mountaineer and skier, photographing the peaks of the American West, South America and the former Soviet Union, for posters and publications, I moved back to New York City. Undaunted by the challenges I would face, my intention was to photograph in the music world, primarily documenting the jazz scene.

Within months I met the great drummer Art Taylor at Birdland, we became friends, and he introduced me to other musicians. Through Art Taylor, I met one of my musical heroes, the legendary saxophonist Jackie McLean. I was so overwhelmed by being in his presence, that I told my wife Dena that I didn't actually believe that it was him.

Art Taylor also asked me to come to a recording session to make photographs for his next recording project. When I explained that the record label might not want me to do this, he said, "You will be able to photograph, or I won't take my drums out of their cases!" The recording was at the legendary Rudy Van Gelder's recording studio and the band was well rehearsed. They recorded with everyone right next to each other in the same room the way they often did in the 1950s. I was the only non-musician in the "live room" while they recorded. I sat mesmerized, touching the exact steps where John Coltrane sat, and trying to imagine sitting next to John Coltrane during his recording sessions there. The whole room felt like a shrine to the music. I was in heaven and thought there was nothing greater in the entire world. Soon after, Art Taylor brought me to Verve records and the great saxophonist, Joe Lovano, brought me to the attention of Blue Note records. The major jazz magazines approached me to photograph covers for them and I was off and running in the jazz world. It was an exciting time for me as I was able to capture legendary performers as well as young talents in exclusive settings. Since the early 1990s, besides photographing features, my wife Dena and I have done over 200 magazine covers for Downbeat and JazzTimes alone and have been hired to be involved in over 550 recording projects for a variety of large and small record labels. For almost 30 years, we witnessed the intensity of creative collaboration that few others have been lucky enough to see and hear. One of our more memorable experiences was when the great Andrew Hill asked us to sit perfectly still, almost under his piano, during his last recording session. He was dying of cancer and had much on his mind, but by inviting us to feel the creative energy of the moment, he wanted to give us the experience of a lifetime. During the past decades I was also able to meet some of my photographic heroes, William Claxton, Bill Gottlieb and the grand master Herman Leonard, all of whose work I had seen for years. These were photographers who had worked within jazz for long periods of time, creating large bodies of work of the major artists of their respective eras and doing this with their own unique photographic styles. Along with Francis Wolff, they helped to define the visual history of Jazz, and they all have inspired me.

The selected collection of photographs in this exhibition were made while I was on assignment, but purely for my own pleasure. I have been fortunate to have had a wide range of unique experiences in intimate and private situations, whether photographing Sonny Rollins with the Williamsburg bridge or spending time with Keith Jarrett in his home. These portraits, were made, similar to the way musicians make music in a recording studio. In a "Closed Session". I have also been honored to work with a number of historical figures in the pop and classical world like Sting and Angela Hewitt. I have appreciated every minute of these sessions and I hope that my work reflects something of the direct intensity of urban life in New York City. The powerful energy, the excitement, the syncopation of the traffic, the rush of the subway train, random sirens, a cacophony of random sound. New York City has always been my canvas.

Although I continue to be hired as a photographer, in 2008 with the advice and help of a number of esteemed recording engineers I started to make "Live" recordings of musicians with whom I had previously worked with as a photographer. As in photography, I wanted music to be captured in spontaneous, unrepeatable situations and, as in photography, I was seeking the inspired magic of the moment. I have been very fortunate because, almost immediately, my connections to the jazz world as a photographer, enabled me to start recording well known musicians. More than 30 of these recordings were offered as commercial releases over the next 9 years. In 2017 one of my dreams came true and a group of philanthropists asked me to start an American non-profit 501 (c) (3) organization, to help jazz musicians complete musical projects without artistic compromise, without commercial constraints, and with the musicians owning the master tapes. As part of this non-profit organization, Dena and I have been photographing, producing, recording, mixing and mastering some amazing young artists. We hope to continue to receive funding so that we can give back to the jazz community. I am very honored that Marco Pierini has chosen to present my photographs in such an esteemed museum, with a number of these images being published here for the first time. Special thanks to Luciano and Silvia for their friendship and support of my work. My greatest thanks go to my wife Dena who has been my constant collaborator every step of this fascinating and joyful journey. I hope that you will enjoy seeing these images as much as I enjoyed making them.

New York City 2019

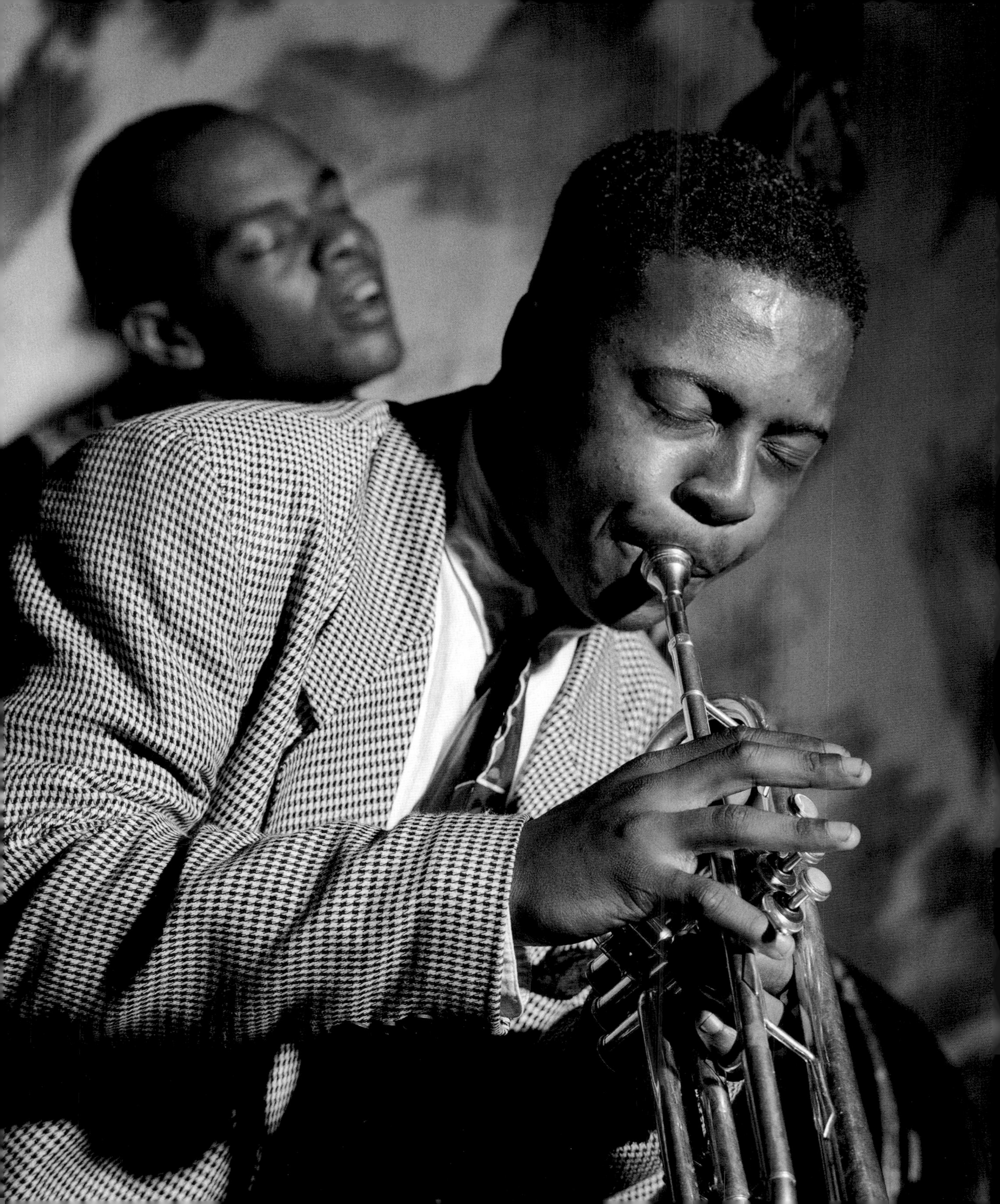

NOTE A MARGINE

Luciano Rossetti

Conosco personalmente Jimmy Katz dal 2007, anno in cui lo invitai al Convegno "Ai Confini tra Fotografia e Jazz", che organizzai per conto del Festival di Sant'Anna Arresi (piccolo comune nel sud della Sardegna) diretto da Basilio Sulis. Una grande esperienza che mi permise di portare allo stesso tavolo, oltre a Jimmy, alcuni dei più grandi fotografi di jazz, tra cui Jan Persson, Didier Ferry (Mephisto) e il grandissimo Guy Le Querrec.
Conoscevo già il lavoro di Jimmy Katz attraverso le copertine di Downbeat e le fotografie pubblicate sulle più importanti riviste di jazz del mondo e su centinaia di dischi. Infatti, finora Jimmy ha seguito la parte fotografica di più di 550 dischi e ha realizzato più di 200 copertine di riviste. Conoscevo anche i suoi progetti "extra-jazz": *Salt Dreams* (che ha come soggetto la vita un po' surreale che si sviluppa a Bonneville Salt Flats, nel nord dello Utah) e *World of Wonders* (sui Side Show, i piccoli circhi che in America stanno scomparendo). Entrambi i progetti analizzano, in mondi lontanissimi tra loro, situazioni estreme, fuori dal tempo, un po' come due episodi di *The Twilight Zone*, di introspezione fotografica.
Ancor prima che un grande fotografo, Jimmy Katz è un grande appassionato ed esperto di jazz: possiede una collezione di oltre 4000 vinili e parecchie migliaia di CD. Gli piace raccontare che la sua vita è cambiata a metà degli anni 70: "[…] Abito a New York da sempre. Nel 1976 andai a sentire Thelonious Monk e Art Blakey alla Carnegie Hall. Ero seduto in terza fila e da quella sera la mia vita non è più stata la stessa!".
Jimmy Katz vive la musica a 360 gradi. Oltre alla sua attività di grande fotografo e cultore della musica jazz, negli ultimi anni ha sviluppato un'altra passione legata alla musica: è infatti un ingegnere del suono molto apprezzato a New York e ha oramai al suo attivo parecchie decine di CD dei quali ha curato il suono e, in taluni casi, anche la produzione.
Anni fa ebbi il piacere di essere ingaggiato come "fotografo ufficiale" a un festival dedicato a Ornette Coleman, organizzato alla Jazz Gallery di New

York dallo stesso Jimmy. I ruoli erano ben definiti: io scattavo e lui registrava i concerti. Jimmy è un grande professionista, sempre molto esigente sia quando scatta le foto sia quando registra la musica. Per me fu un'esperienza straordinaria e allo stesso tempo molto impegnativa. Eravamo fianco a fianco in prima fila durante i concerti; a ogni scatto venivo fulminato da Jimmy che – senza parlare, solo con gli sguardi – mi invitava a essere molto selettivo con le foto!

Jimmy Katz è un ritrattista a tutto tondo, avendo immortalato, oltre ai grandi del jazz, anche i maggiori esponenti del blues, del pop, del rock, del rap, della classica e del mondo di Broadway. Per tutti il comune denominatore nelle foto di Jimmy è sempre lo stesso: New York.

Con i suoi grattacieli, le sue Avenue, Central Park, i ponti, i tetti dei grattacieli, New York è una città iconica. Jimmy Katz e sua moglie Dena, suo insostituibile braccio destro, sviluppano da anni un lavoro di ricerca delle location, con il fine di testimoniare una New York che pian piano sta scomparendo, rendendola al tempo stesso componente essenziale e caratterizzante nei loro ritratti. Impossibile non riconoscere il suo stile nel sapiente utilizzo delle luci artificiali che si miscelano con la luce calda del tramonto e che rendono iconiche anche le sue foto.

Quando sono a spasso per New York con Jimmy, mi capita spesso di vedere come vengono scelte le location che poi ritrovo sulle copertine dei dischi o sulle riviste. Jimmy e Dena si muovono sempre con una piccola fotocamera. Quando trovano un angolo, un muro, una strada interessante, si fermano, misurano le luci e fanno degli scatti per capire se quello che a prima vista sembra solo un posto interessante, può diventare lo sfondo giusto per i loro ritratti. Le luci del tramonto devono equalizzarsi nel modo giusto con le luci artificiali che dovranno entrare nella composizione dell'immagine.

Chinatown, Brooklyn, certi angoli del Lower East Side, il ponte di Williamsburg, la casa natale di Louis Armstrong, Times Square sono tutti luoghi entrati nella storia del jazz, tutte location ritratte nelle fotografie di Jimmy e rese in forma di immagini uniche e irripetibili che danno al musicista una connotazione universale, proprio perché il jazz è New York e New York è il centro del mondo.

Si può dire che l'estetica di Jimmy Katz sia il naturale proseguimento dell'arte dei grandi specialisti che hanno scritto la storia fotografica del jazz: Francis Wolff, William Gottlieb, Herman Leonard e William Claxton.

Questo è molto evidente nel progetto "Blue Note Photography", uscito nel 2009 per JazzPrezzo, che ha celebrato i settant'anni della famosa etichetta discografica. Il progetto è stato presentato in una bellissima mostra che ha

girato il mondo ed è stato documentato in un altrettanto bel catalogo con il quale l'etichetta Blue Note ha celebrato la sua produzione discografica mettendo a confronto gli scatti dei due grandi fotografi che per l'etichetta hanno lavorato: Francis Wolff e Jimmy Katz.
Le fotografie di Jimmy nascono dalla conoscenza profonda del jazz e dal rispetto che nutre per questa musica. Lui riesce infatti a trasformare quelle che potrebbero semplicemente essere delle buone fotografie in ritratti che definiscono in modo inequivocabile il musicista. Questo processo deriva dalla sua capacità di capire velocemente la personalità del musicista, i suoi tratti salienti, il linguaggio del corpo. Oltre ad aver visto Jimmy al lavoro durante parecchi shooting e workshop, ho avuto la fortuna di ascoltare i suoi racconti su come sono nate alcune delle sue fotografie più famose: il ritratto di Pat Martino, Sonny Rollins sotto il ponte di Williamsburg, Roscoe Mitchell fotografato sulla terrazza di un amico con lo skyline di New York sullo sfondo, il ritratto di Ray Charles. Da quei racconti emerge la capacità di passare rapidamente dalla modalità "lavoro commissionato" alla modalità "lavoro personale". Ed è proprio questa duttilità di pensiero che gli permette, una volta finito il lavoro commissionato, di ritagliarsi del tempo per scattare delle foto "personali", riuscendo sempre a trovare la chiave per ottenere delle immagini che rappresentano il musicista nella sua essenza. Un chiaro esempio di questa sua capacità lo si può vedere nelle fotografie di questa mostra.
Nella storia della fotografia jazz ci sono sempre stati dei fotografi che hanno rappresentato meglio di altri un'epoca. Come pensare al jazz dagli anni 40 ai 60 senza ricollegarlo alle fotografie di William Gottlieb ed Herman Leonard? Come pensare al jazz della West Coast e non alle fotografie di William Claxton, al suo attraversare gli Stati Uniti al seguito del jazz? Come pensare agli studi di registrazione e non associarli all'immenso lavoro che Francis Wolff fece per la Blue Note? Infine, come naturale proseguimento, come pensare al jazz dagli anni 90 a oggi senza associarlo ai ritratti di Jimmy Katz?
Prendo a prestito un'affermazione fatta da Michael Cuscuna, protagonista del rilancio della Blue Note negli anni 70, affermazione che mi sento di condividere in pieno:
"Lo stile che Jimmy Katz ha sviluppato negli anni è diventato un tratto distintivo nell'iconografia della fotografia jazz, paragonabile alla tonalità della tromba di Louis Armstrong o al suono del sax di John Coltrane".

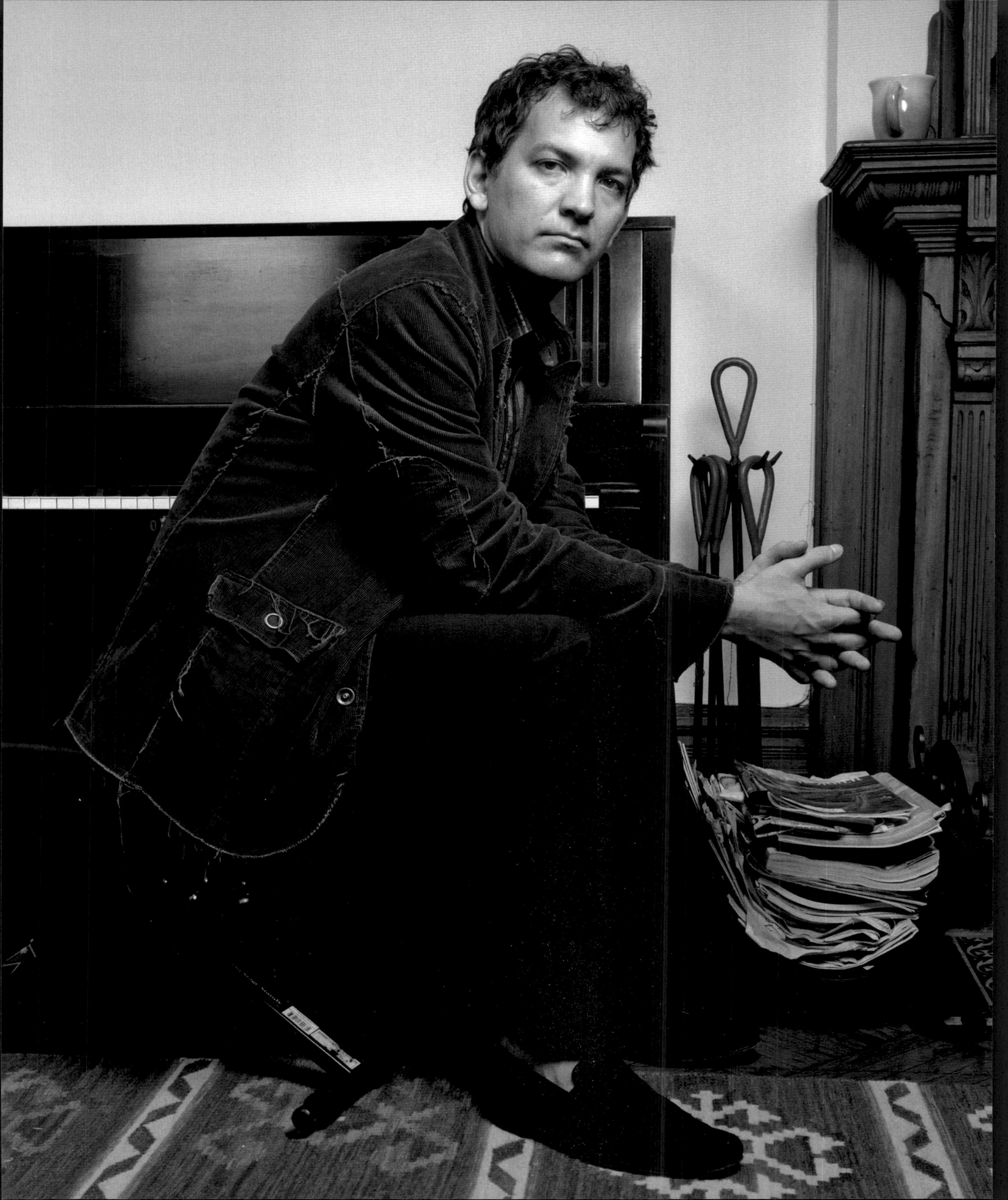

SIDE NOTES

Luciano Rossetti

I've known Jimmy Katz personally since 2007, when I invited him to the conference "Ai Confini tra Fotografia e Jazz", which I organised for the Festival of Sant'Anna Arresi (a small municipality in southern Sardinia) directed by Basilio Sulis. An amazing experience that gave me the opportunity to bring together some of the greatest jazz photographers in addition to Jimmy himself – including Jan Persson, Didier Ferry (Mephisto) and the incredible Guy Le Querrec.

I was already familiar with Jimmy's work thanks to the covers of *DownBeat Magazine* and the photographs published in the most famous jazz magazines in the world, as well as on hundreds of albums. Indeed, so far Jimmy has overseen the photographic part of over 550 albums, not to mention shooting over 200 magazine covers. I was also familiar with his "extra-jazz" projects: "Salt Dreams" (centred on the slightly surreal life that develops in Bonneville South Flats, in northern Utah) and "World of Wonders" (on the small circuses, or side shows, which are a disappearing American art form). Both projects explore, albeit in worlds set poles apart, extreme situations, out of time, much like two episodes of "The Twilight Zone", of photographic introspection.

More than a great photographer, Jimmy Katz is – first and foremost – a great jazz enthusiast and expert: he owns a collection of over 4000 records and several thousand CDs. He likes to say that his life changed in the mid-1970s: "While in my teens and growing up in New York City, I was given tickets to hear Thelonious Monk and Art Blakey at Carnegie Hall and was transfixed by what I heard."

Jimmy Katz lives and breathes music. In addition to his activity as a great photographer and lover of jazz music, in recent years he has developed another music-related passion: he is a highly-regarded sound engineer in New York, working on the recording of several CDs, some of which he has also produced.

Years ago, I had the pleasure of being hired as the "official photographer" at a festival celebrating Ornette Coleman, organised at The Jazz Gallery of New York by Jimmy himself. Our roles were clear-cut: I would snap the photos and he would record the concerts. Jimmy is a great professional, as exacting when he's taking pictures as when he's recording music. For me, the experience proved as incredible as it was demanding. We would spend concerts in the front row, side by side; Jimmy would glare at me whenever I'd take a picture, reminding me – without a word – to be discerning with my photos! Jimmy Katz is a well-rounded portrait photographer, having immortalised, in addition to the greatest names in jazz, the leading figures in blues, pop, rock, rap and classical music, as well as the world of Broadway. And Jimmy's photographs all share a common denominator: New York City.

From skyscrapers and avenues to Central Park, from bridges to sky-high rooftops, New York is an iconic city. Jimmy Katz and his invaluable right arm – his wife Dena – have spent years exploring locations with the aim of recording a slowly-disappearing New York, while making it an essential feature distinguishing their portraits. It's impossible not to recognise his style in the skilful use of artificial lights that blend with the warm light of the sunset, making his photos as iconic as the city they portray.

While strolling through New York City with Jimmy, I often chance to see how he comes to choose the locations that later appear on album or magazine covers. Jimmy and Dena never go out without a small camera. When they find an interesting spot, wall or street, they stop to measure the lights and take a couple of pictures, to see if what starts off as just an interesting location could become the right backdrop for their portraits. The lights of the sunset have to equalise properly with the artificial lights that must enter the composition of the image.

Chinatown, Brooklyn, certain Lower East Side spots, the Williamsburg Bridge, Louis Armstrong's birthplace, Times Square… all these places have shaped the history of jazz, portrayed in Jimmy's photographs in the guise of one-of-a-kind images that lend musicians a universal connotation. Because jazz *is* New York City, and New York City is the centre of the world.

We can describe Jimmy Katz's aesthetics as the natural continuation of the art of the great experts who wrote the photographic history of jazz: Francis Wolff, William Gottlieb, Herman Leonard and William Claxton.

This is especially clear in the "Blue Note Photography" project, published in 2009 by JazzPrezzo to celebrate the renowned record label's 70th anniversary. Presented in a stunning exhibition that travelled the world, the project was documented in an equally stunning catalogue where the Blue Note label celebrated their record production by comparing the photos taken by two of the greatest photographers to ever have worked for the label: Francis Wolff and Jimmy Katz.

Jimmy's photographs spring from an in-depth knowledge of jazz and the respect he feels for this music genre. Indeed, he manages to transform what *could* be merely good photographs into portraits that unequivocally define the musicians he portrays. This process stems from his ability to swiftly understand the musicians' personalities, their main traits and body language. In addition to witnessing Jimmy at work during several photo shoots and workshops, I've also had the privilege of hearing the stories behind some of his most famous photographs: the portrait of Pat Martino, Sonny Rollins under the Williamsburg Bridge, Roscoe Mitchell photographed on a friend's terrace with the New York City skyline as a backdrop, the portrait of Ray Charles. These stories showcase Katz's ability to transition rapidly from "commissioned work" mode to "personal work" mode. And this very versatility of thought allows him, once his commissioned work has been finished, to set aside some time to take some "personal" photos, always managing to find the key to obtain images portraying musicians in their very essence. A clear-cut example of this ability of his can be found in the photographs on display here.

The history of jazz photography has always featured photographers more skilled at representing their time period than others. It's impossible to think of jazz from the 1940s to the 1960s without associating it with William Gottlieb and Herman Leonard, or to think of West Coast jazz without recalling the pictures taken by William Claxton as he travelled the United States in the wake of jazz. It's impossible to think of recording studios without referencing the immense work Francis Wolff did for Blue Note. And, last but not least and as a natural continuation, how can we think of jazz from the 1990s to today without associating it with Jimmy Katz's portraits?

In the words of Michael Cuscuna, who played a key role in the Blue Note revival in the 1970s and whose statement I fully share:

"In the process, [Katz] has developed his own style with the camera [in the jazz field] that is as identifiable as Armstrong's tone on trumpet or Coltrane's sound on tenor sax."

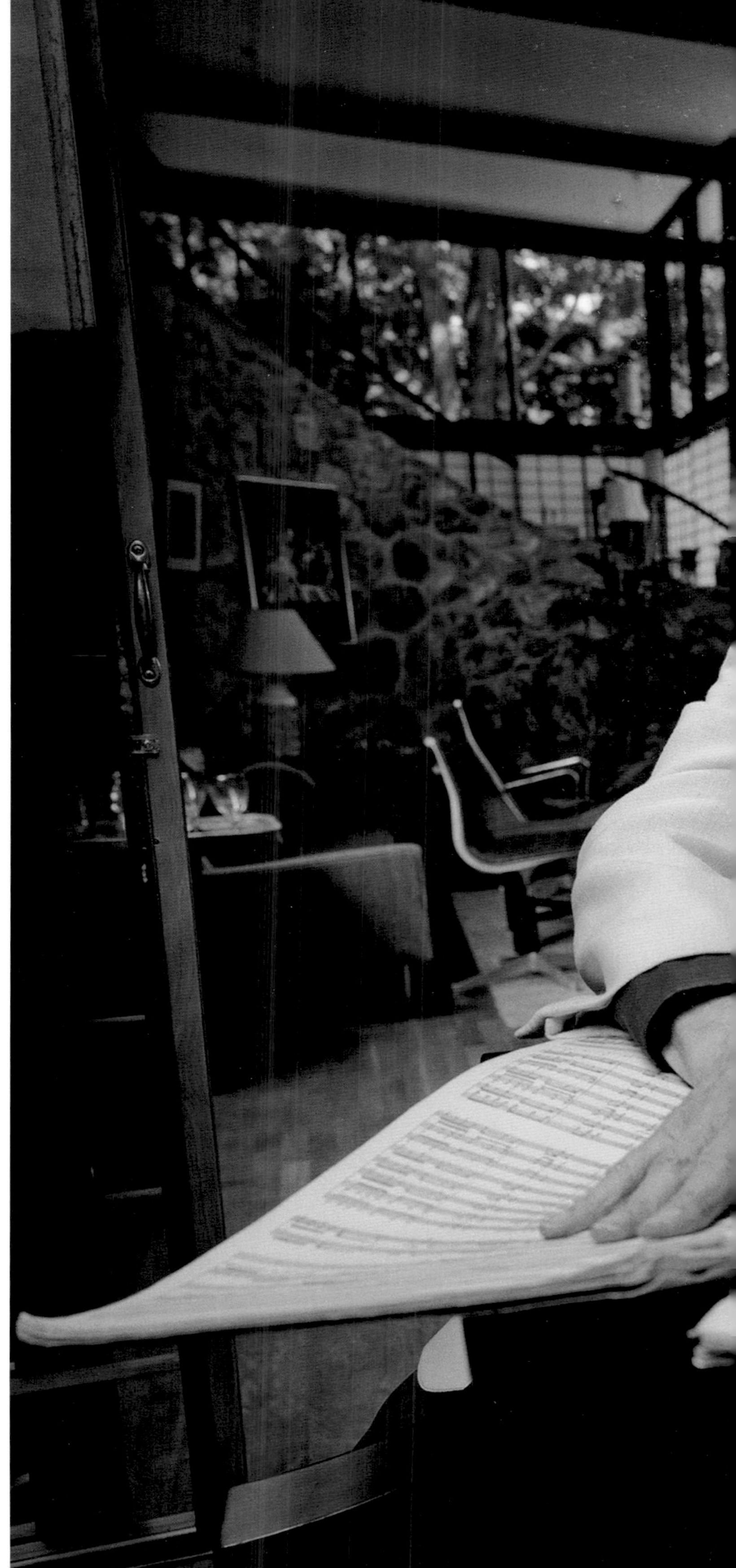

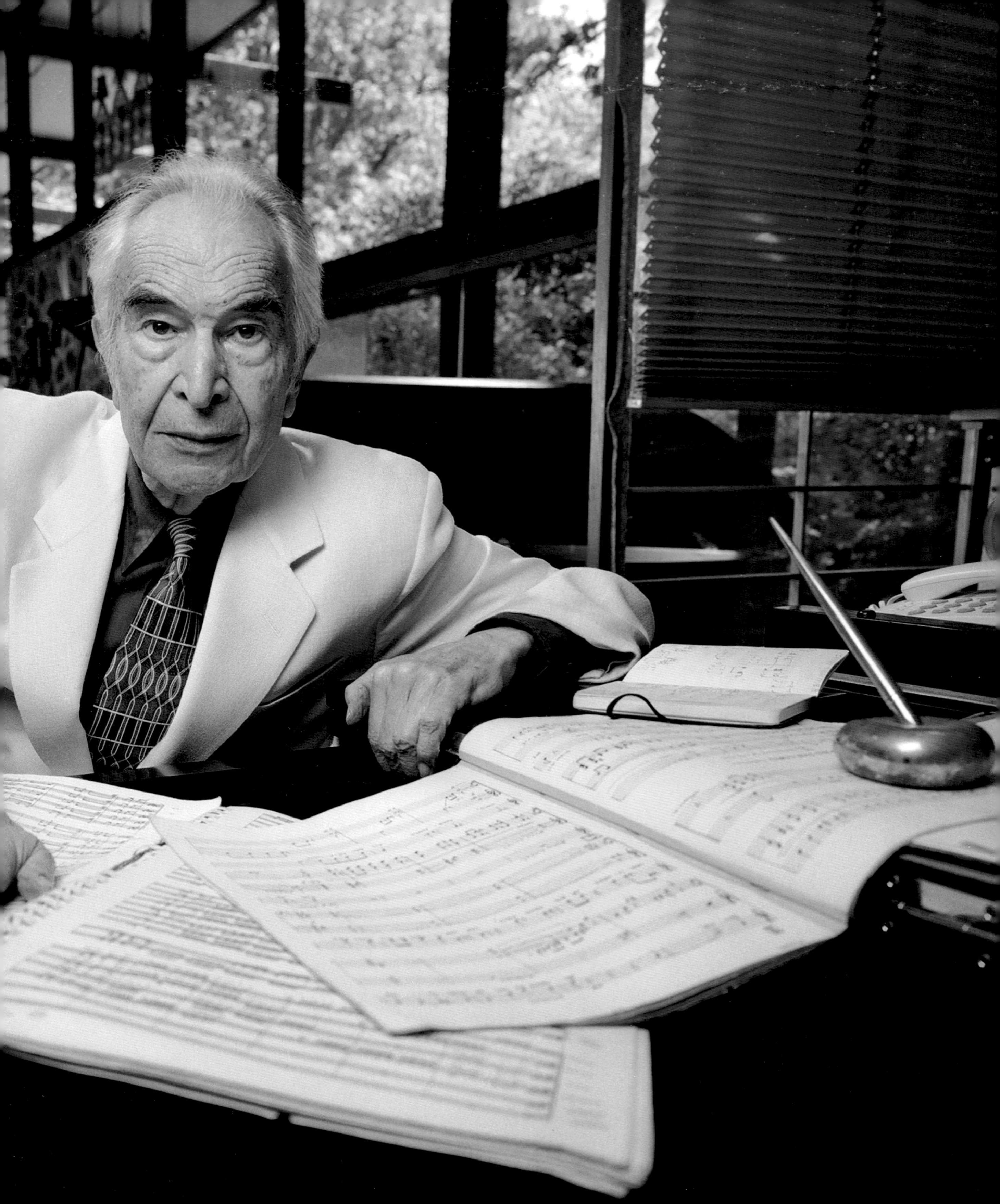

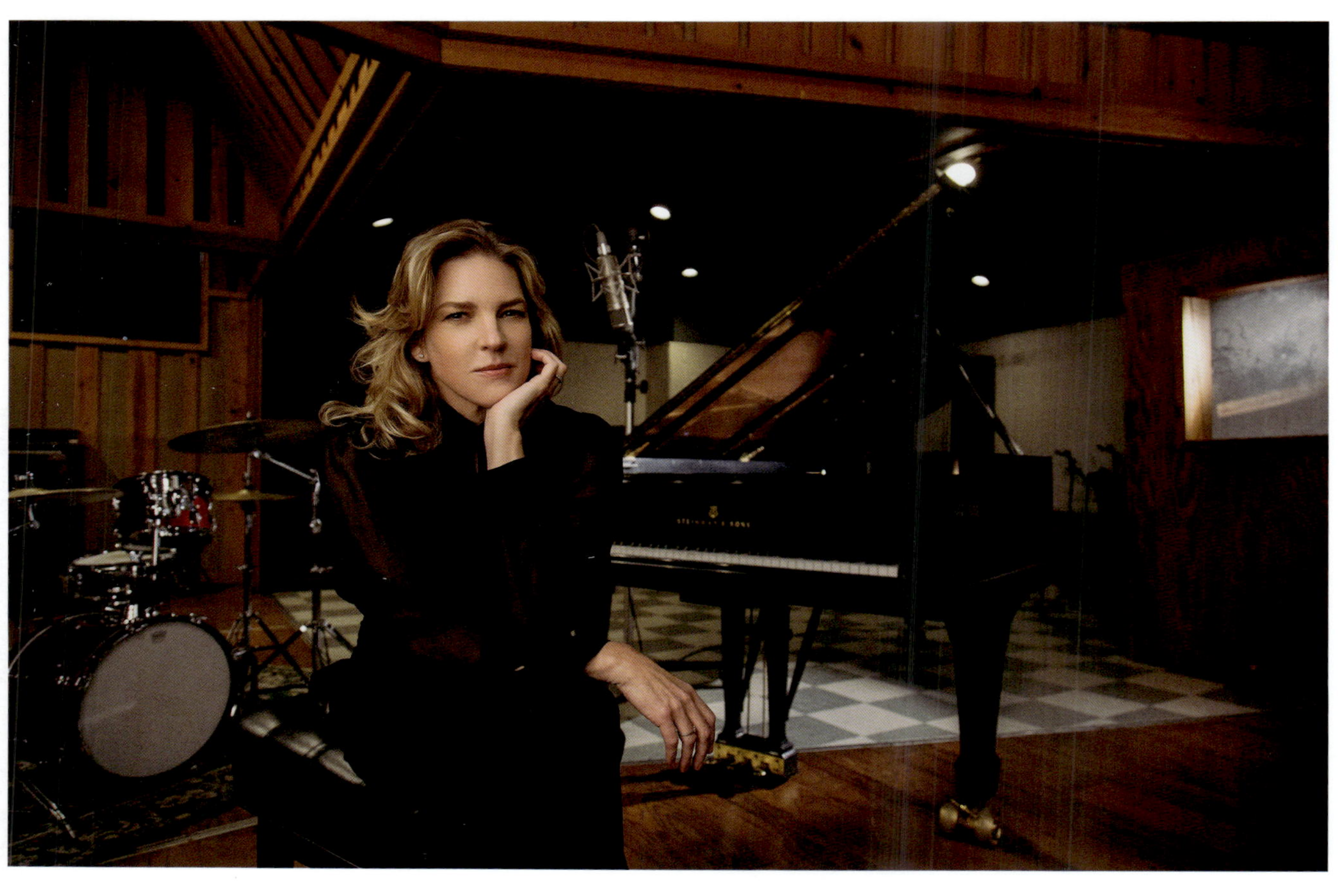

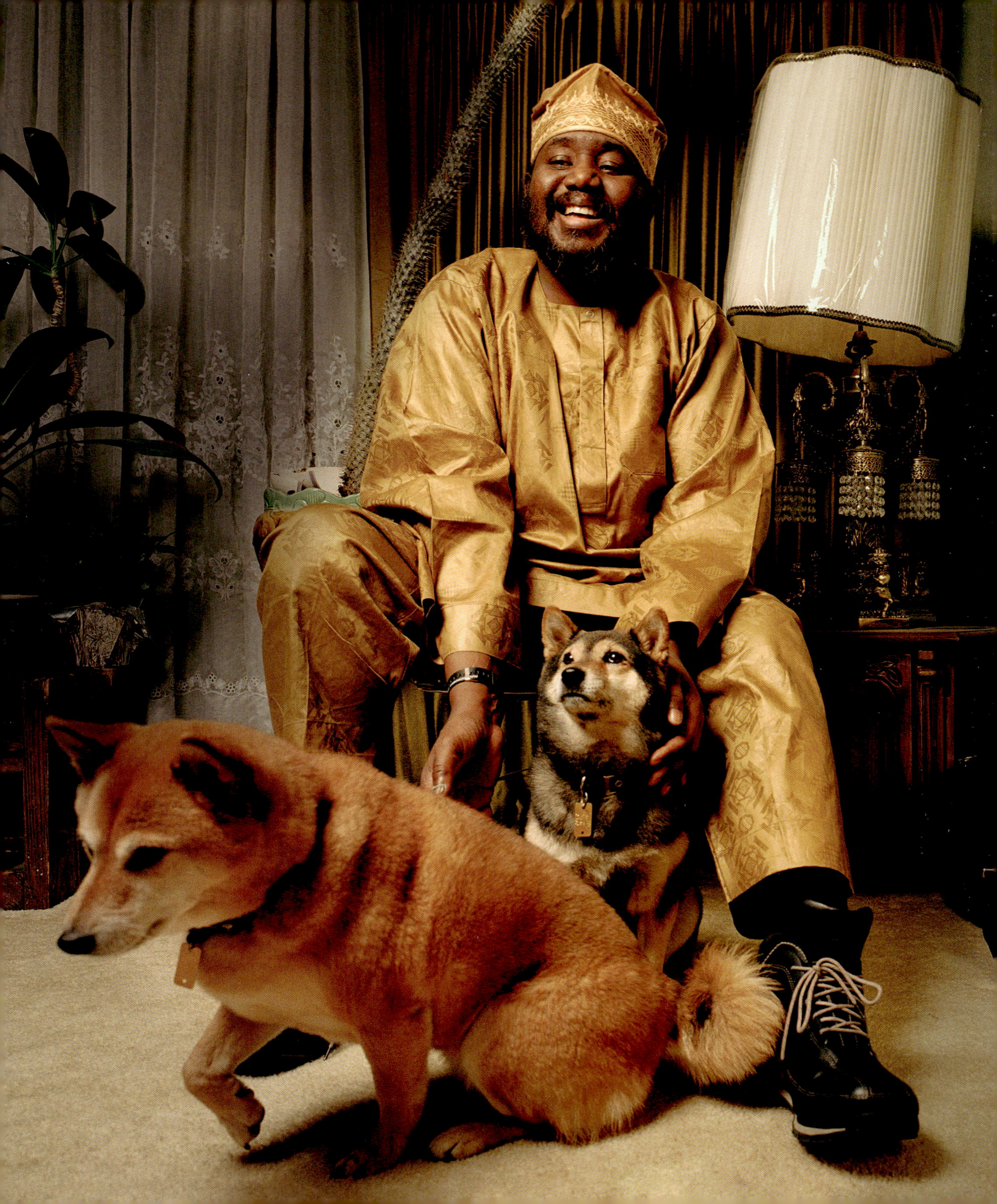

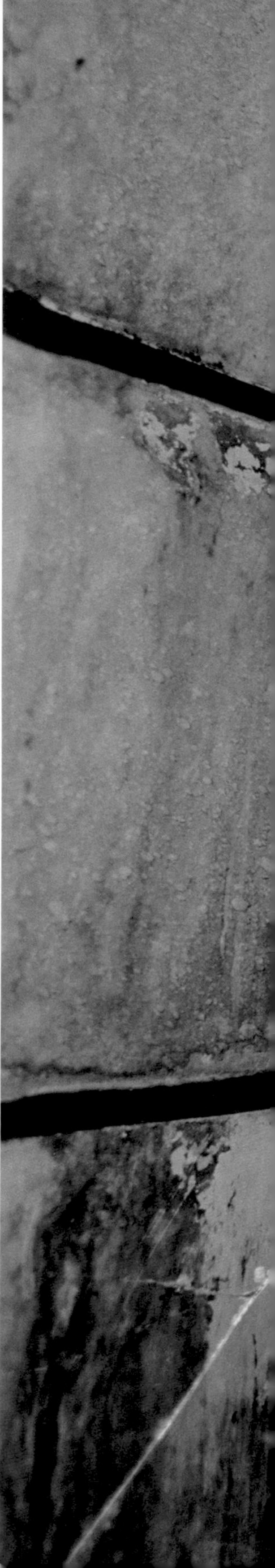

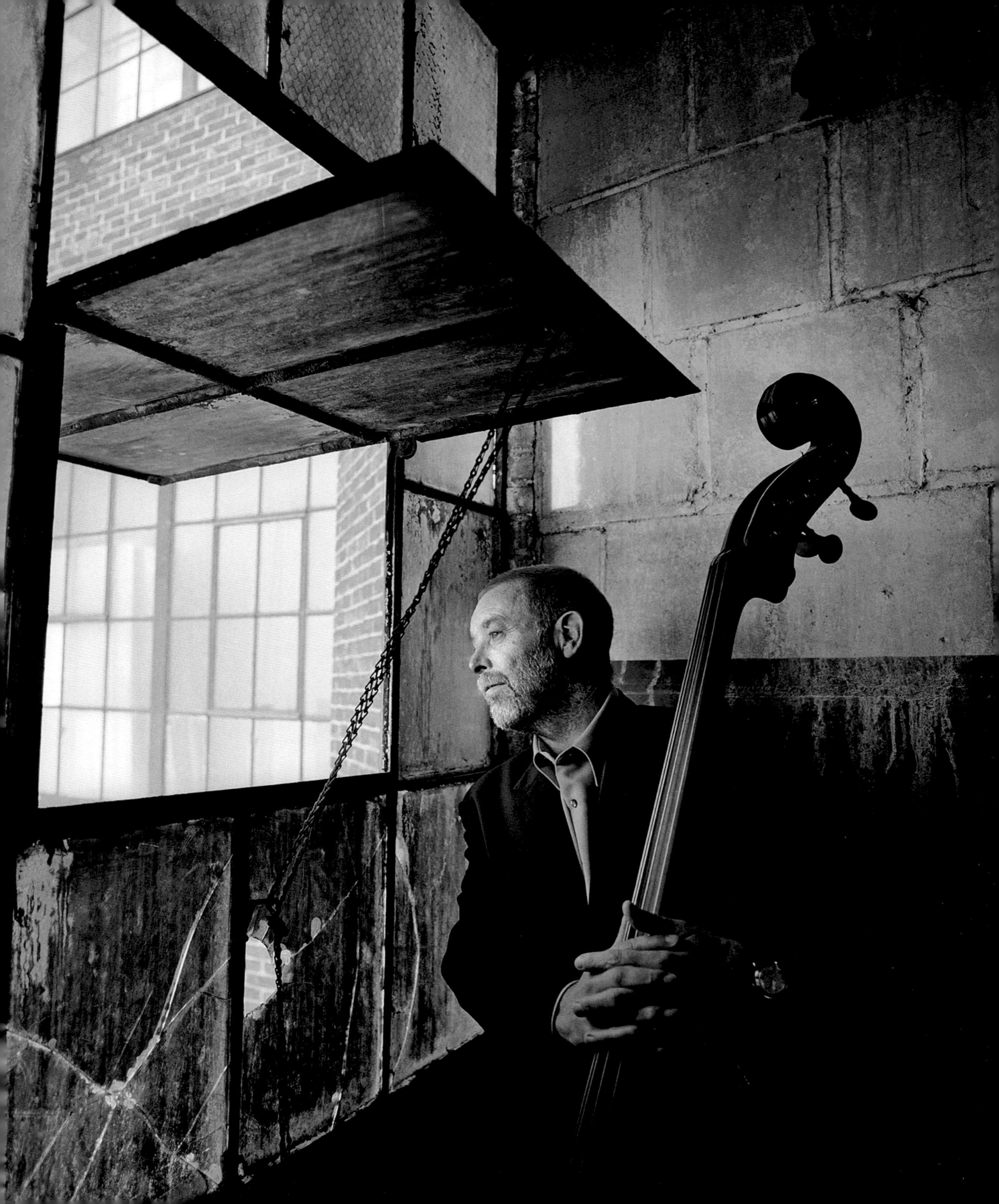

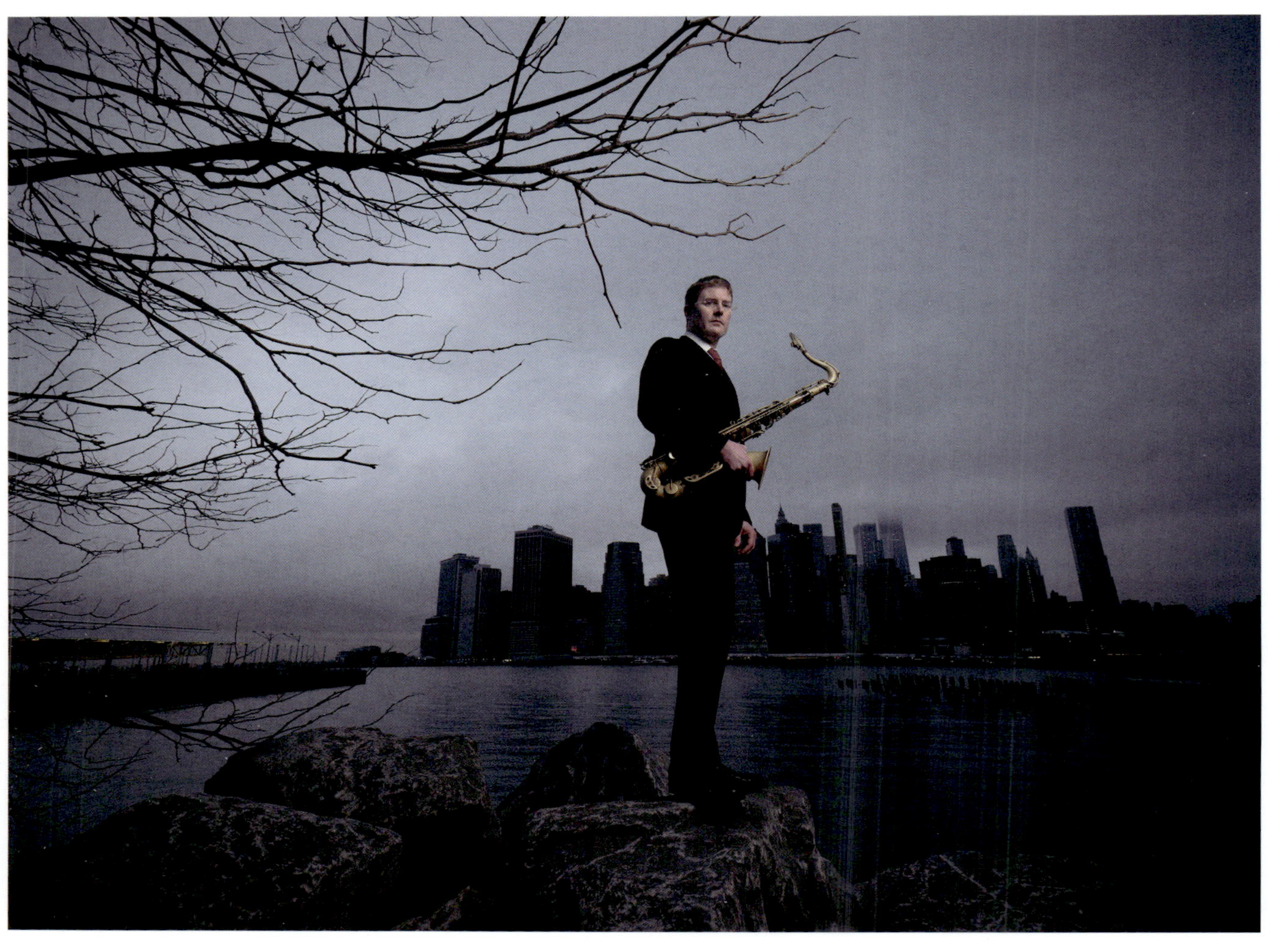

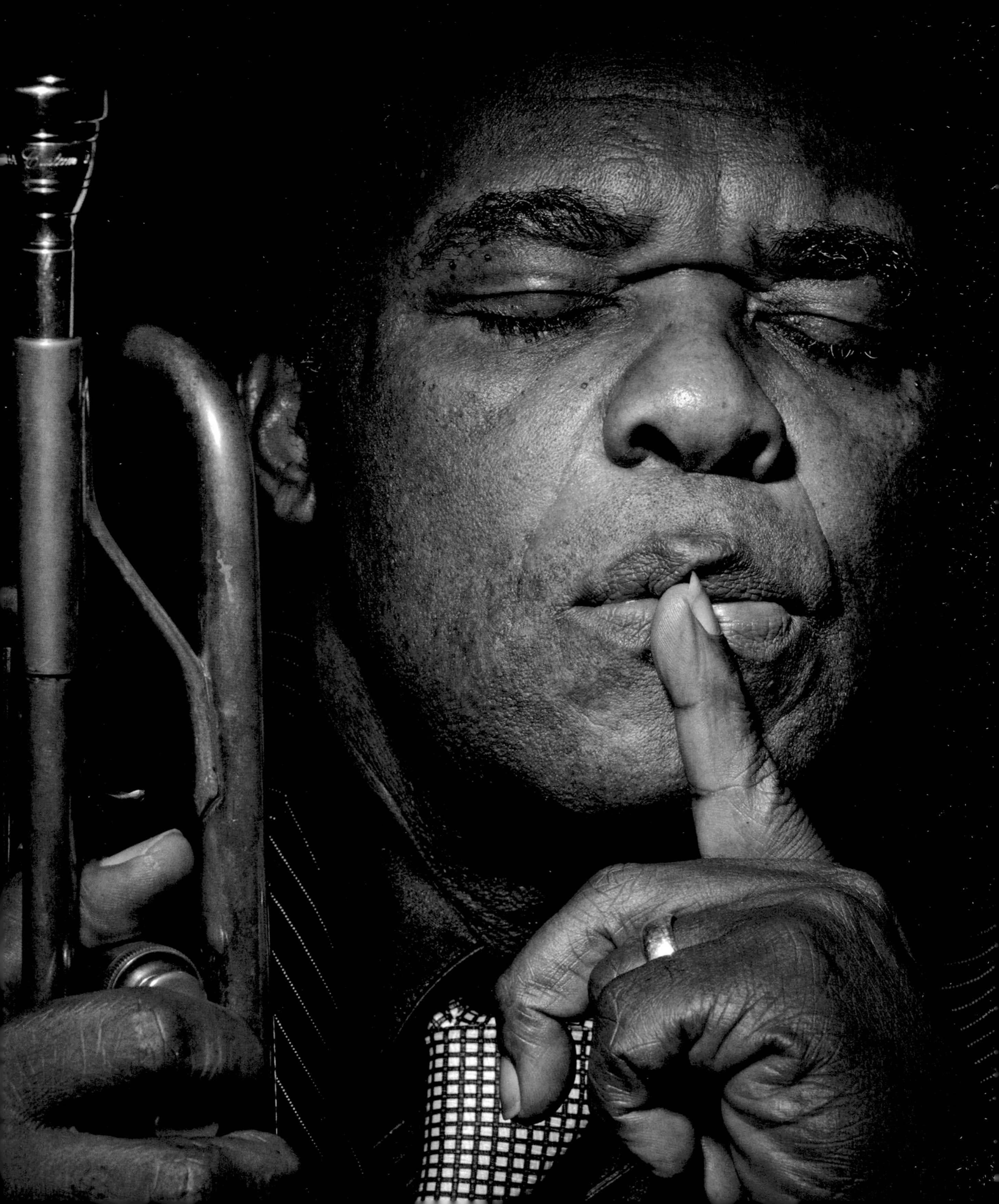

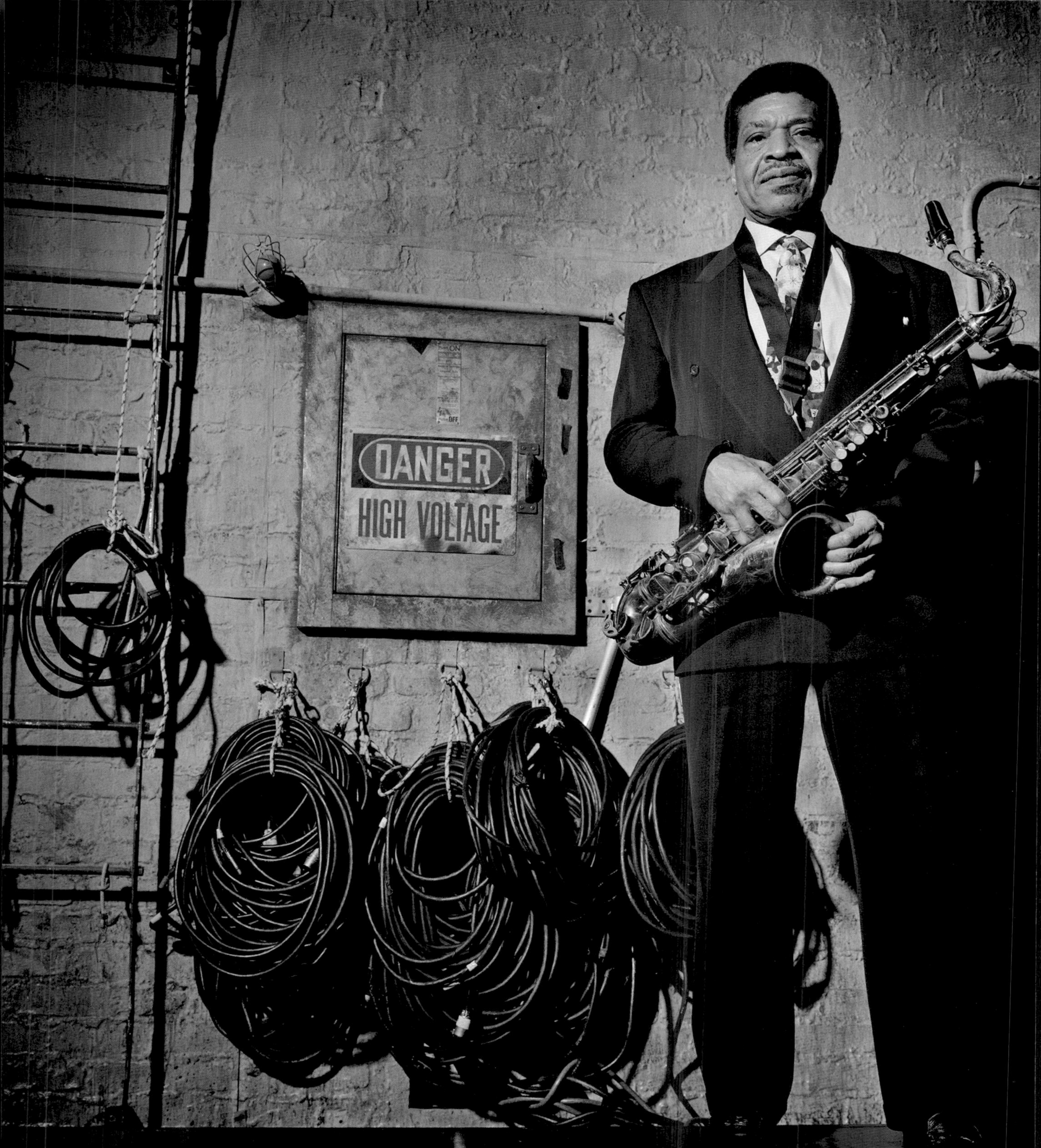
DANGER
HIGH VOLTAGE

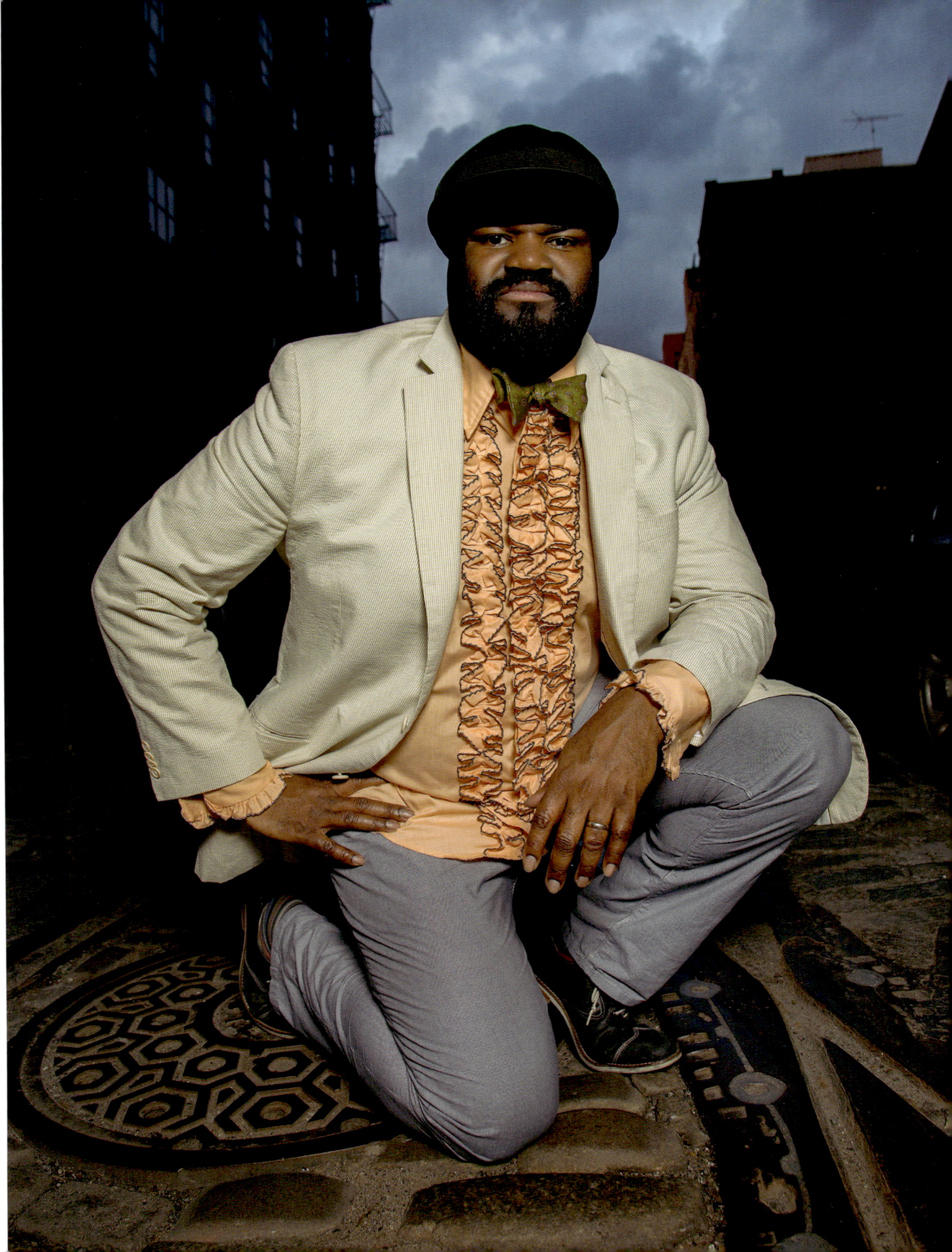

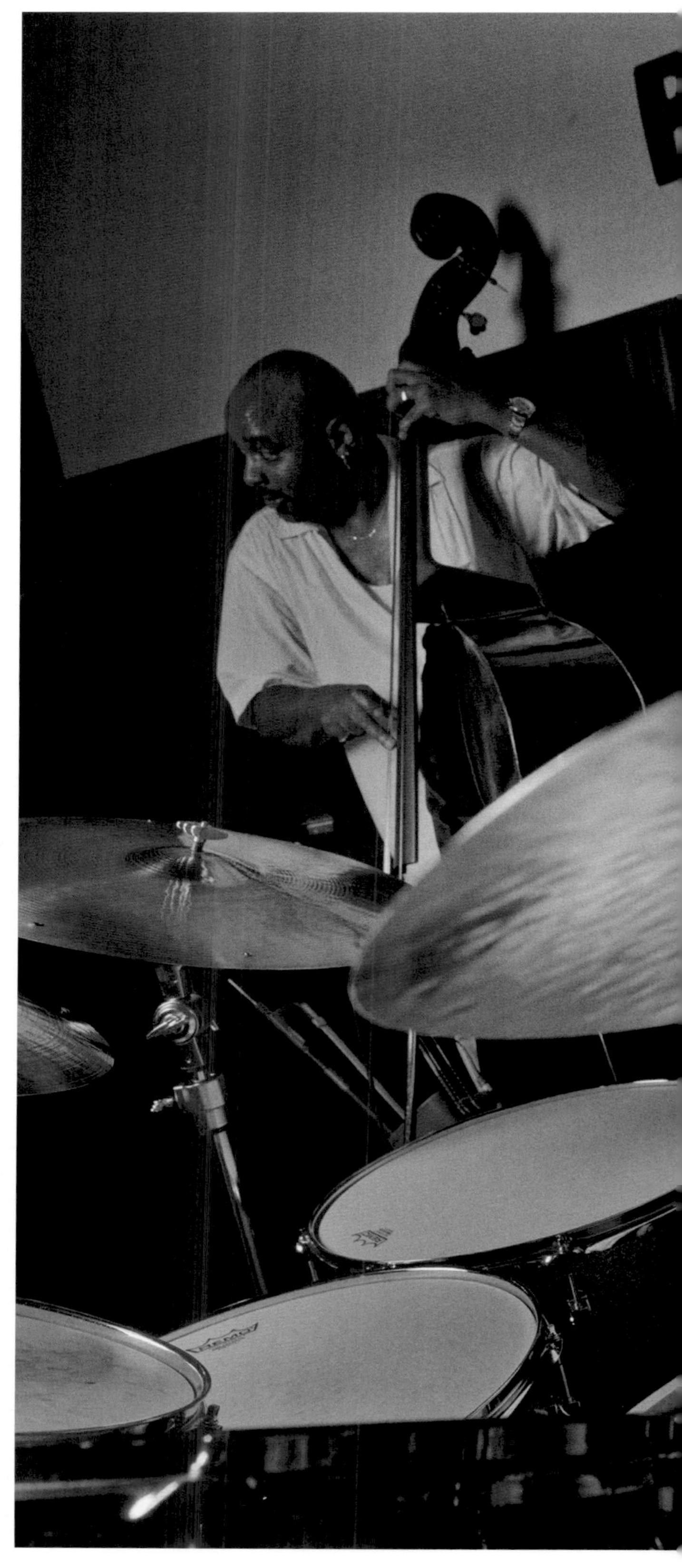

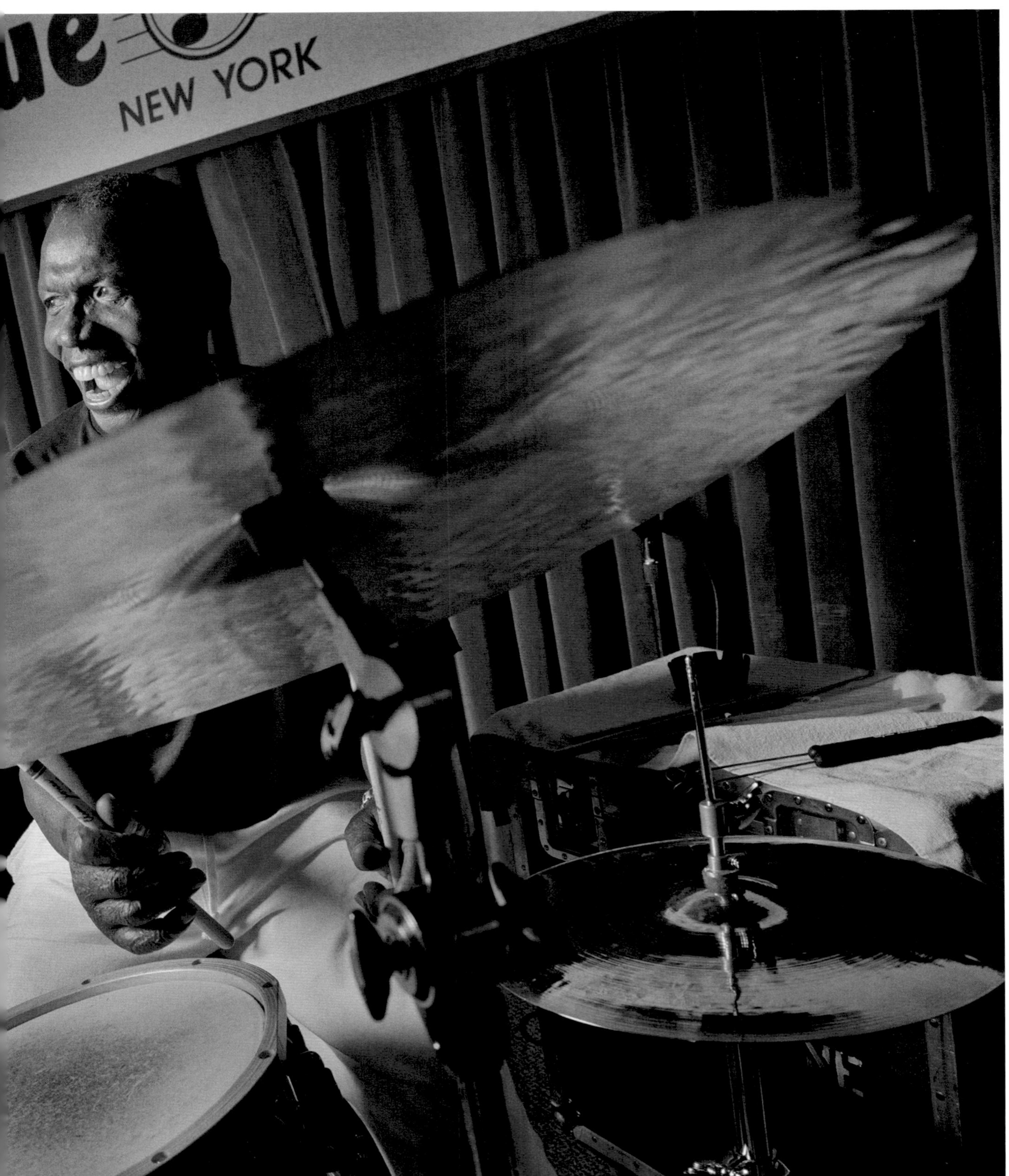
NEW YORK

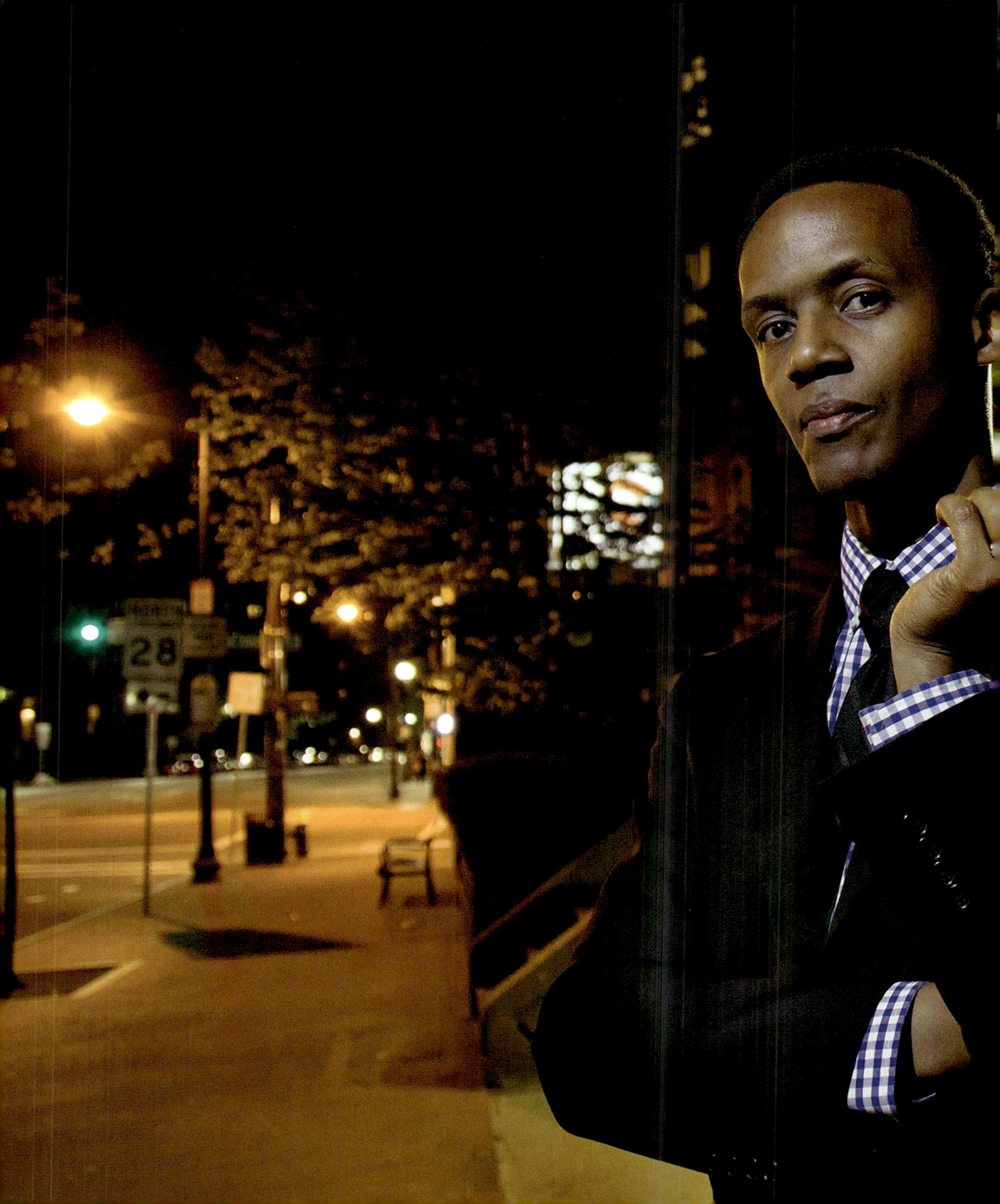

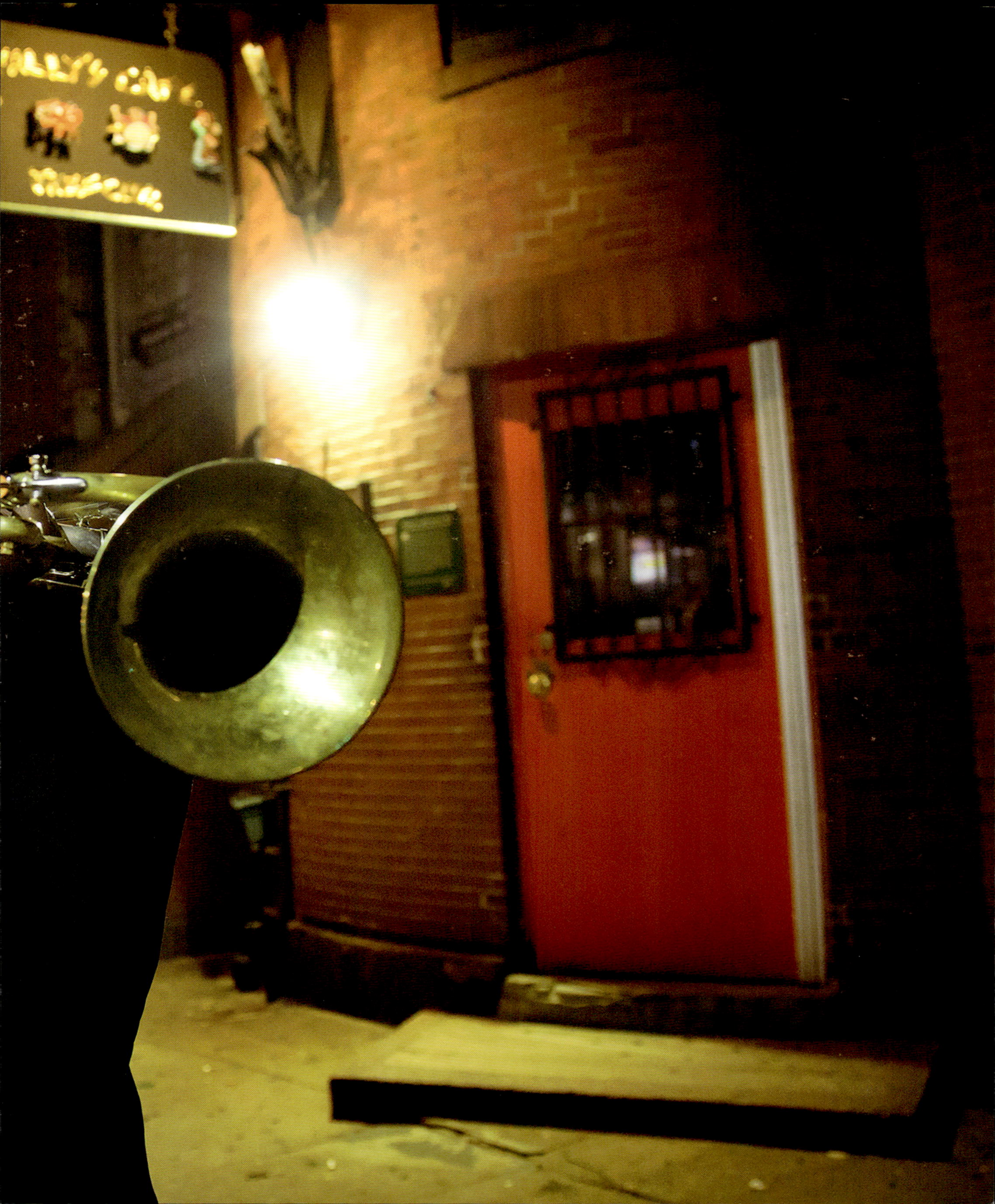

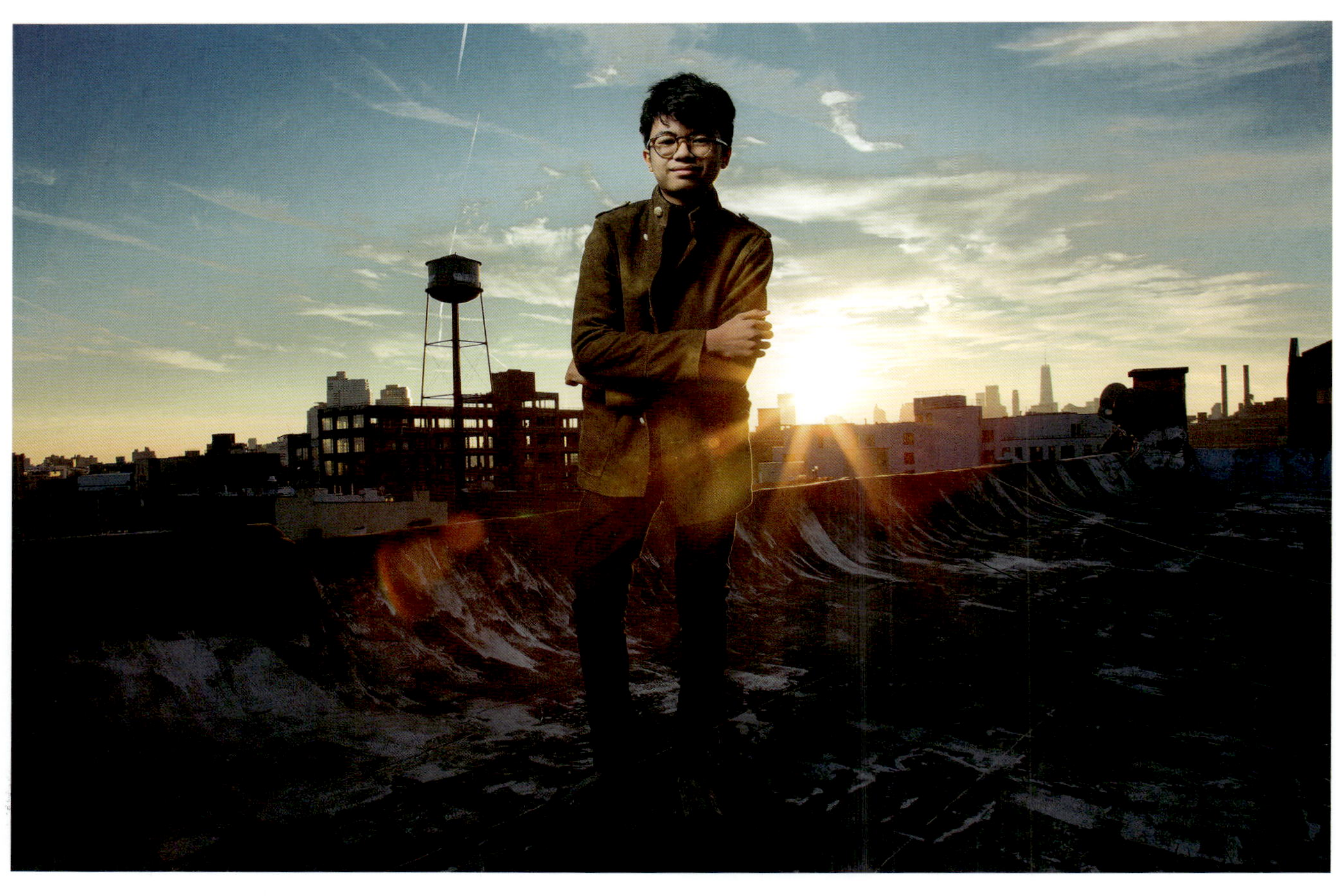

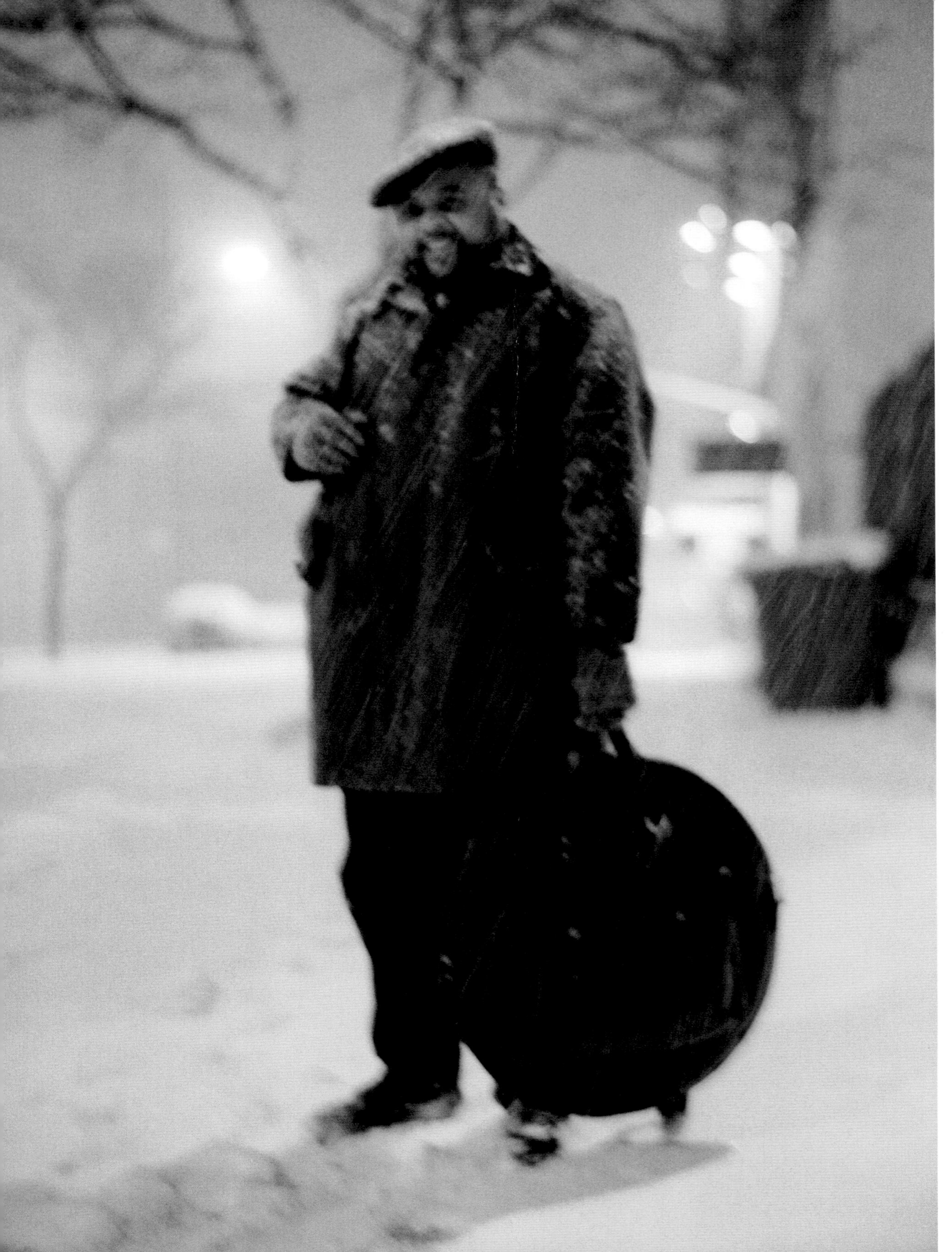

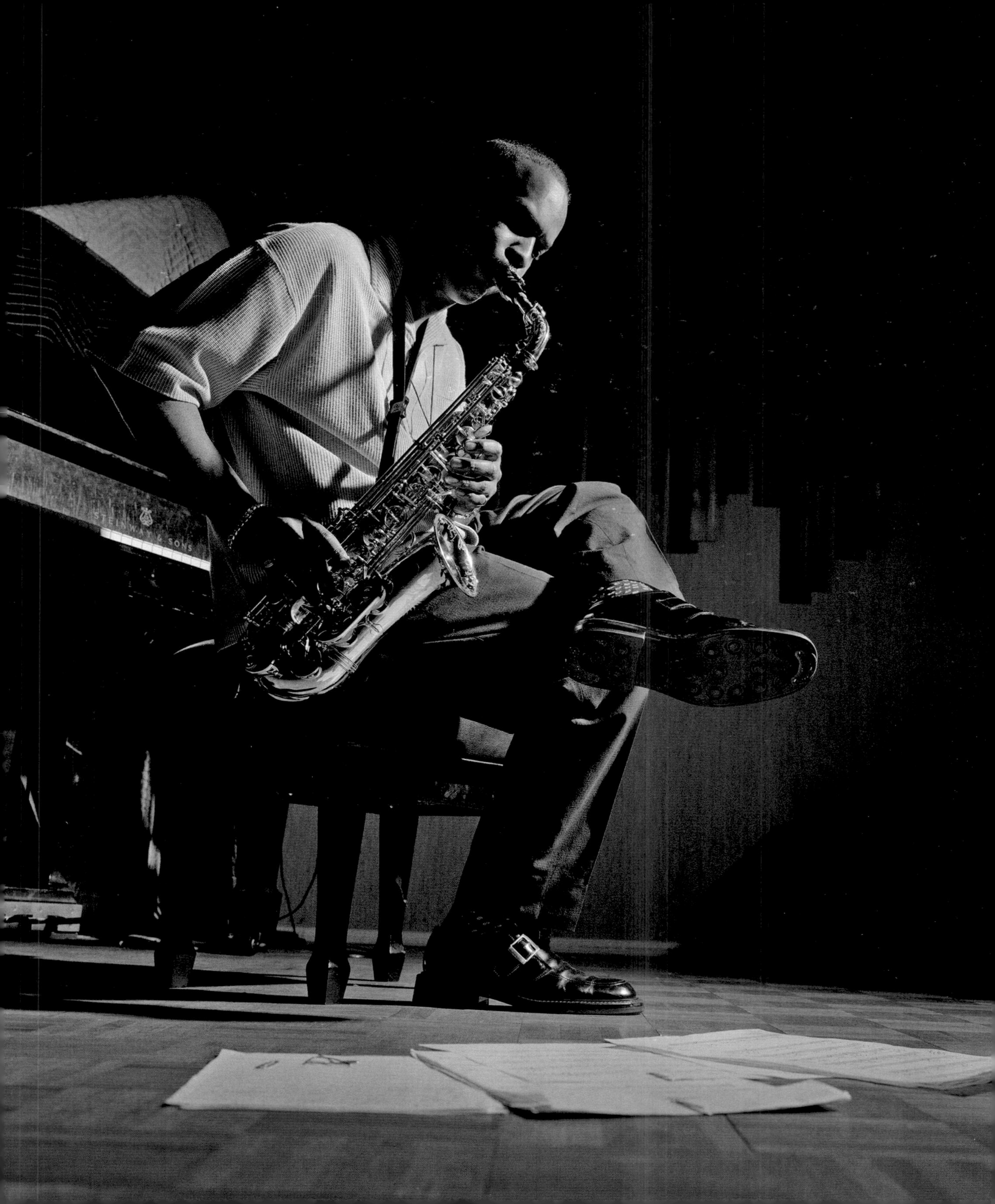

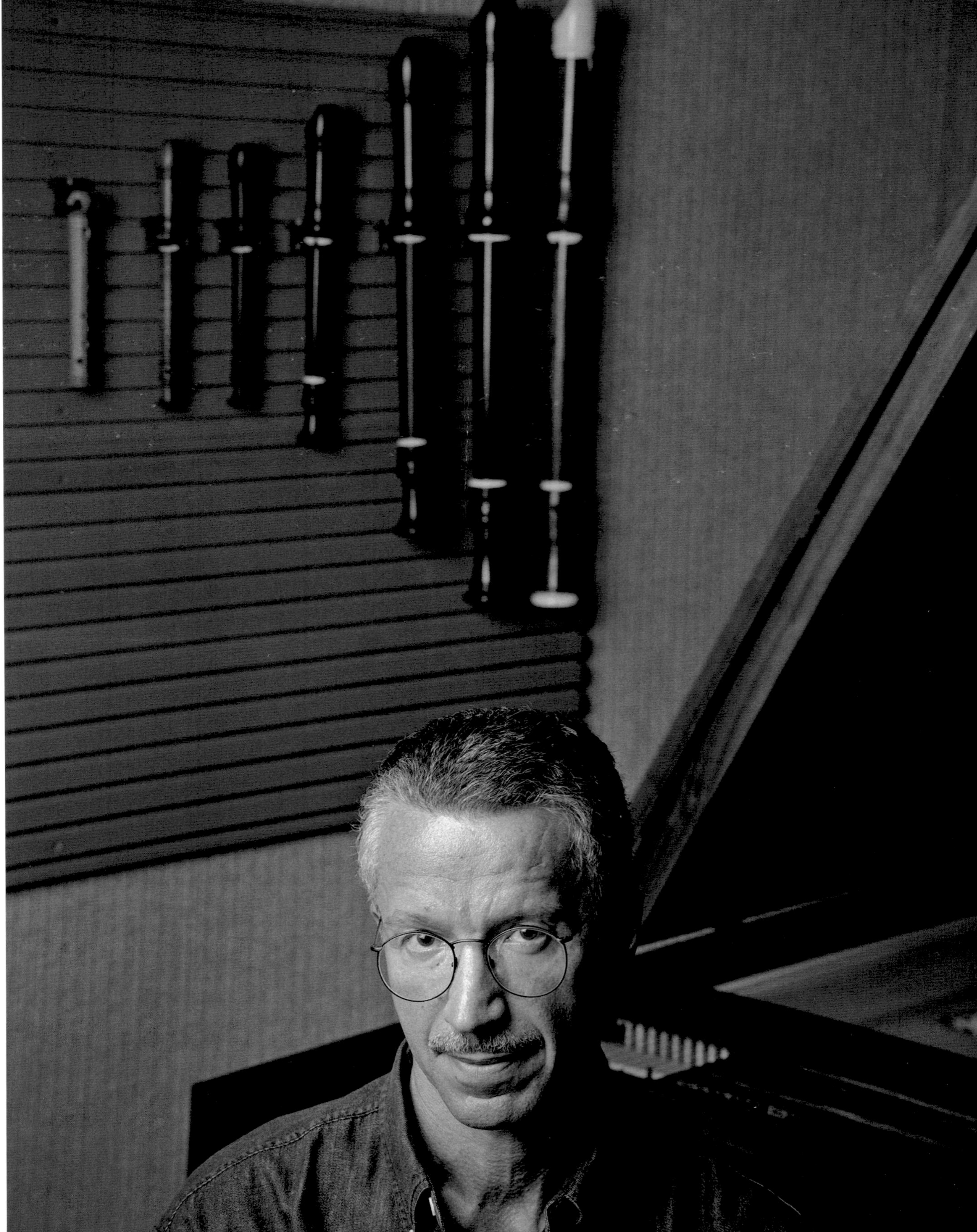

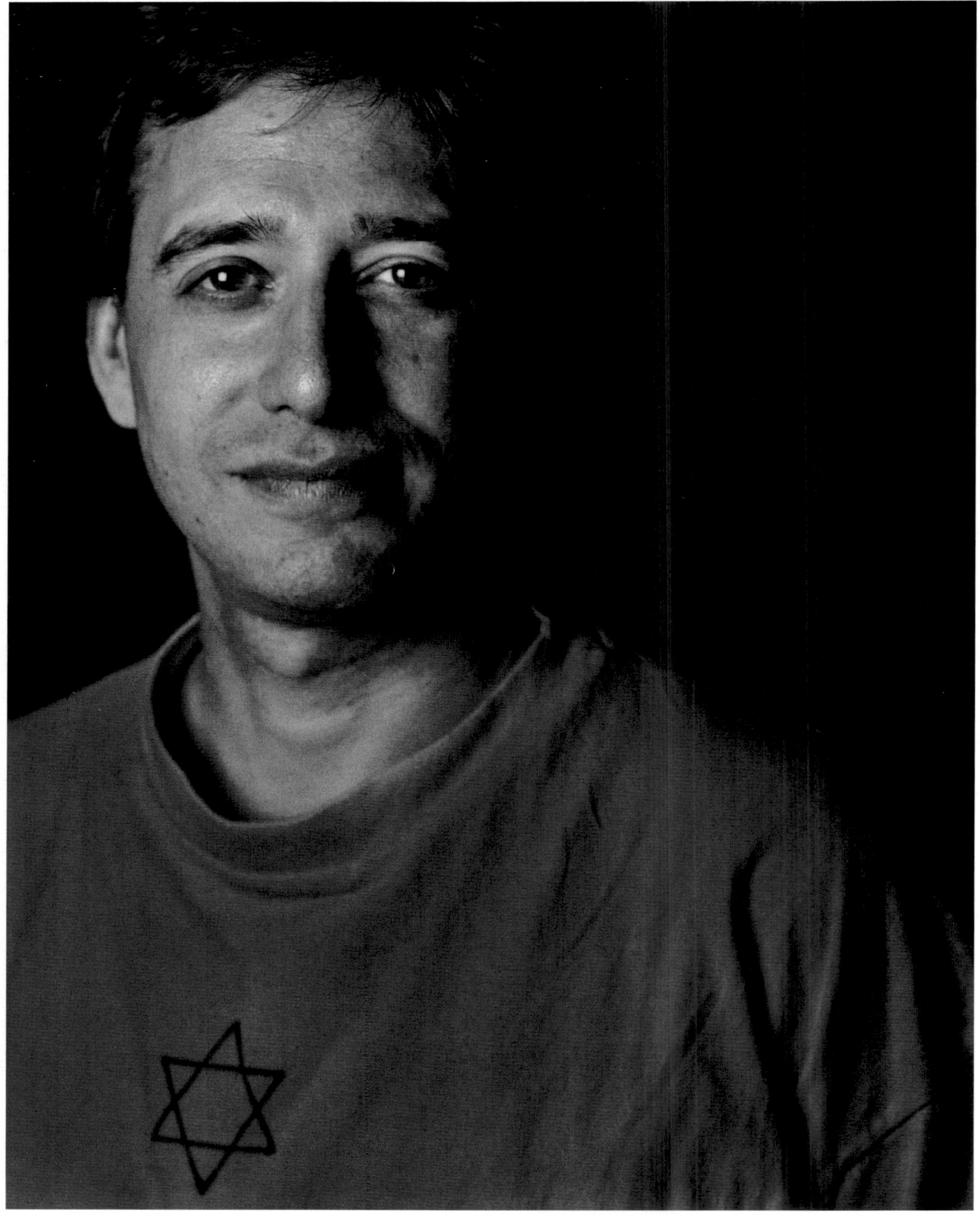

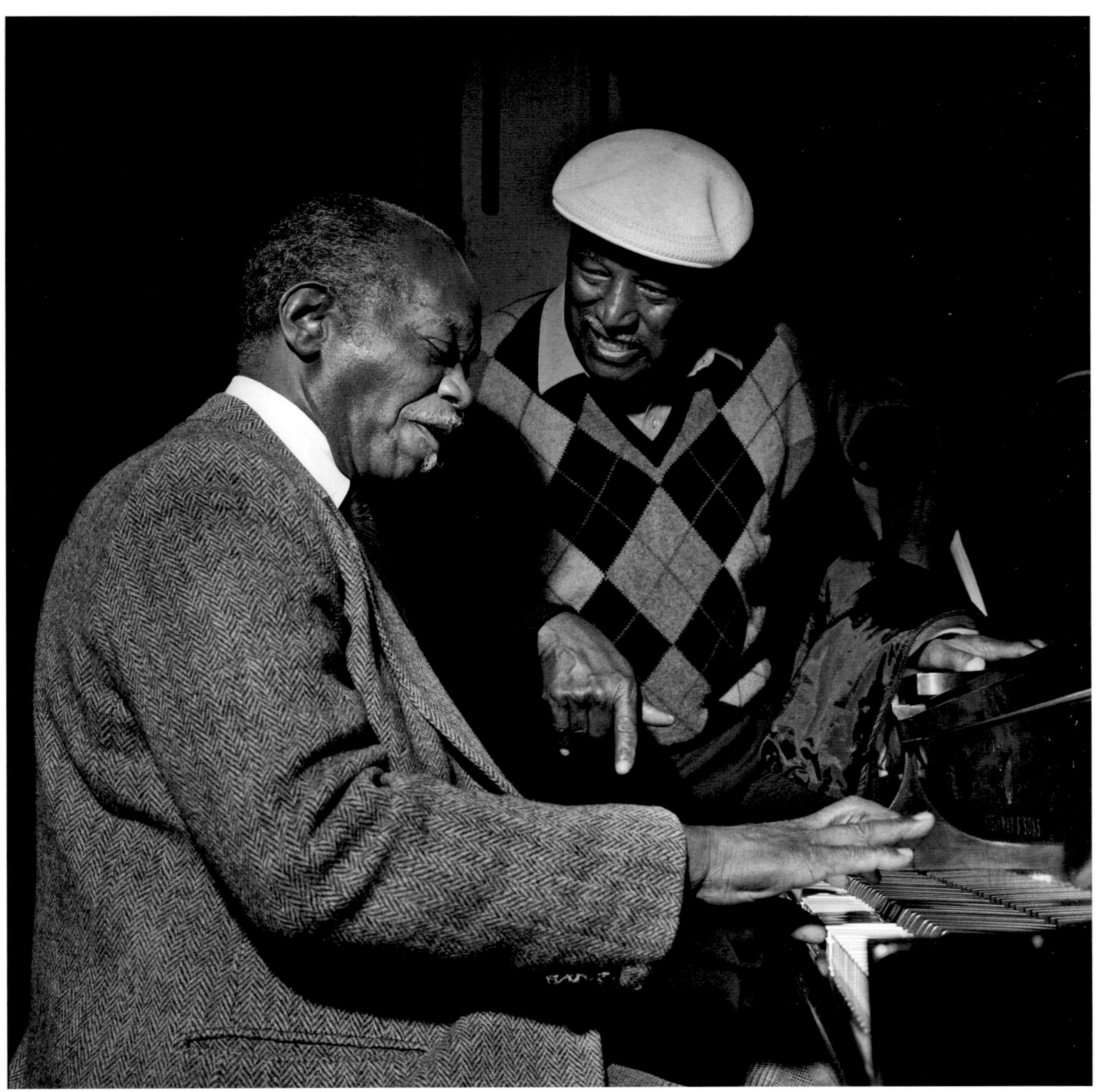

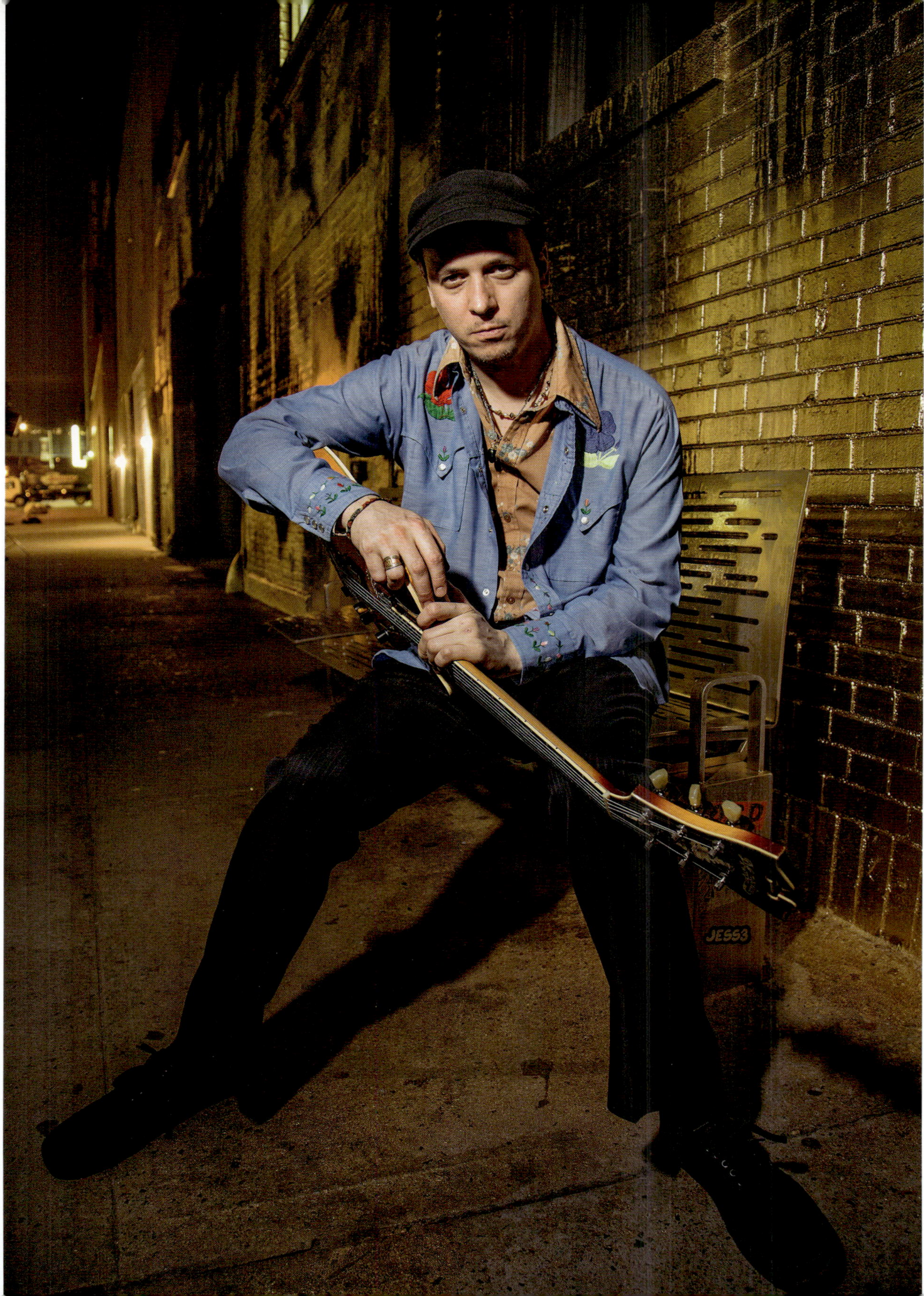

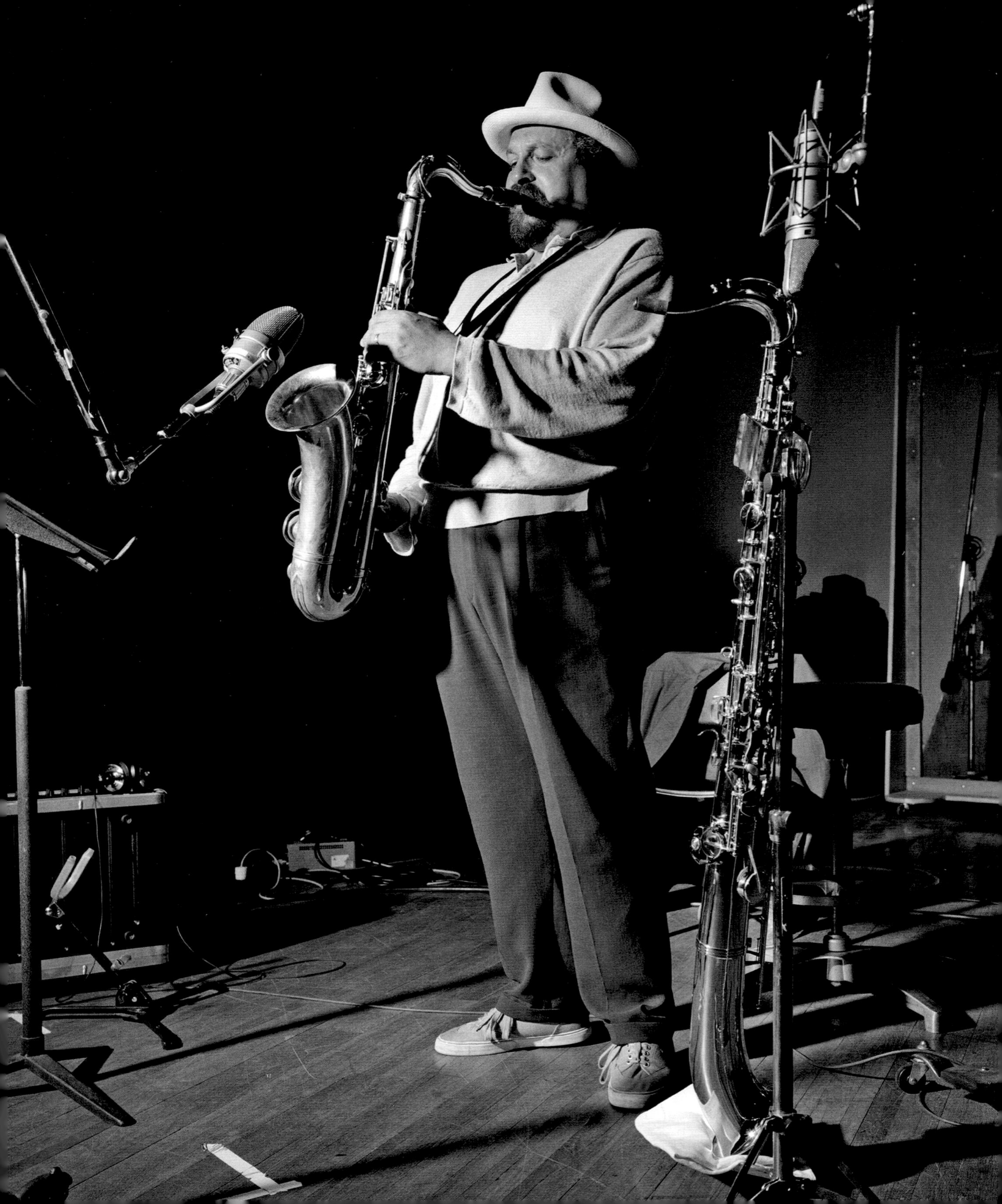

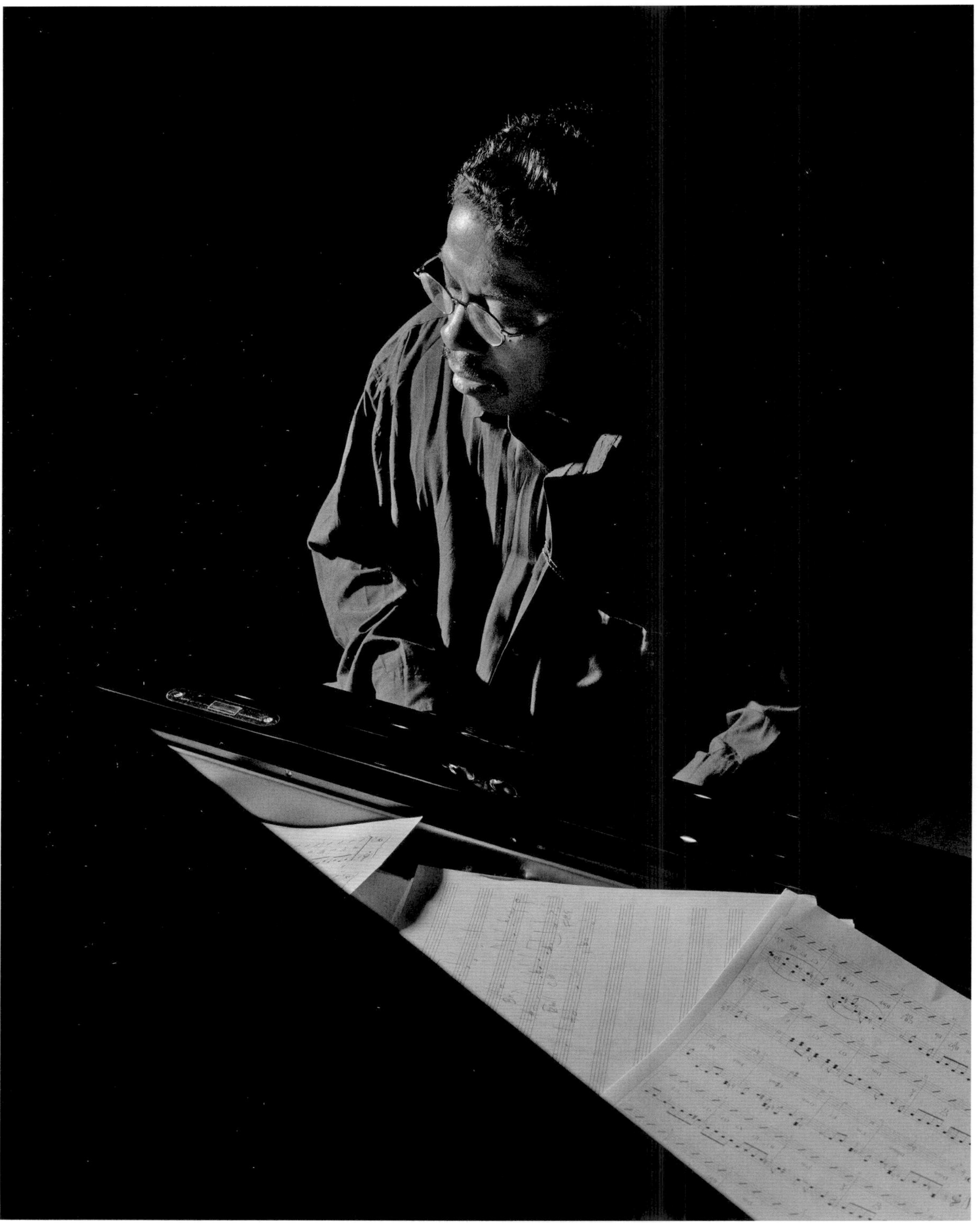

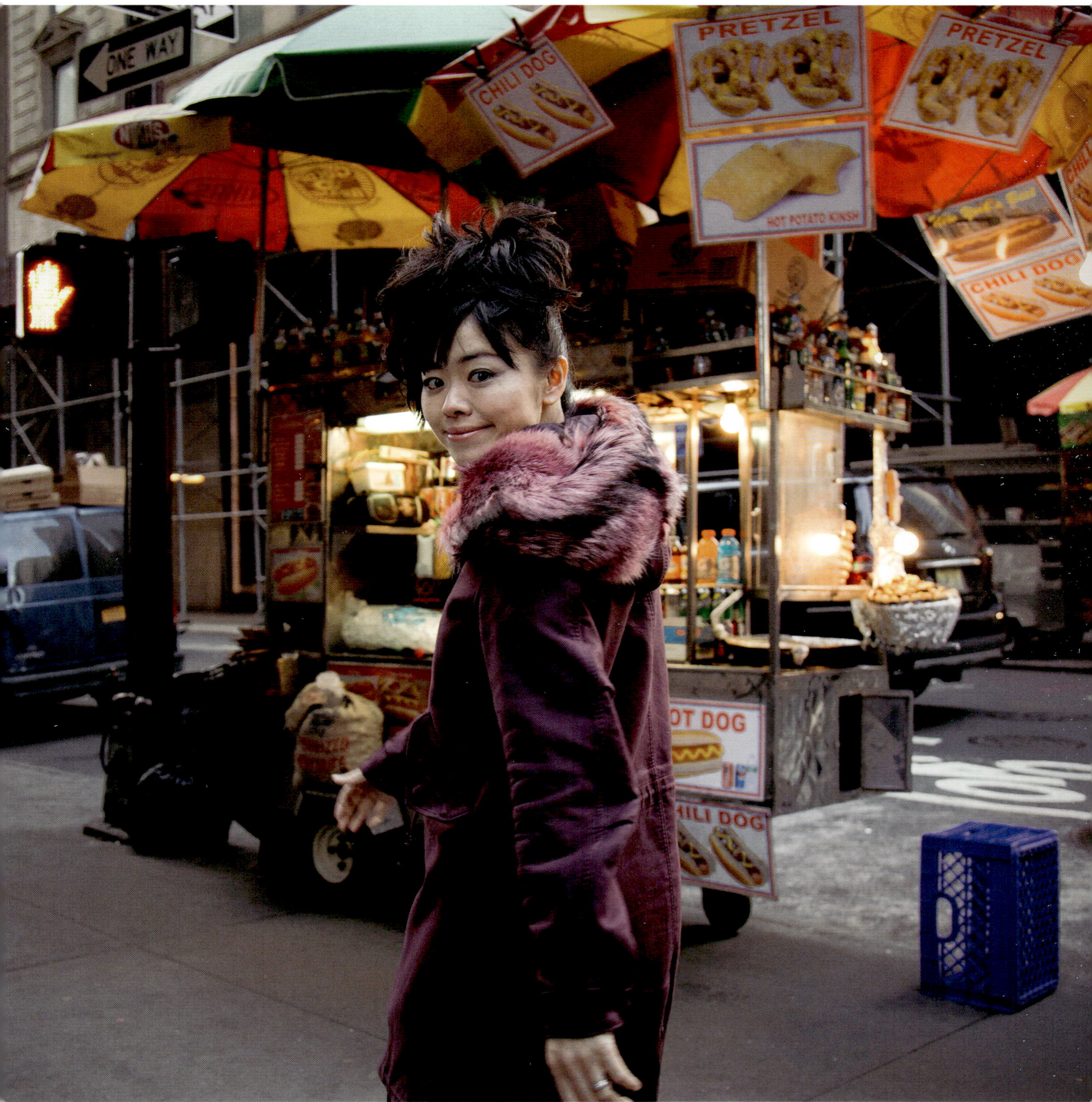

ONE WAY
CHILI DOG
PRETZEL
PRETZEL
HOT POTATO KNISH
CHILI DOG
HOT DOG
CHILI DOG

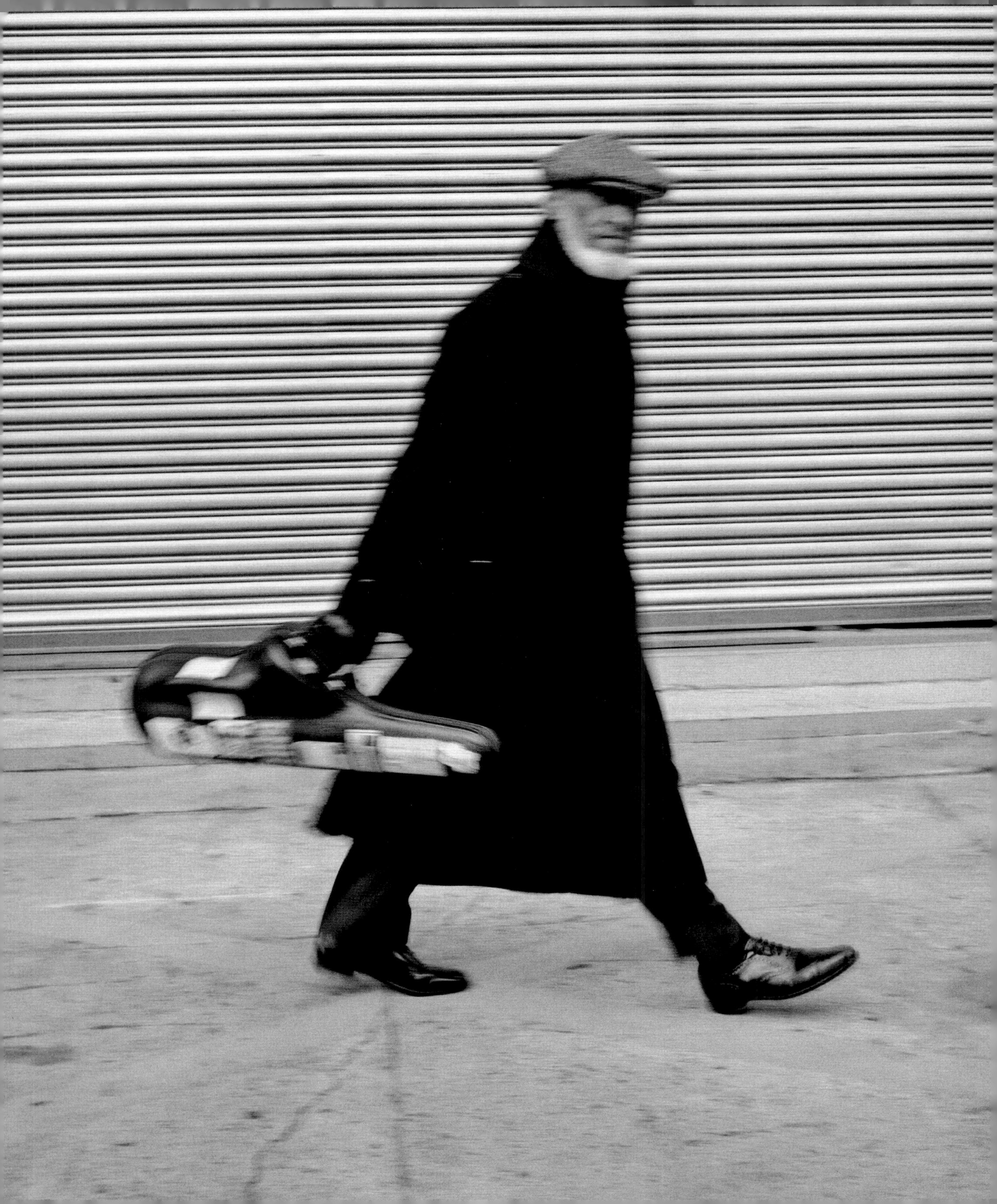

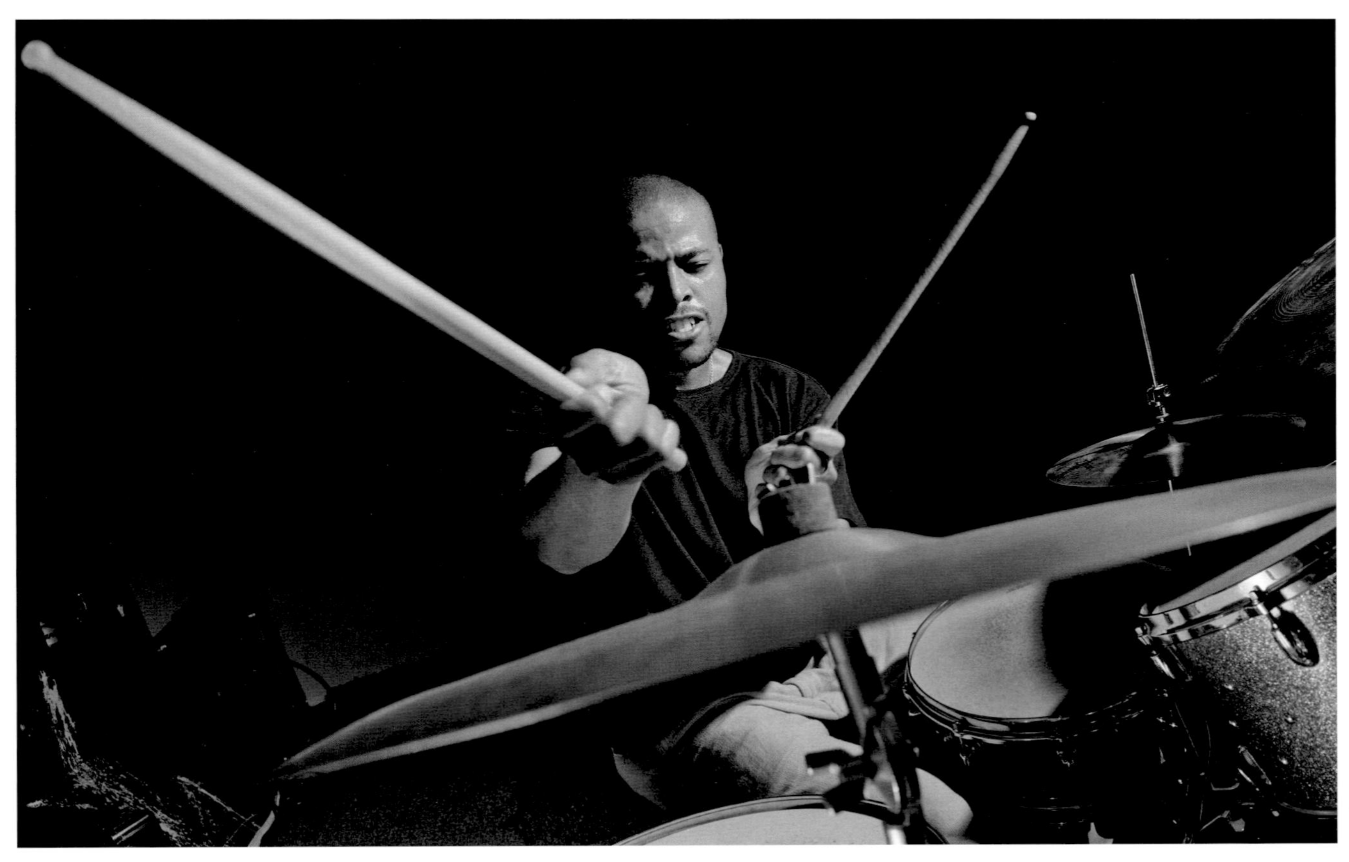

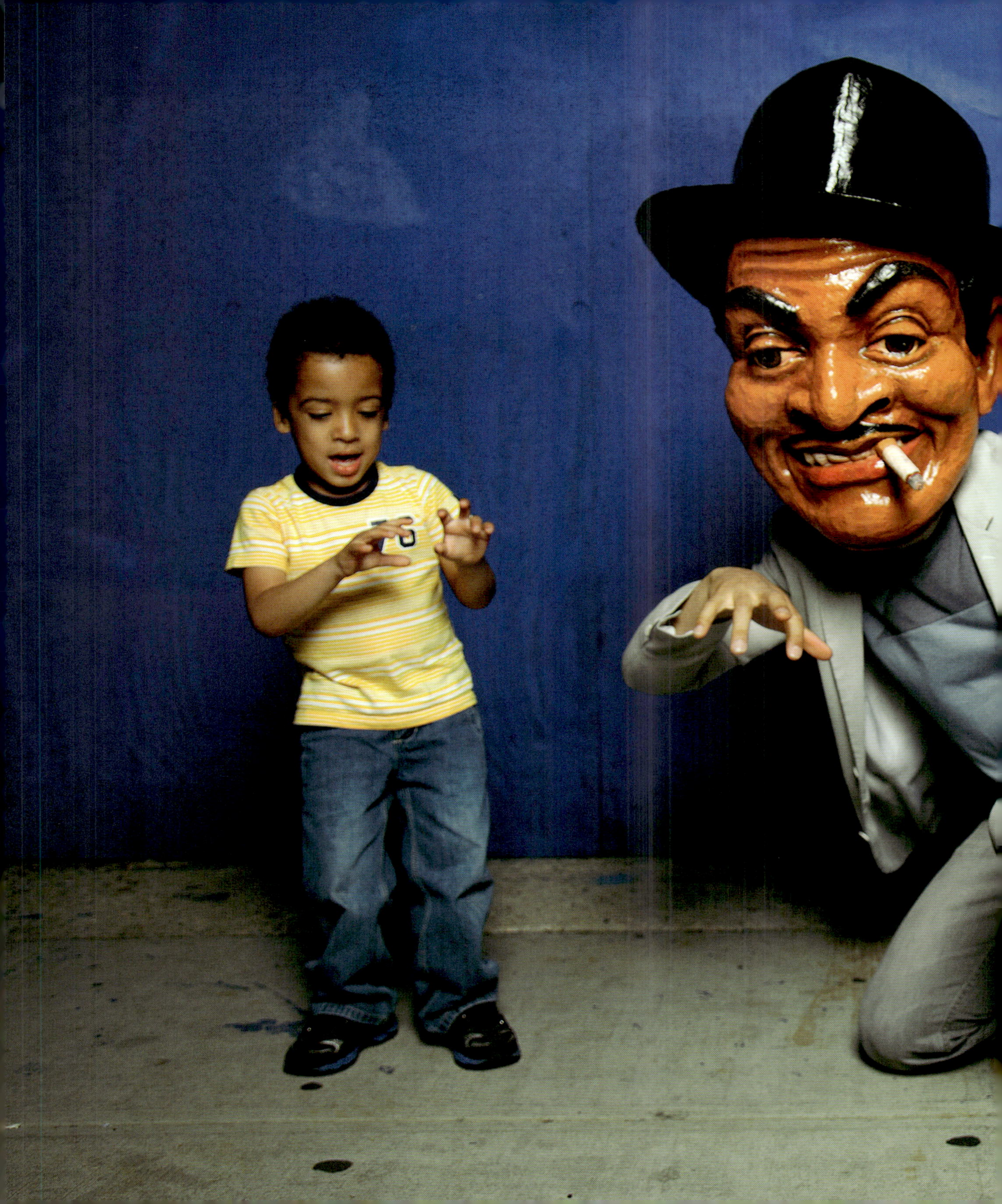

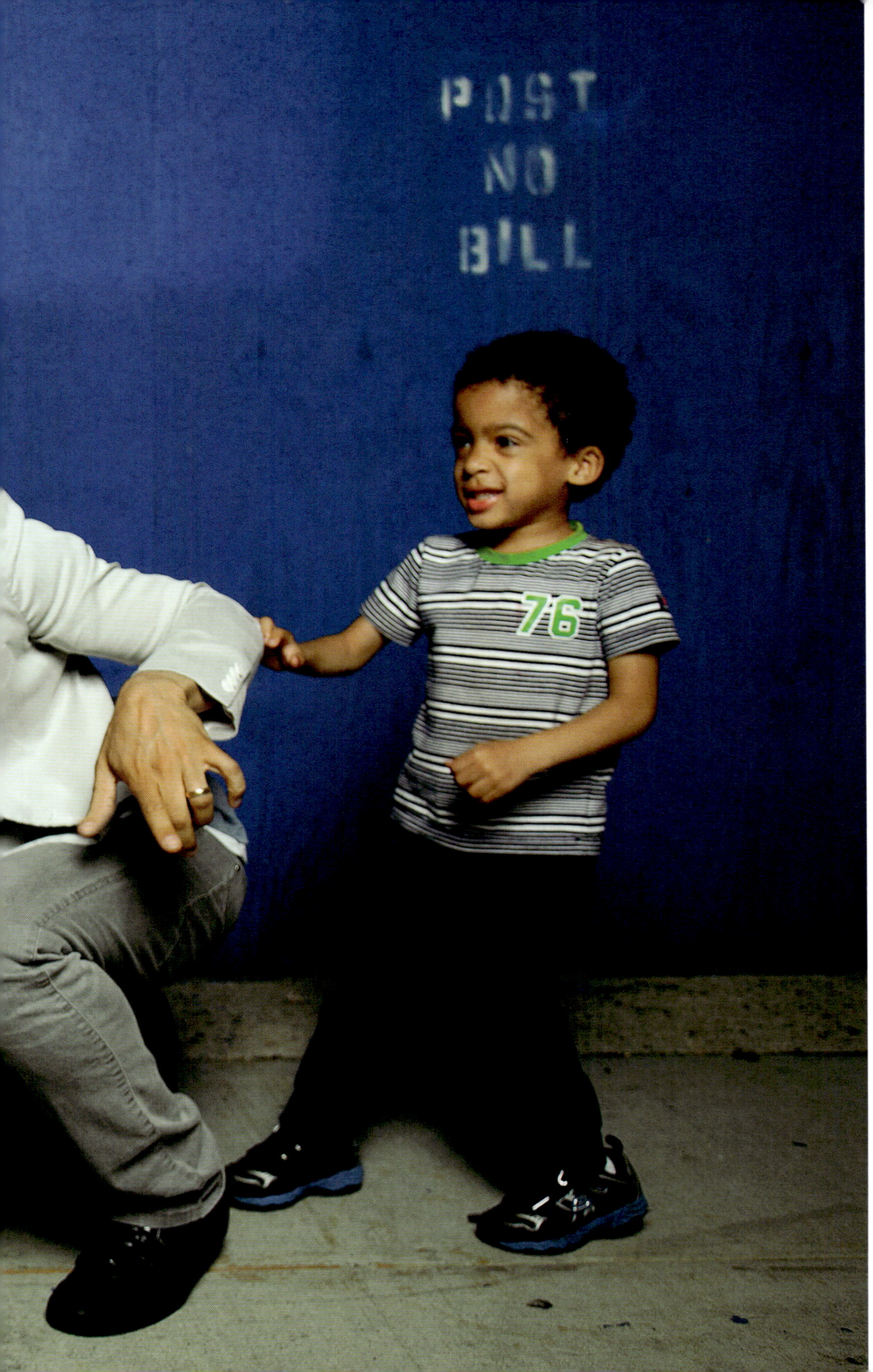

POST
NO
BILL
76

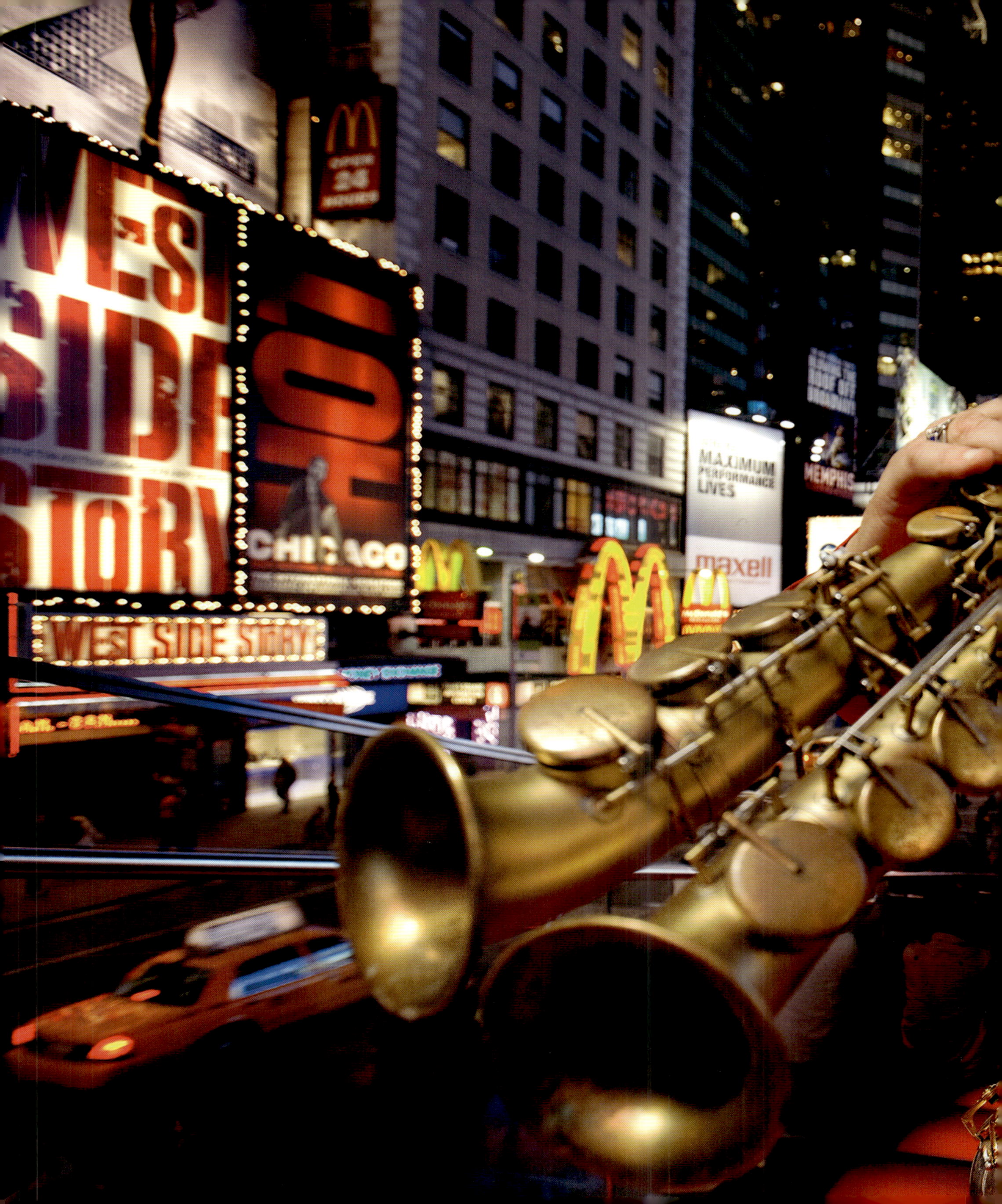

WEST SIDE STORY
CHICAGO
WEST SIDE STORY
McDonald's
OPEN 24 HOURS
MAXIMUM PERFORMANCE LIVES
maxell
MEMPHIS

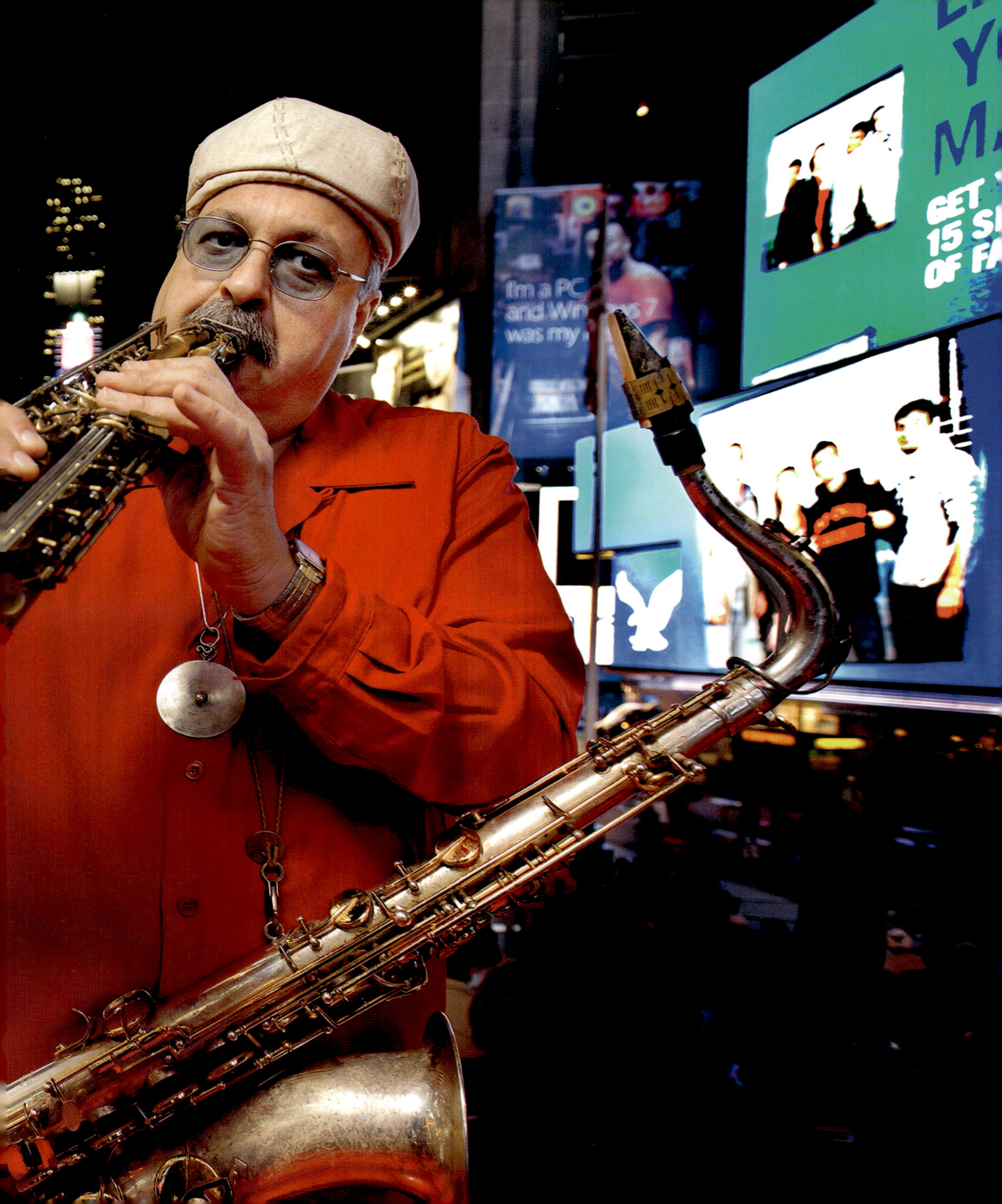

I'm a PC
and Windows 7
was my
GET
15
OF FA

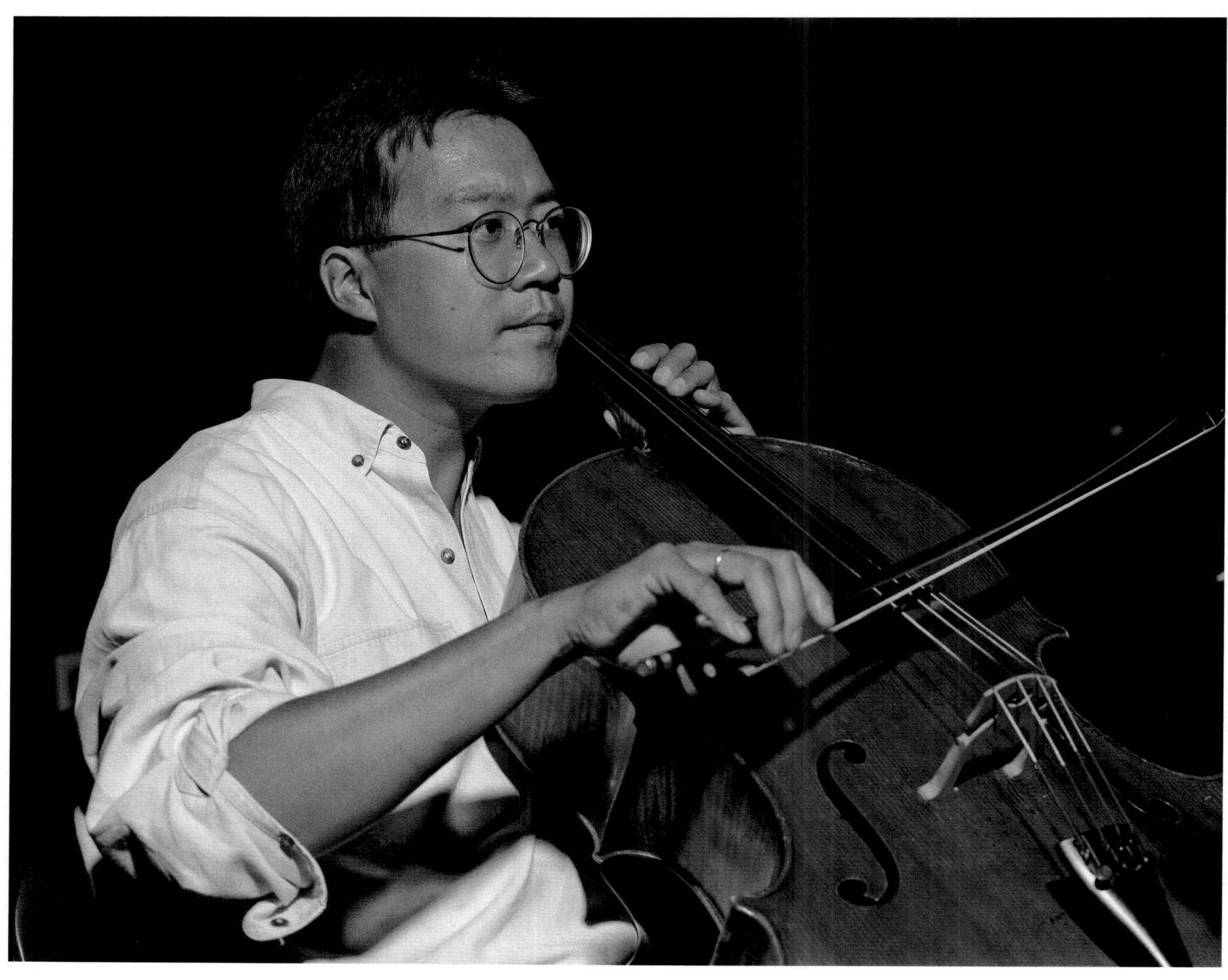

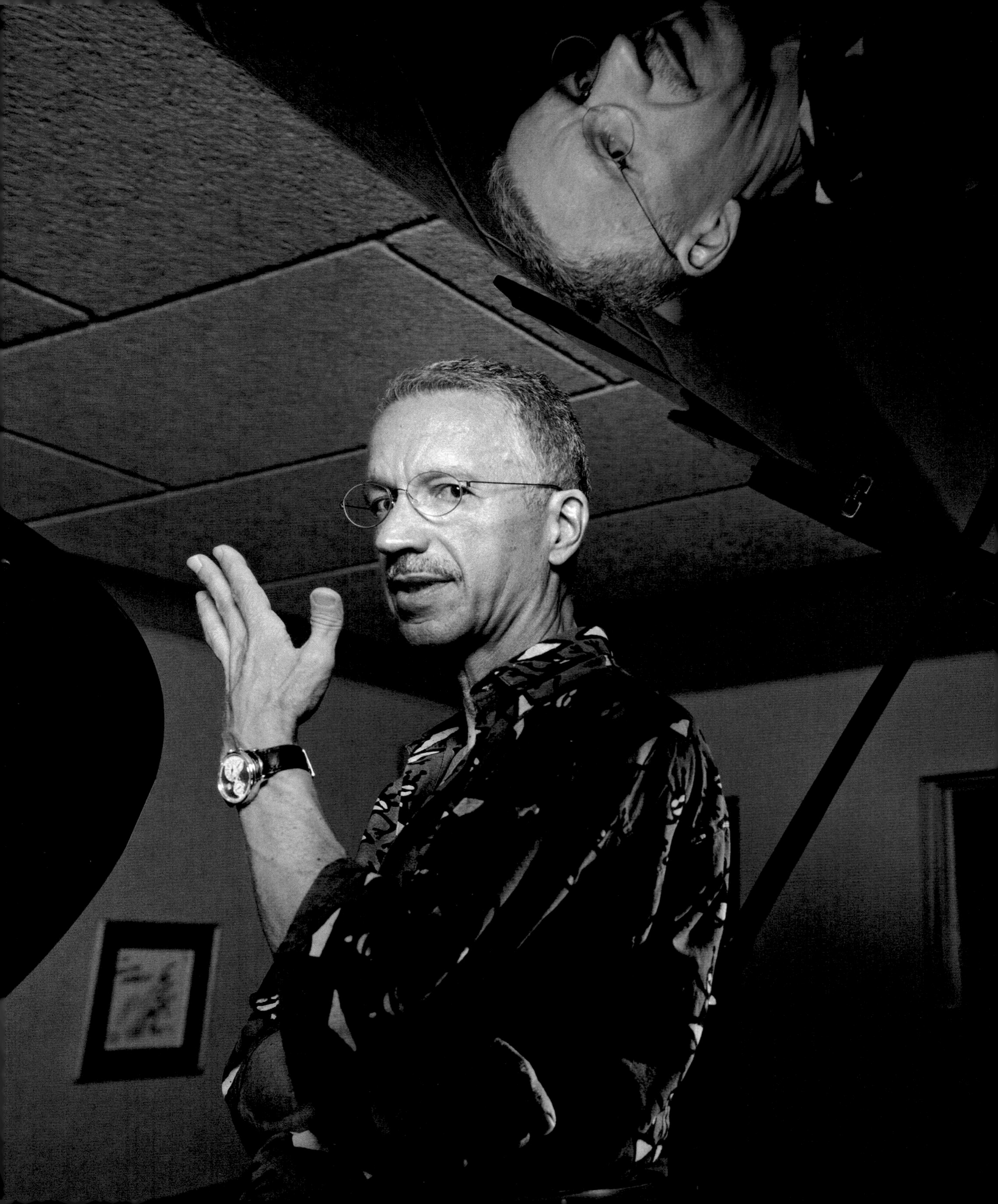

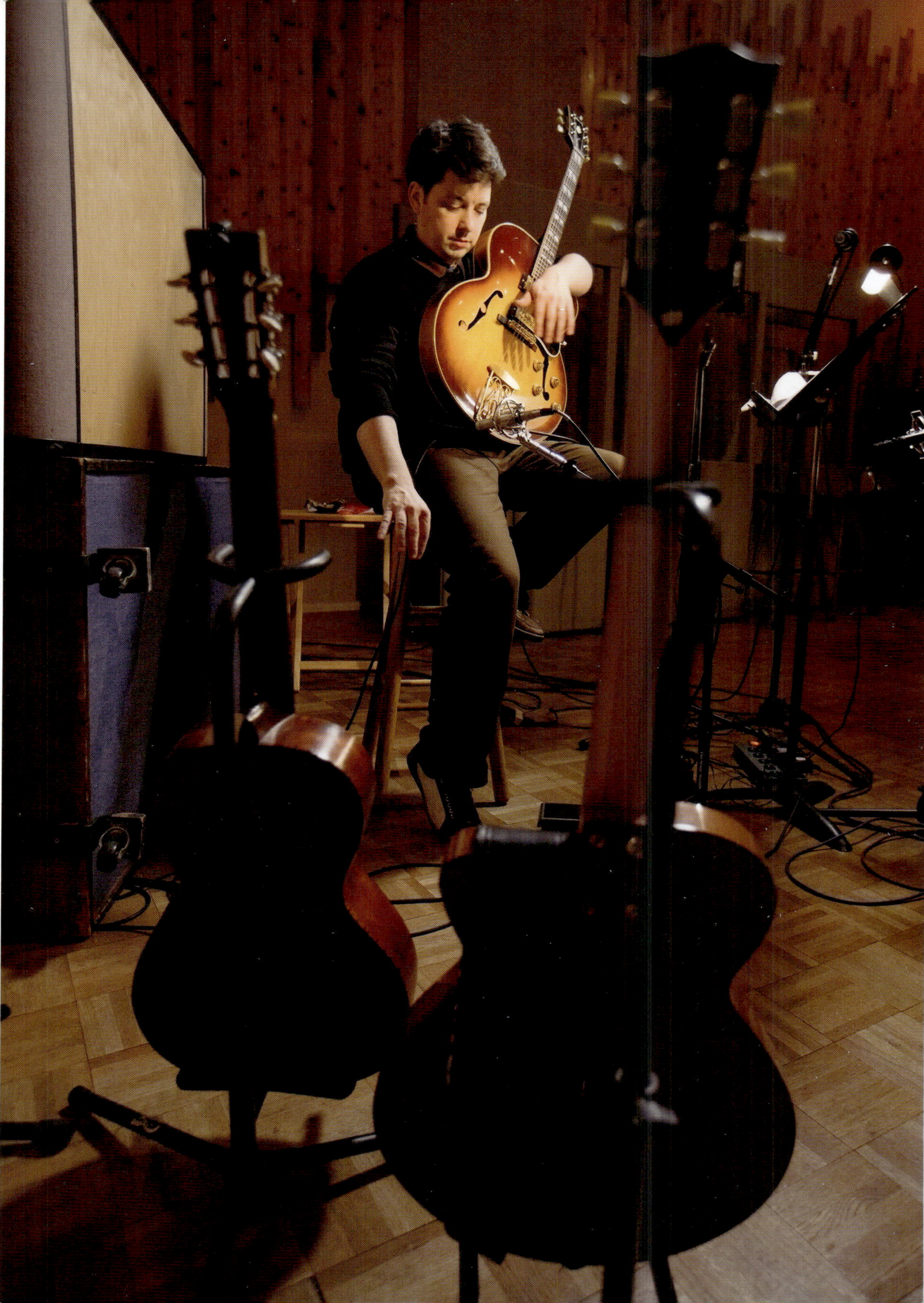

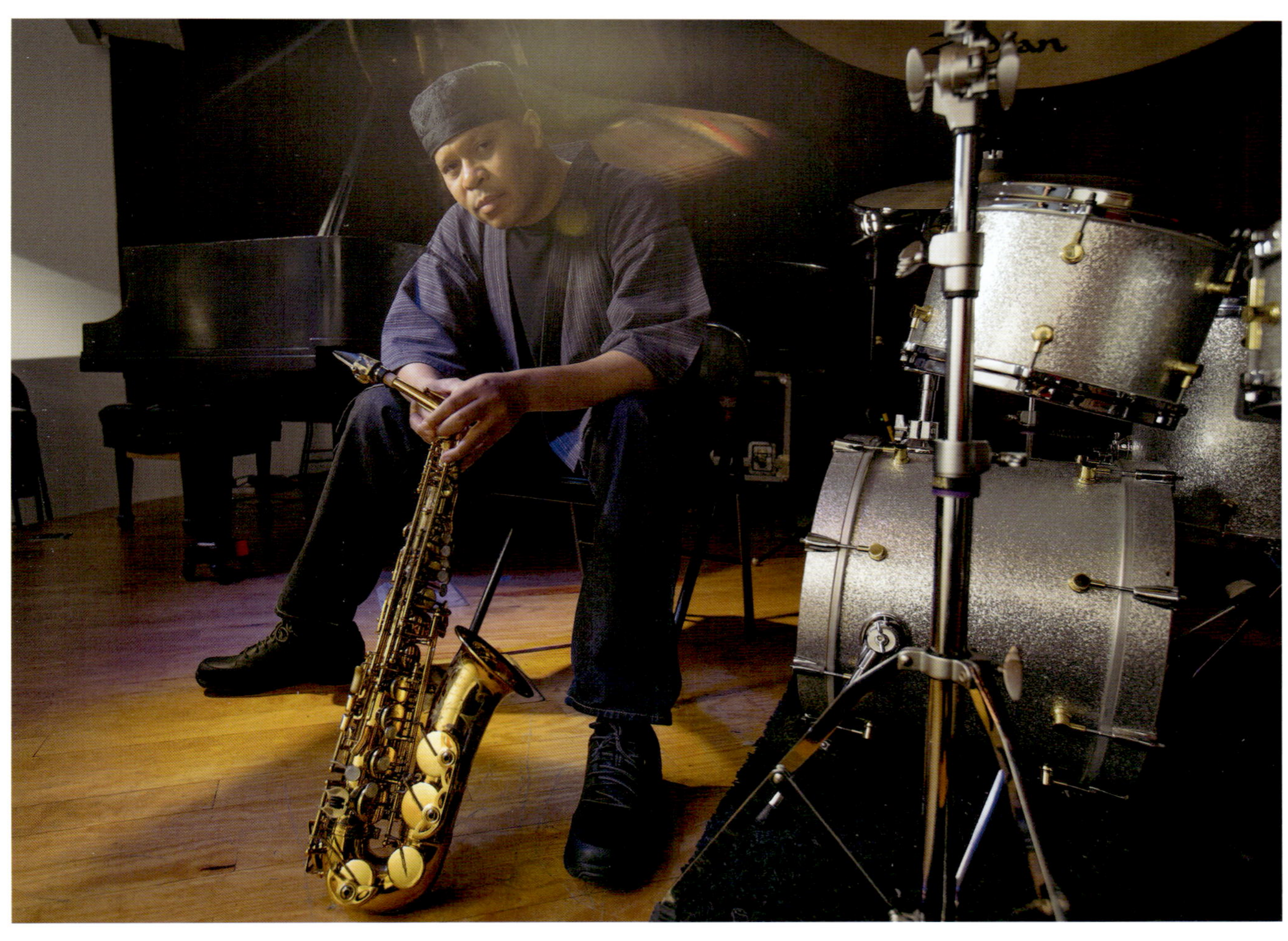

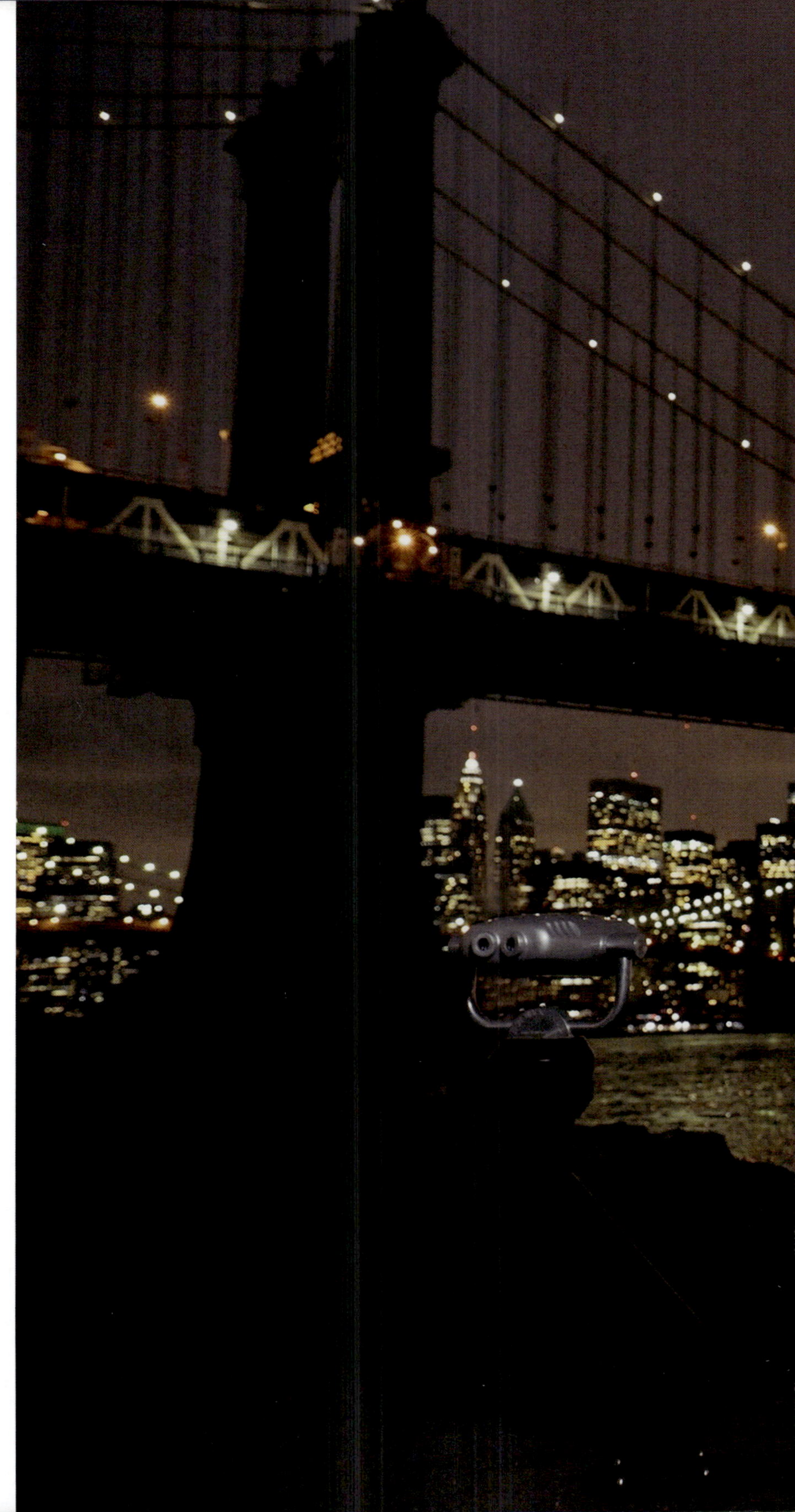

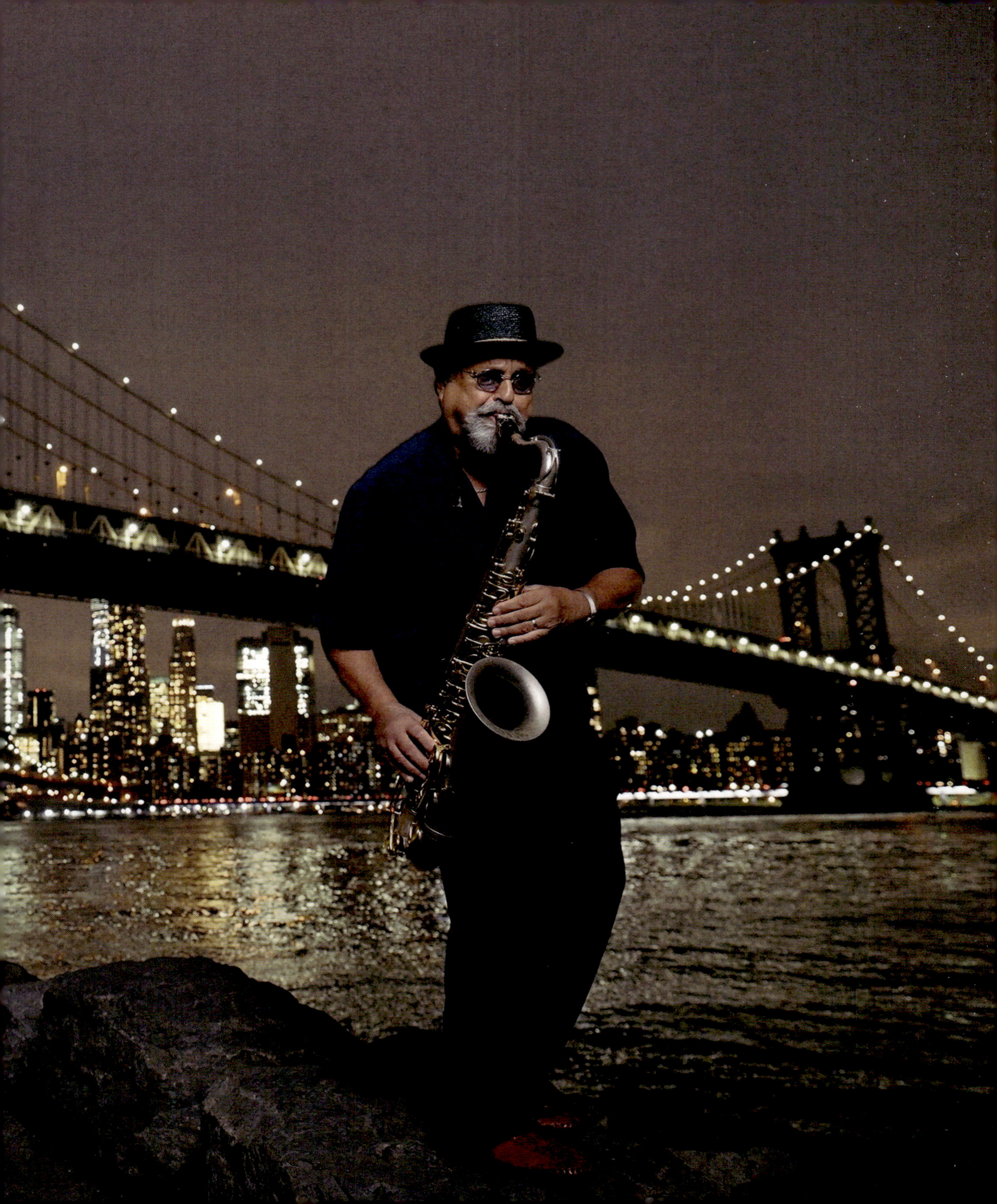

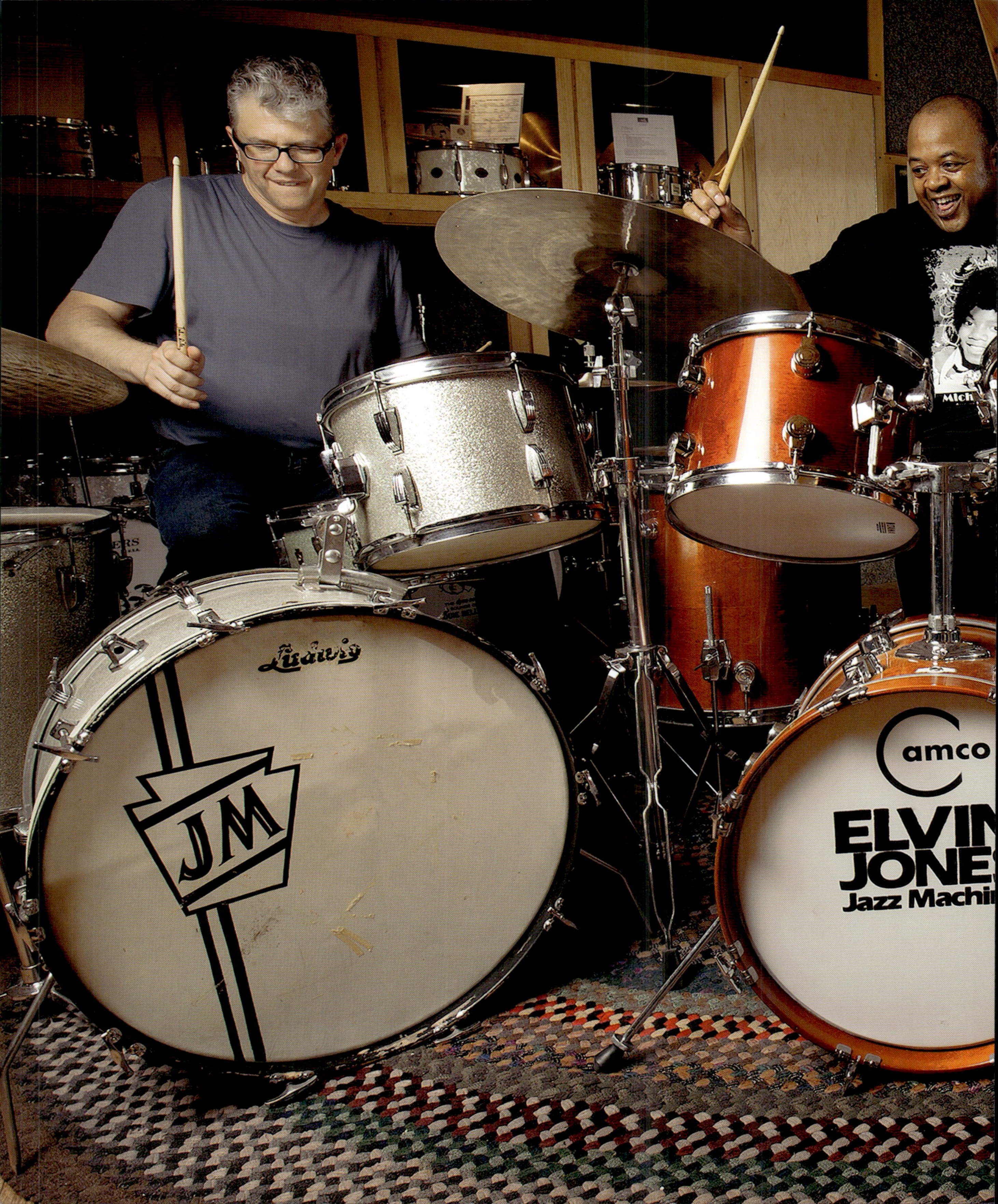
Ludwig
JM
Camco
ELVIN
JONES
Jazz Machine

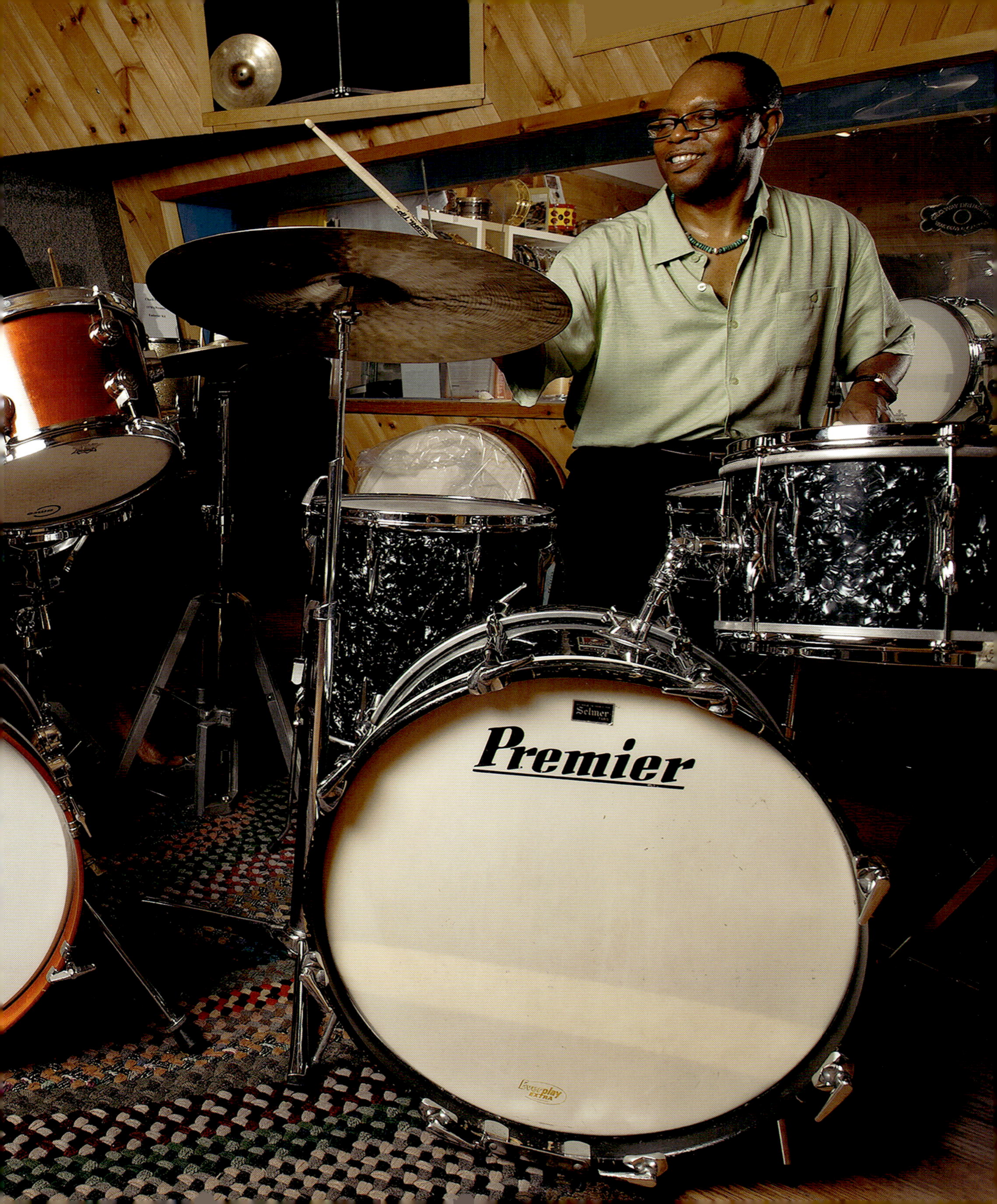
Premier
Selmer
Everplay
EXTRA

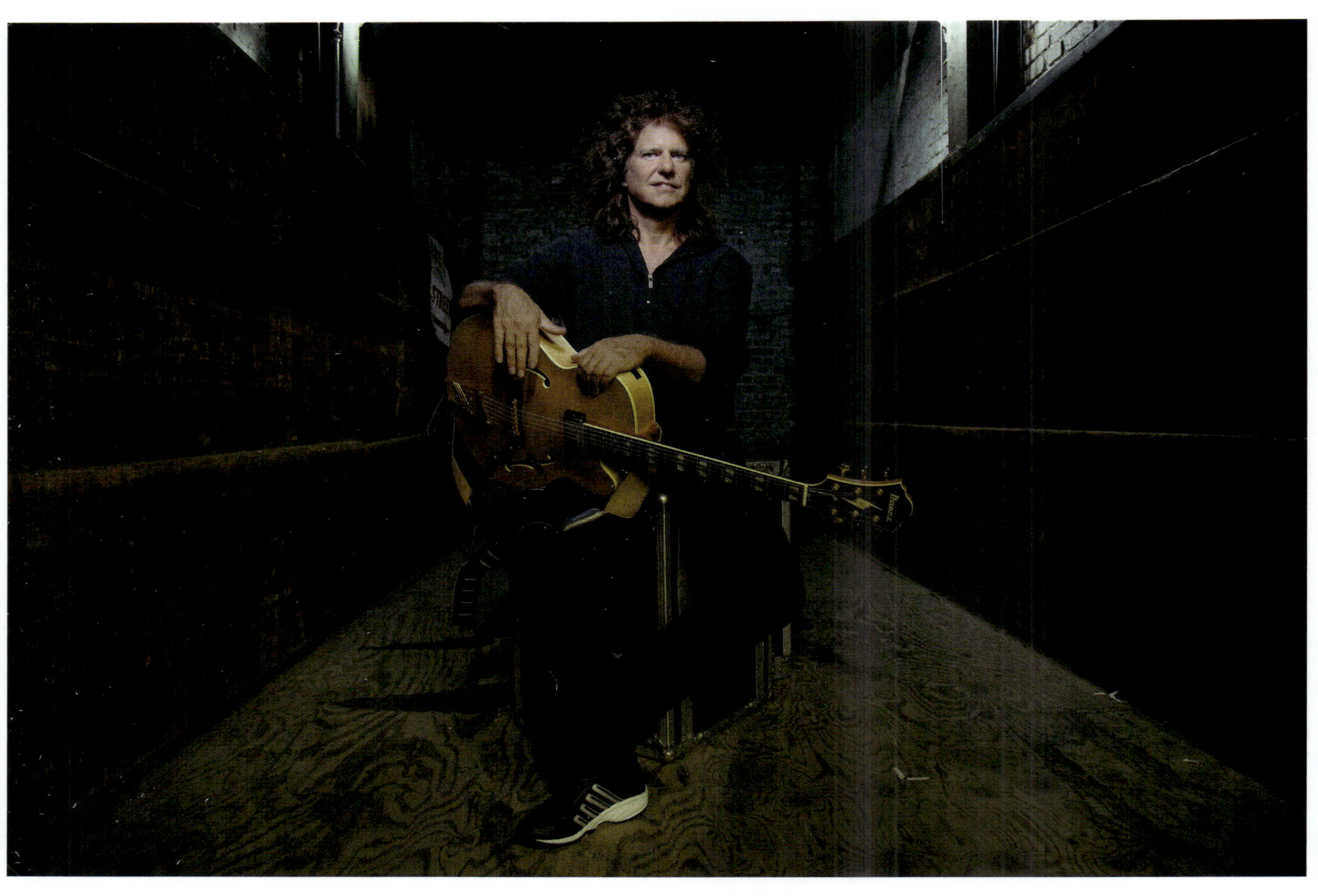

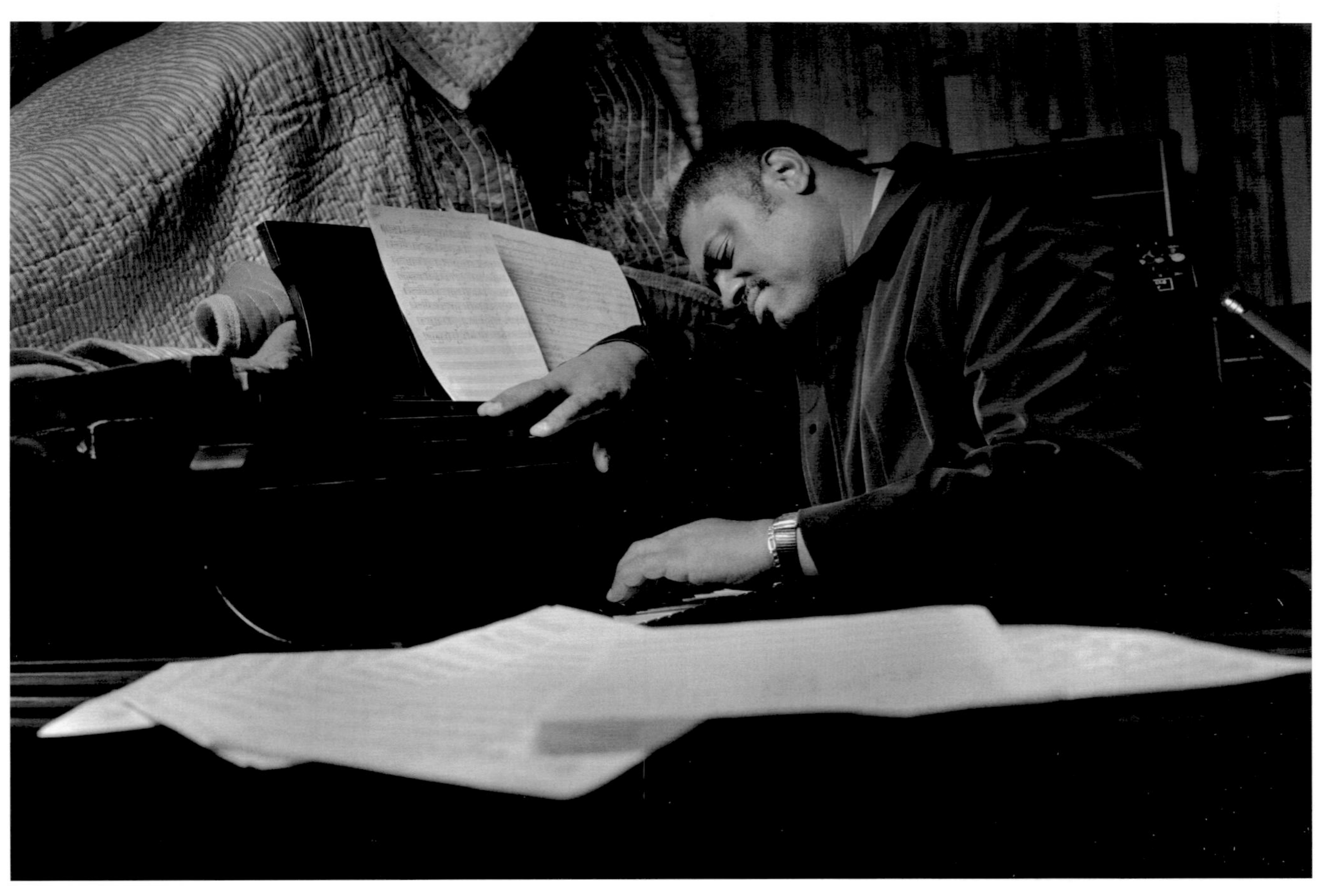

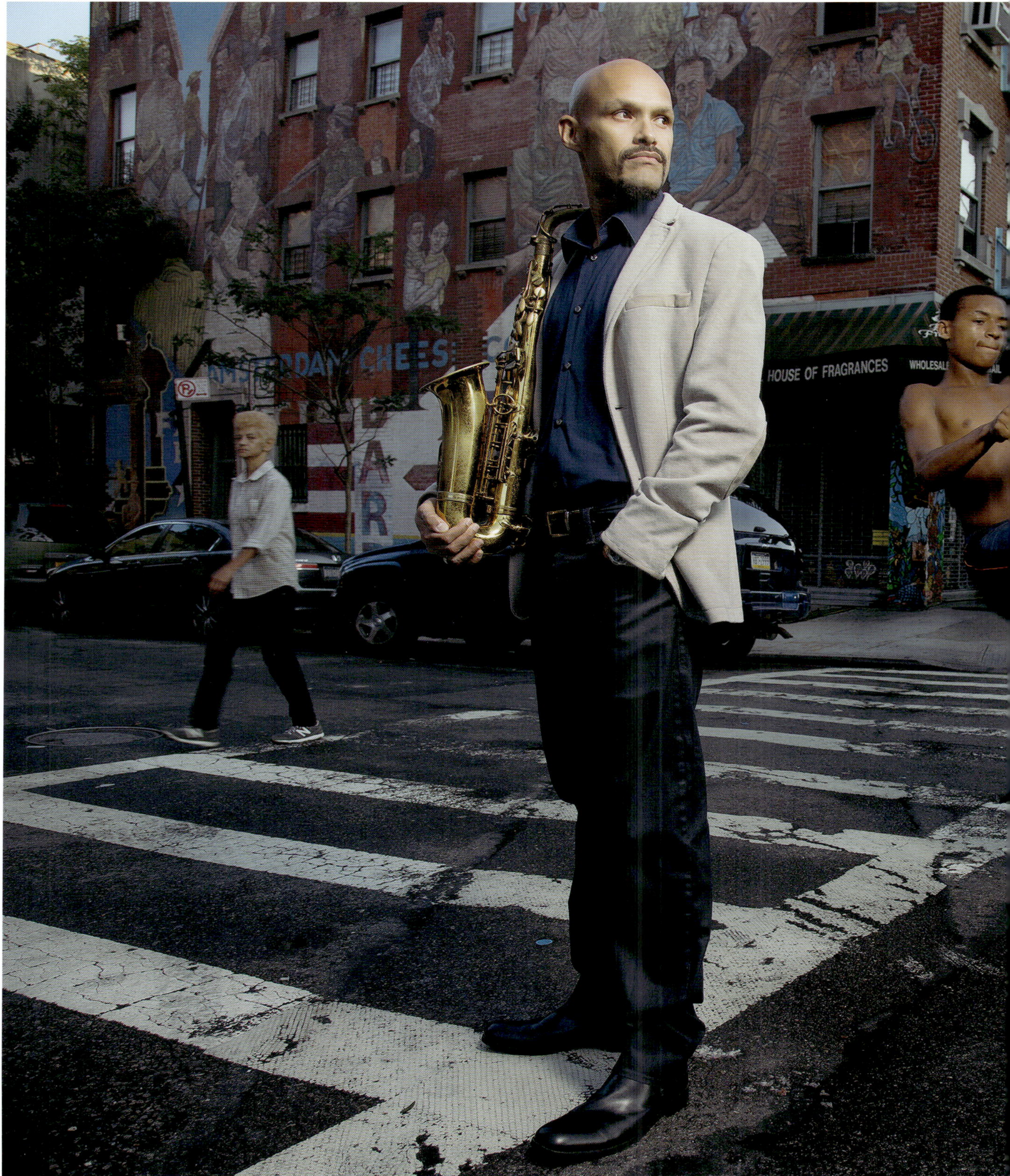
AMSTERDAM CHEESE
HOUSE OF FRAGRANCES   WHOLESALE   RETAIL

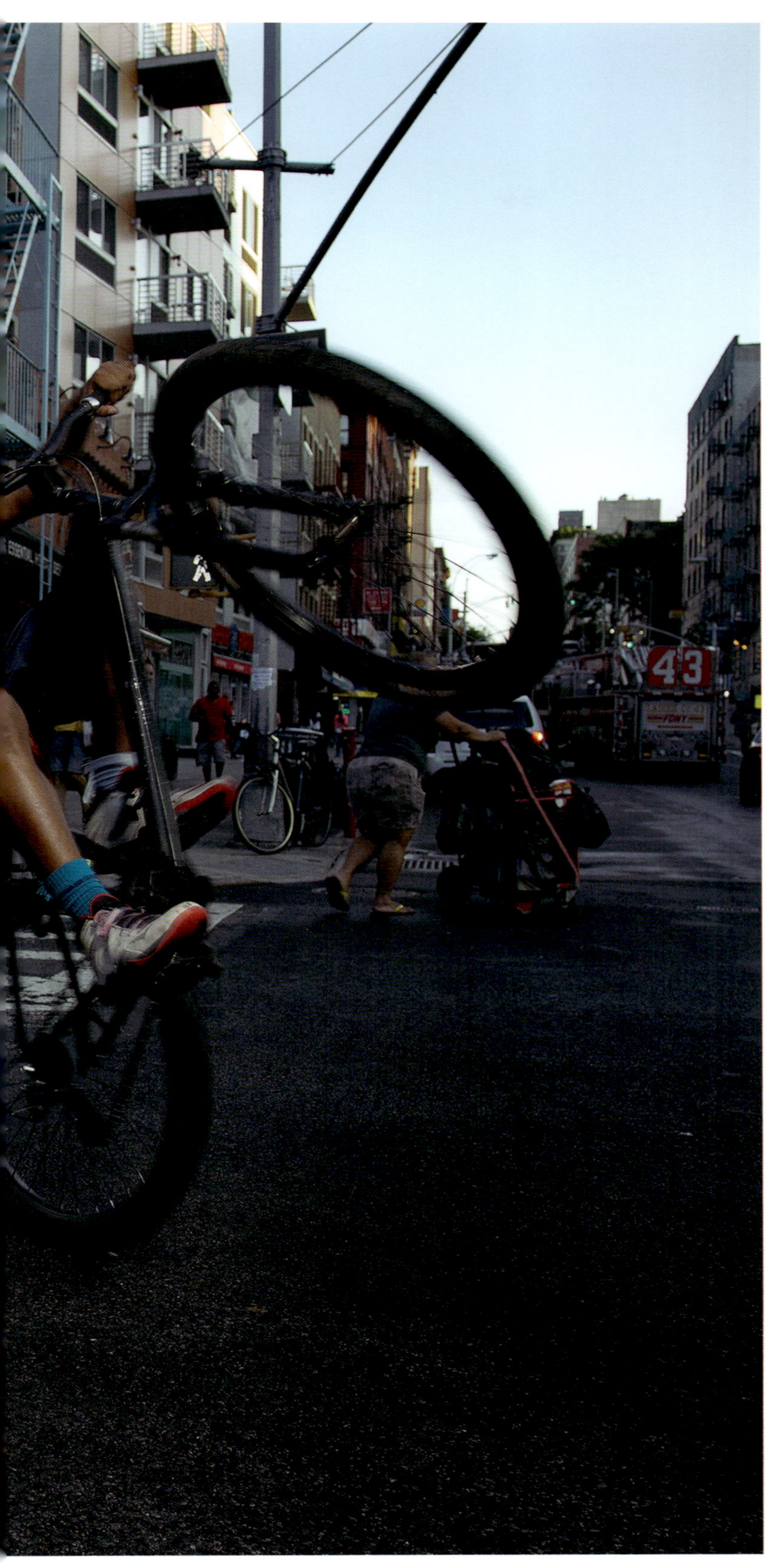

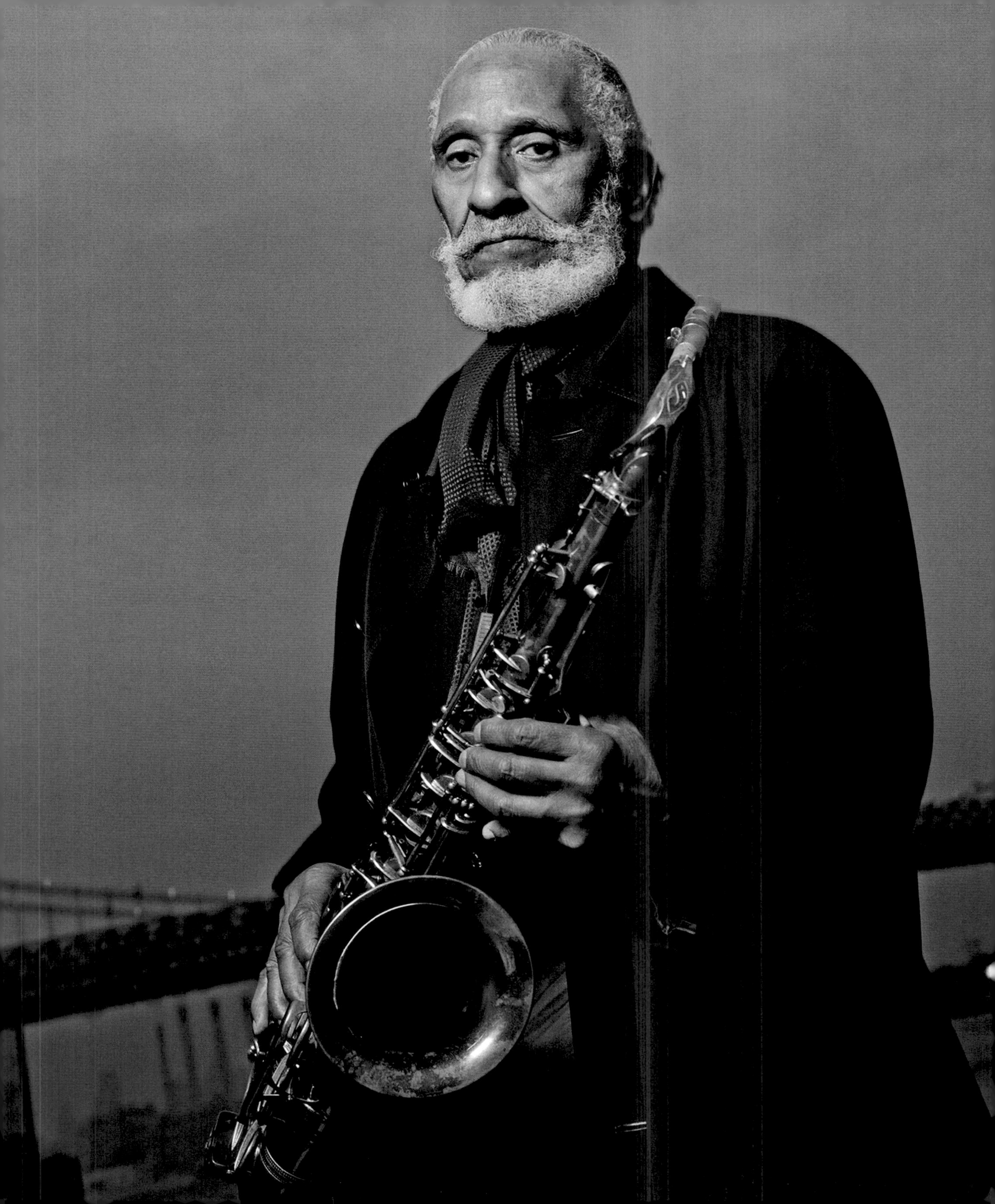

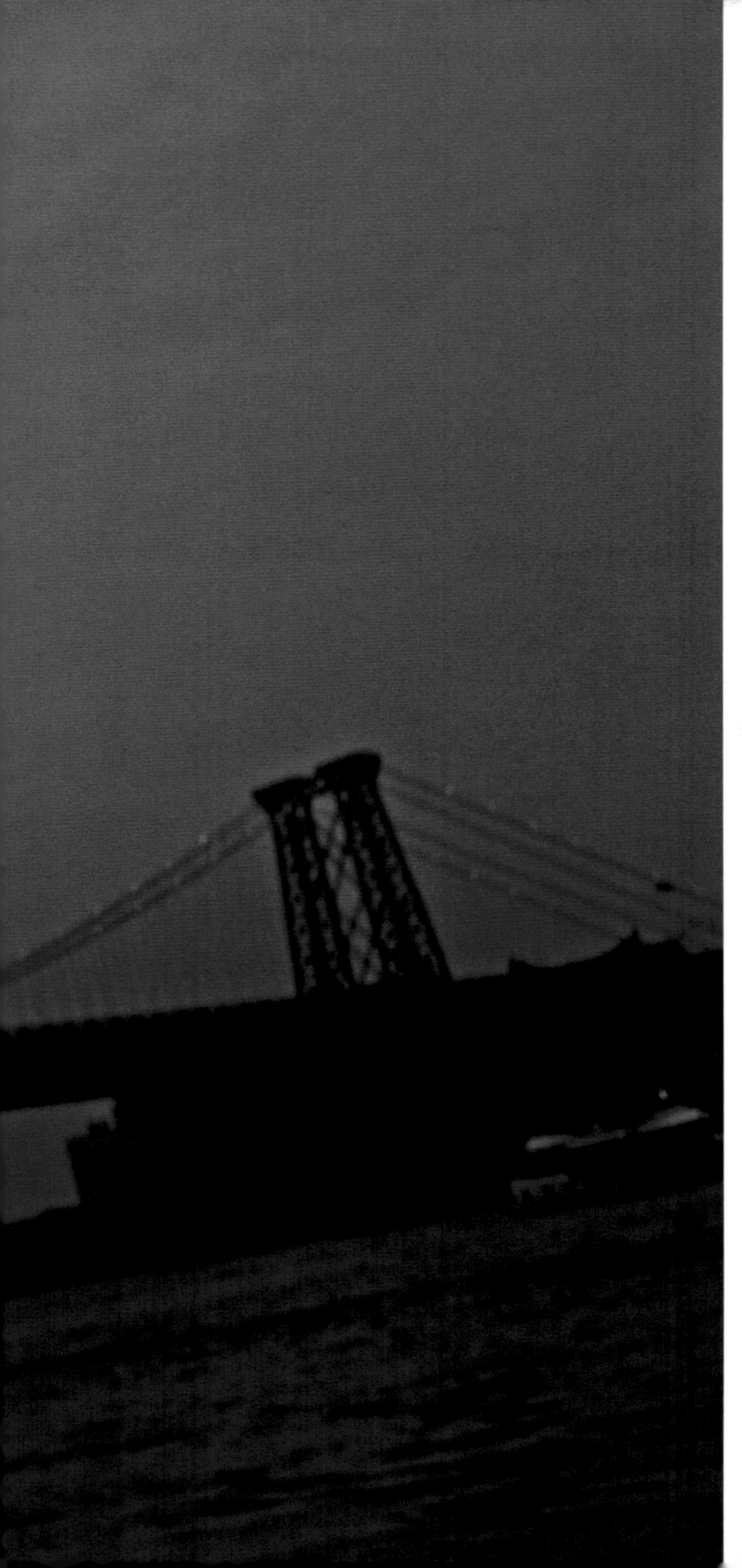

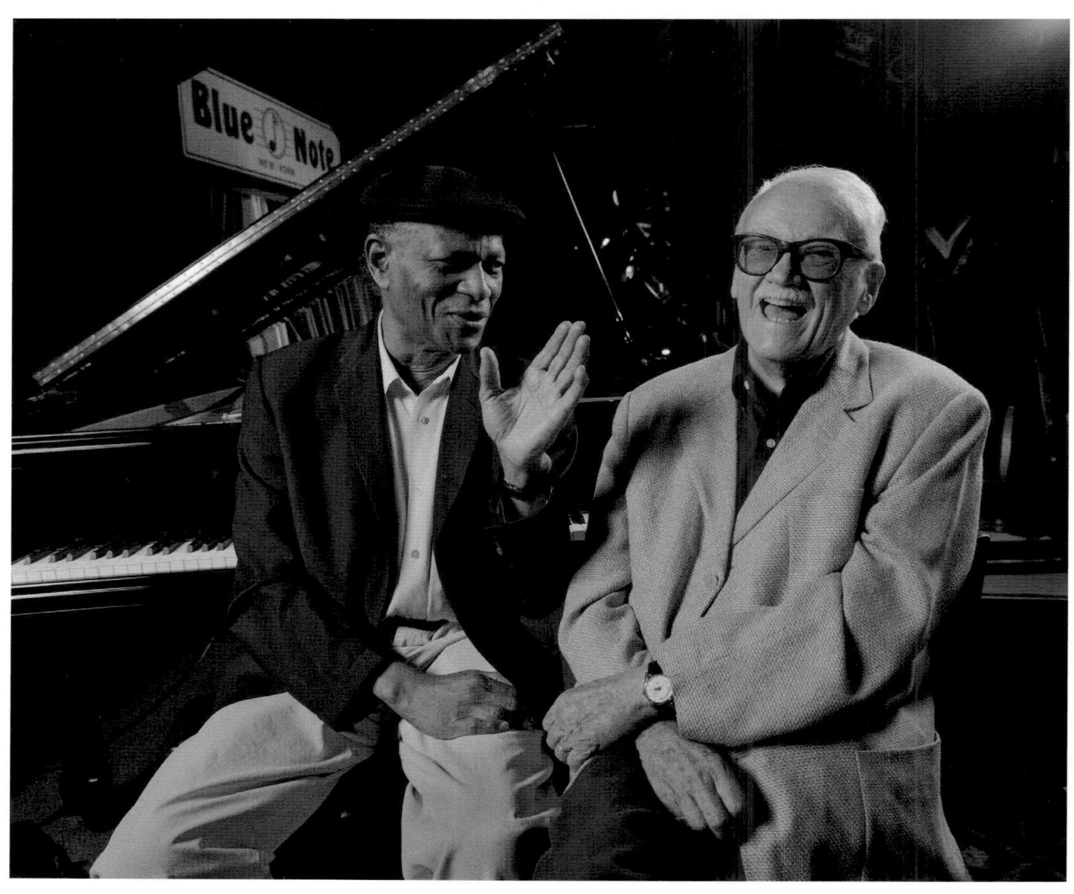

Blue Note
NEW YORK

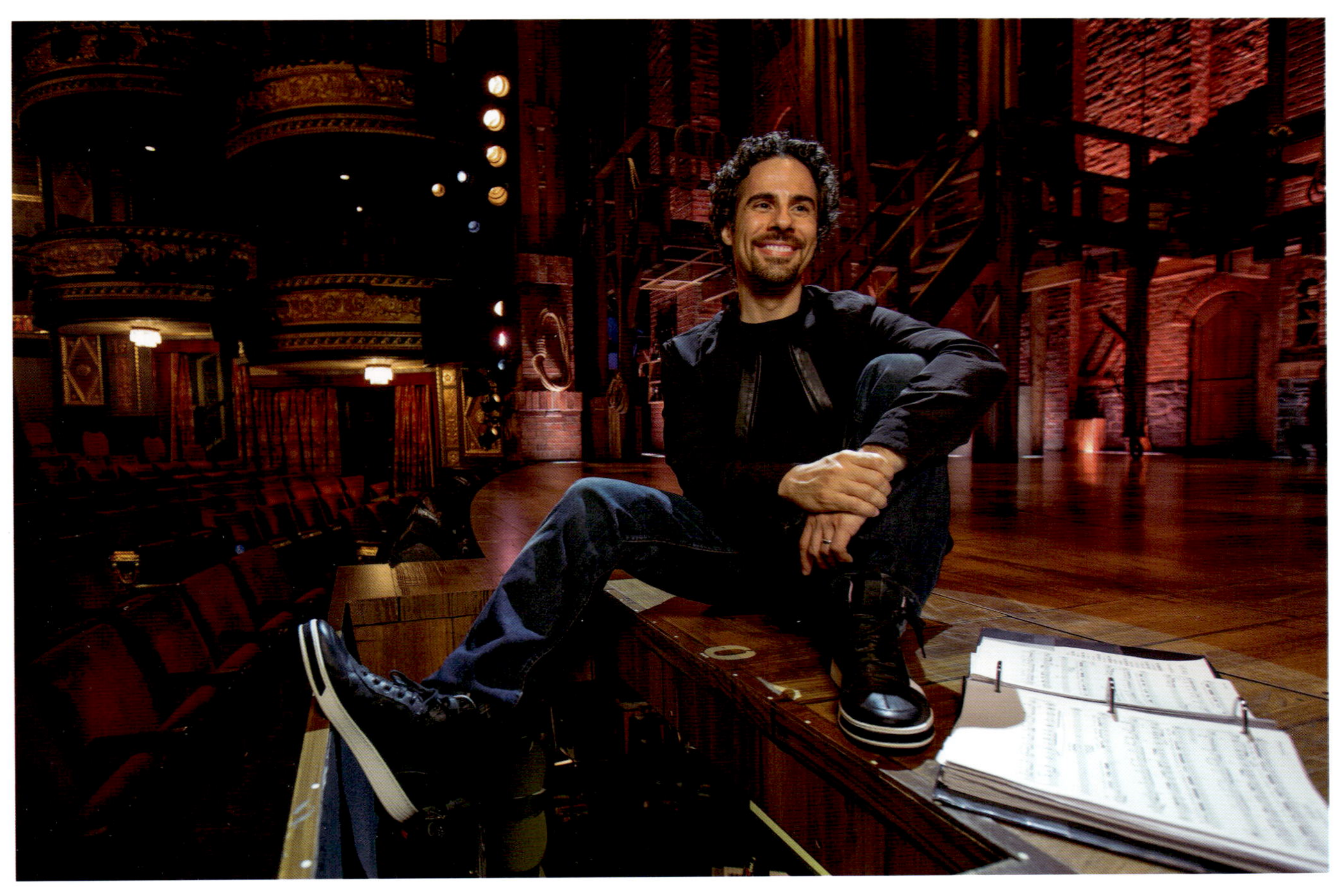

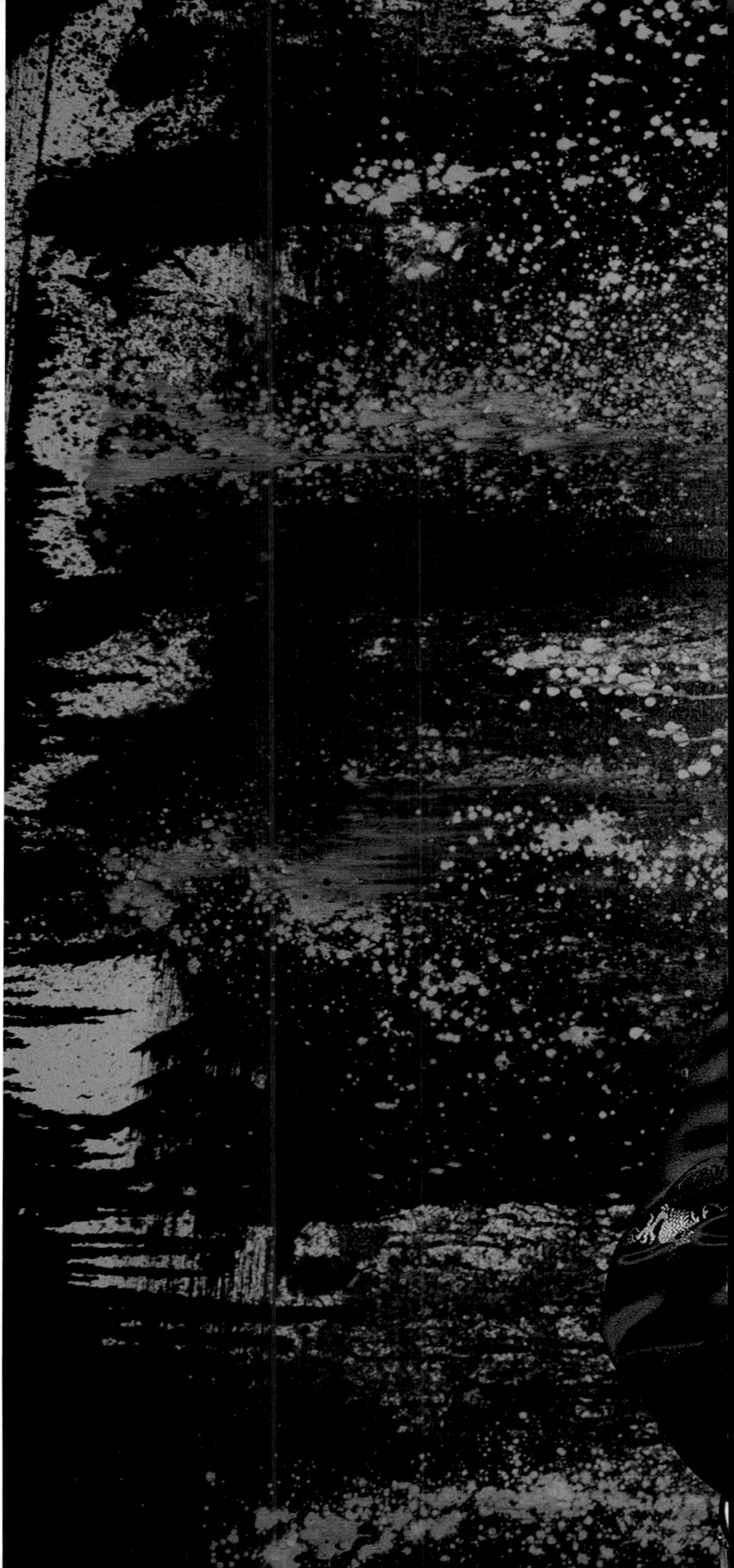

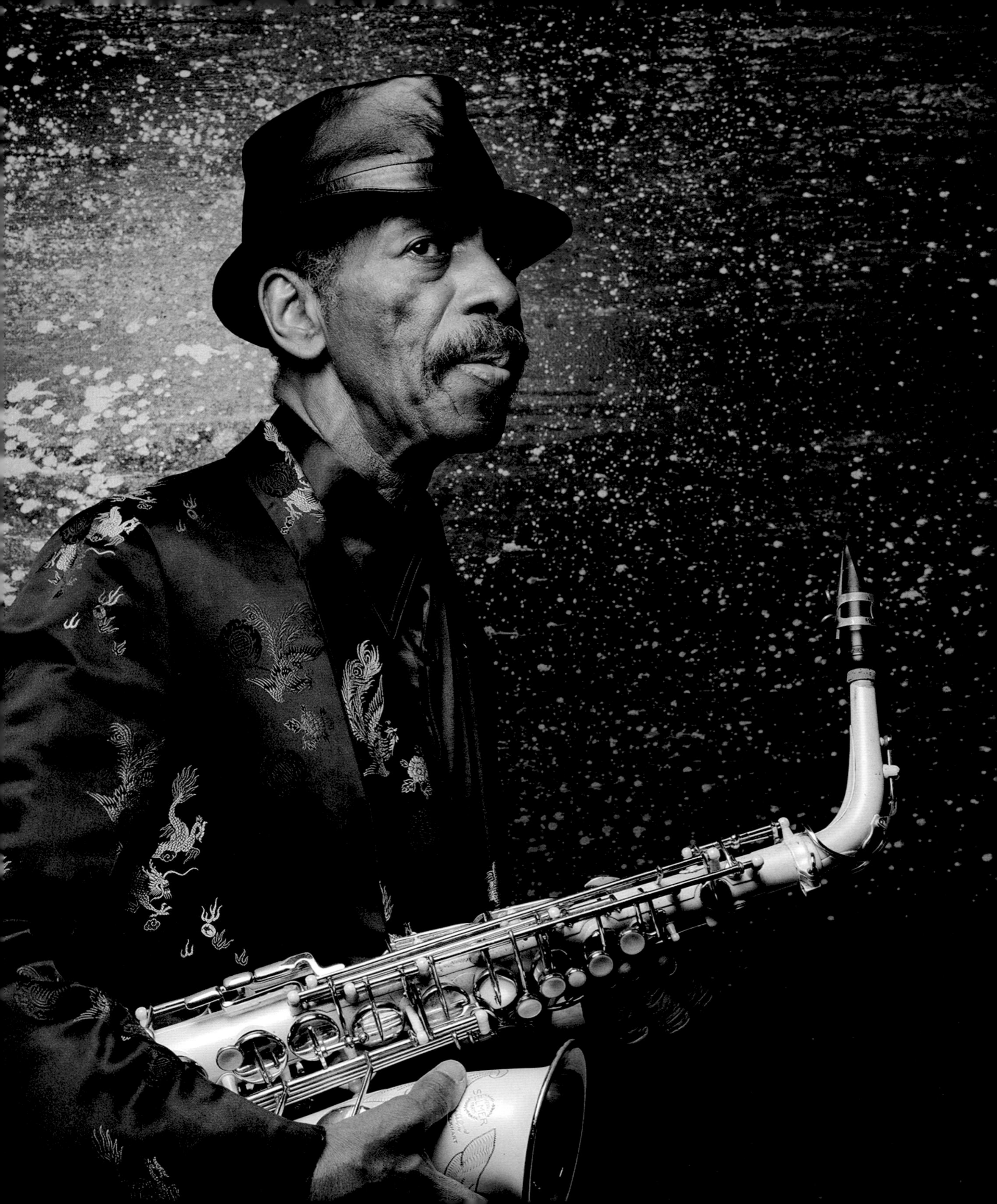

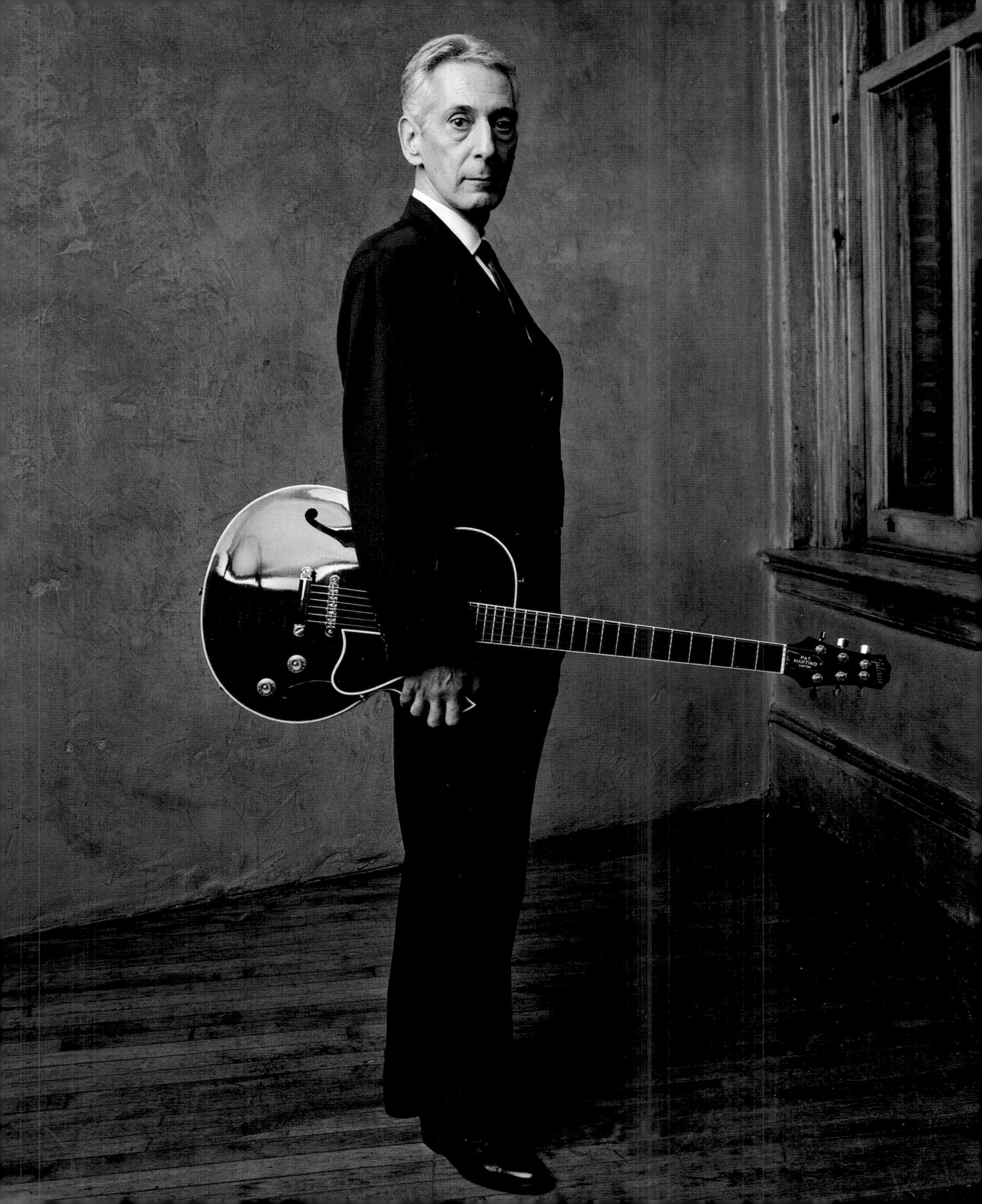

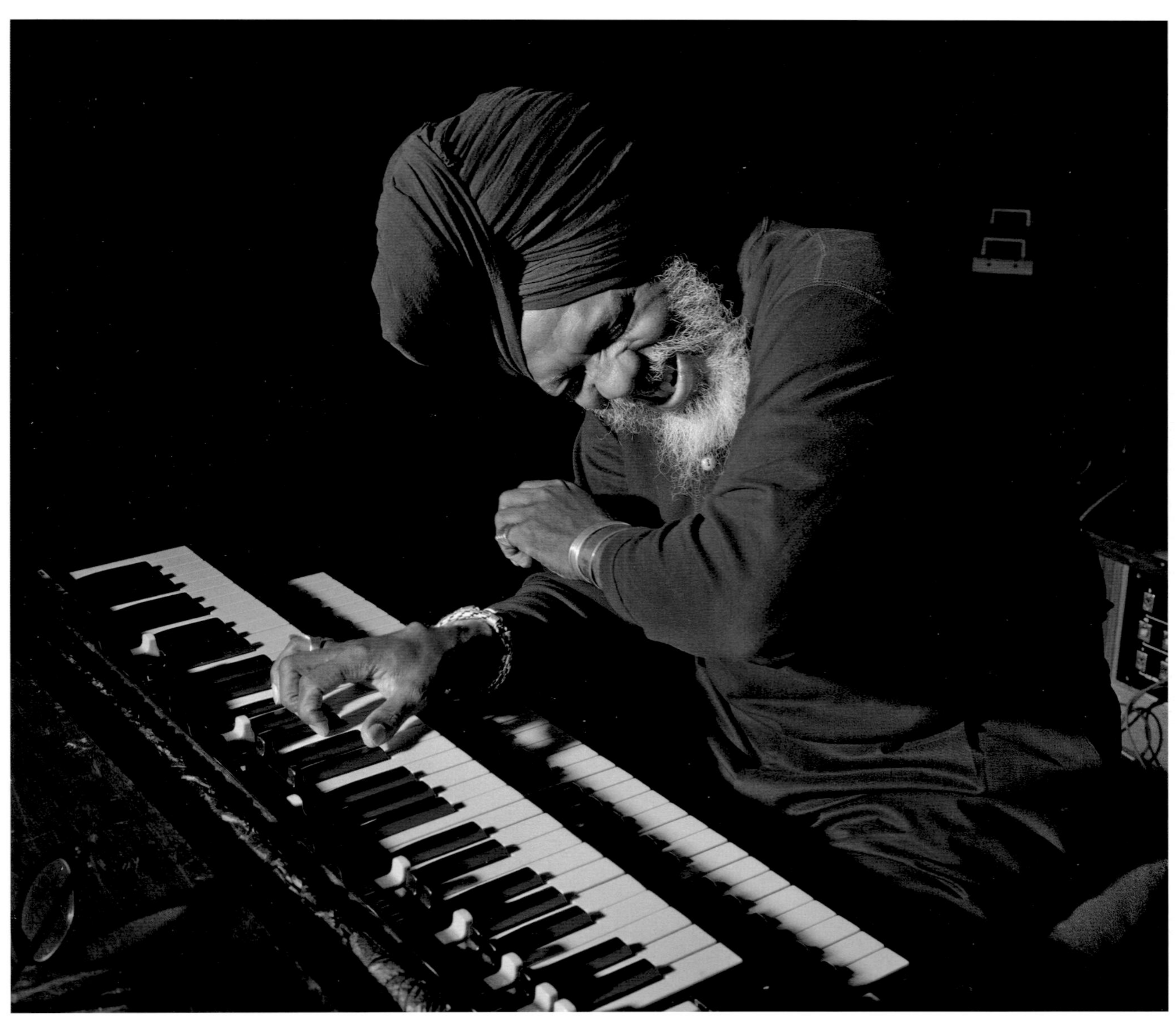

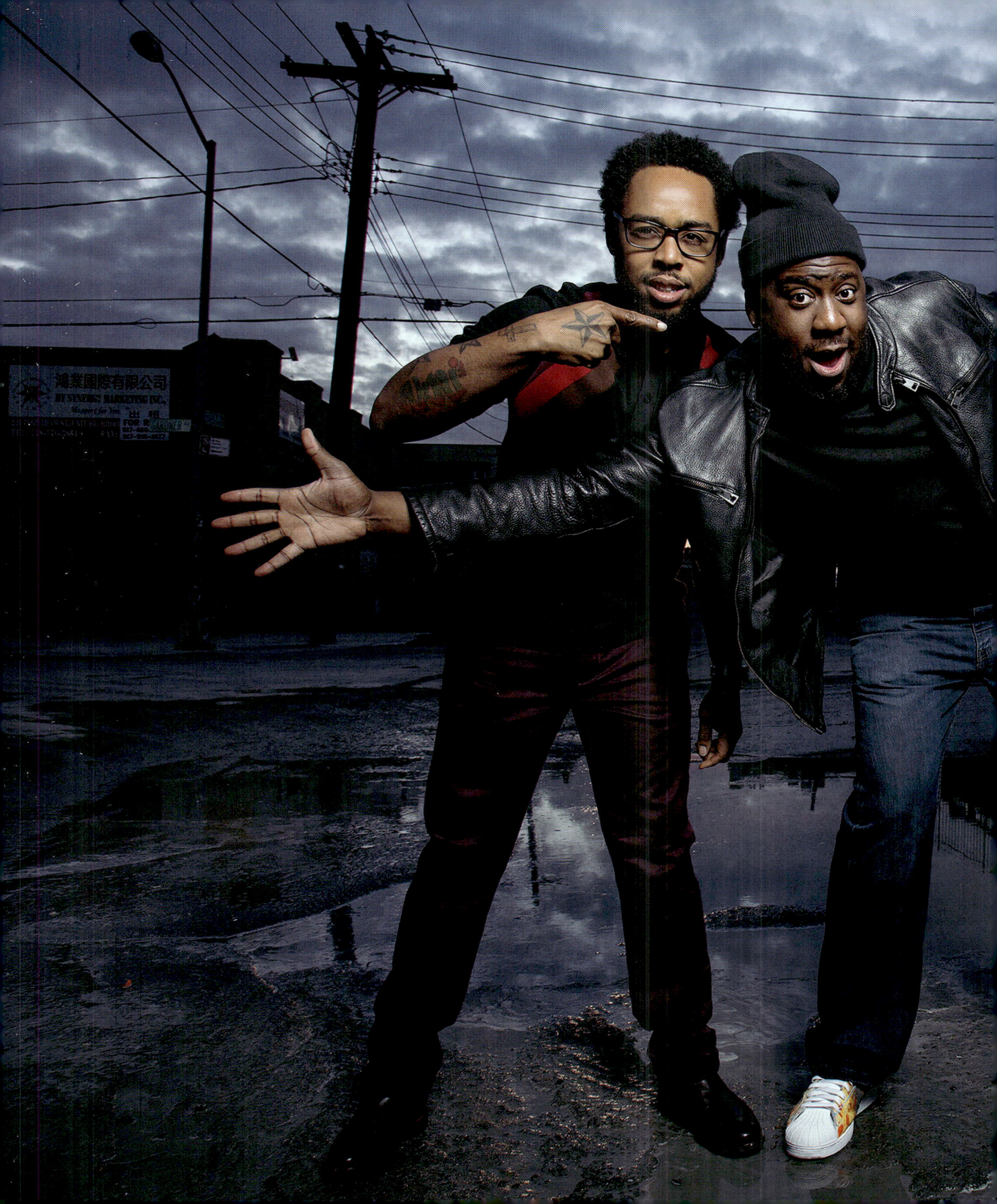

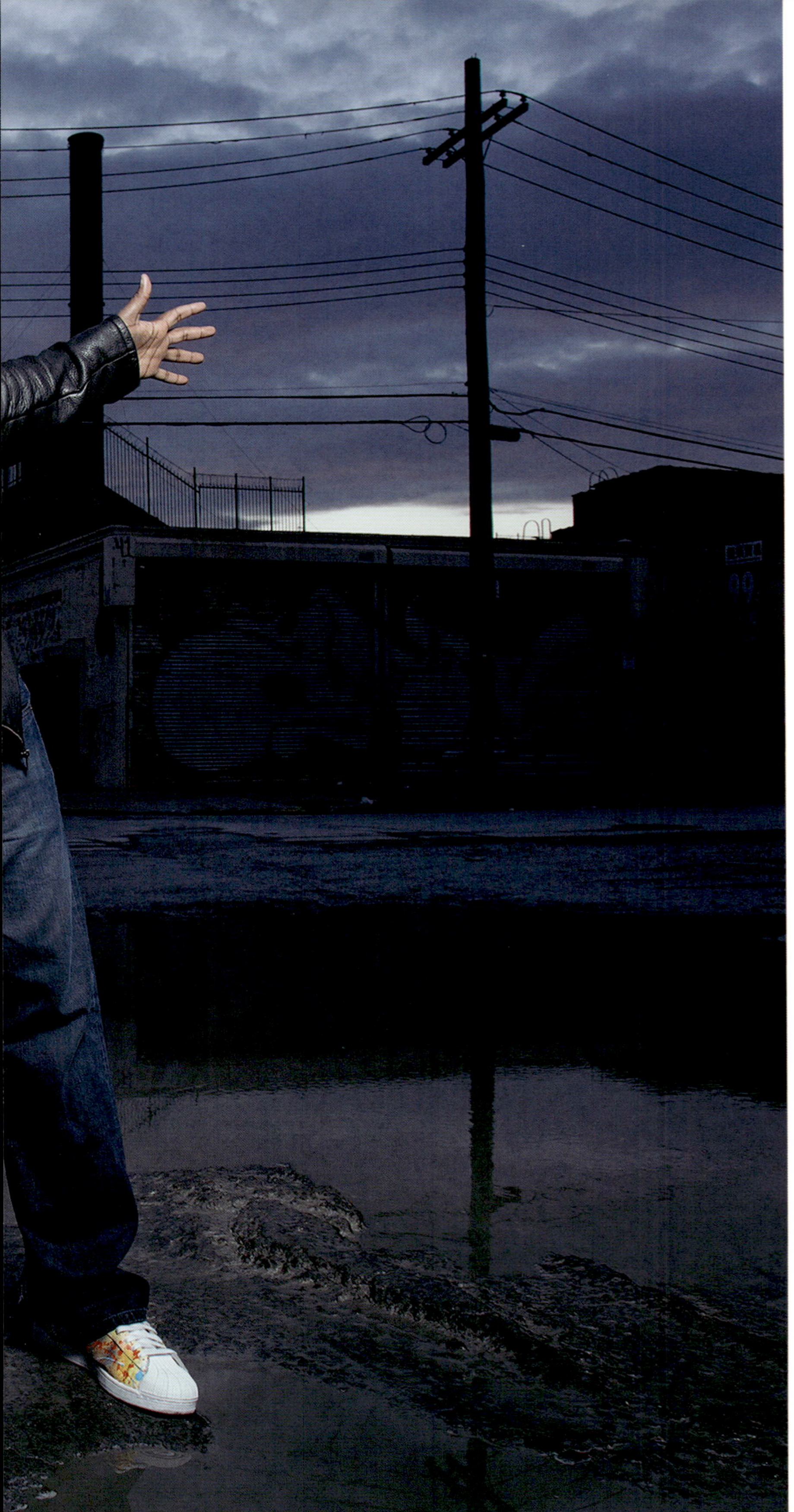

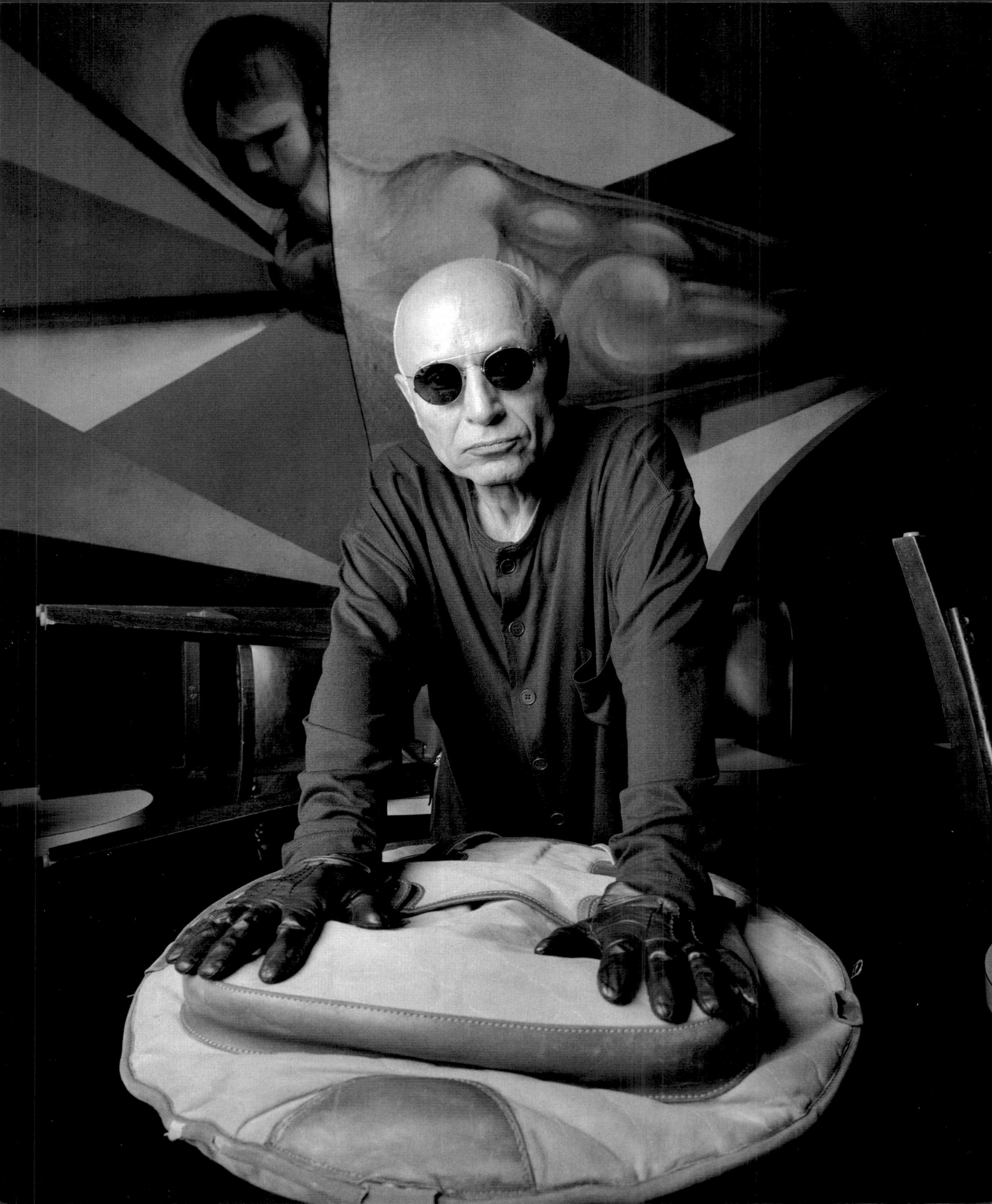

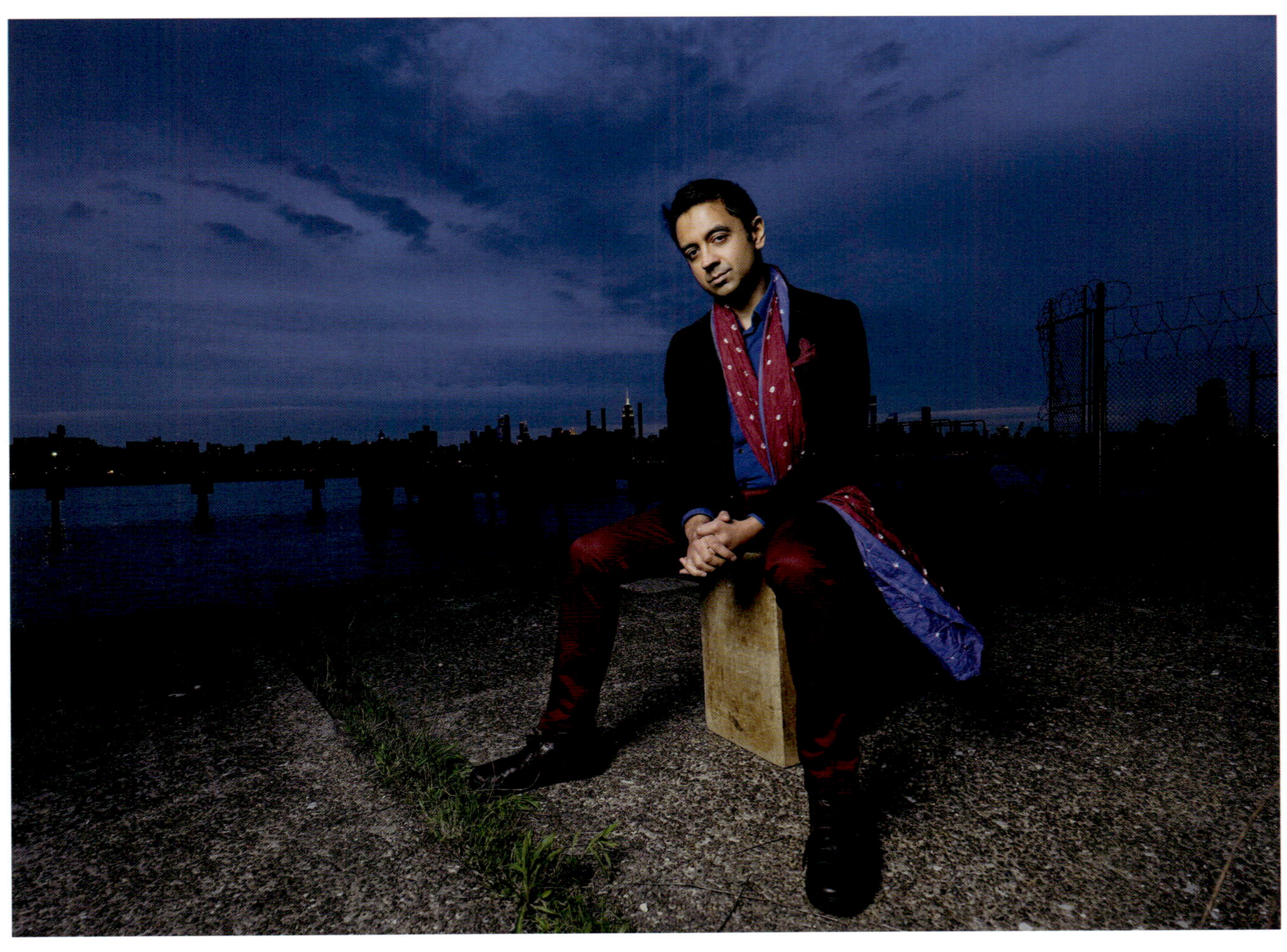

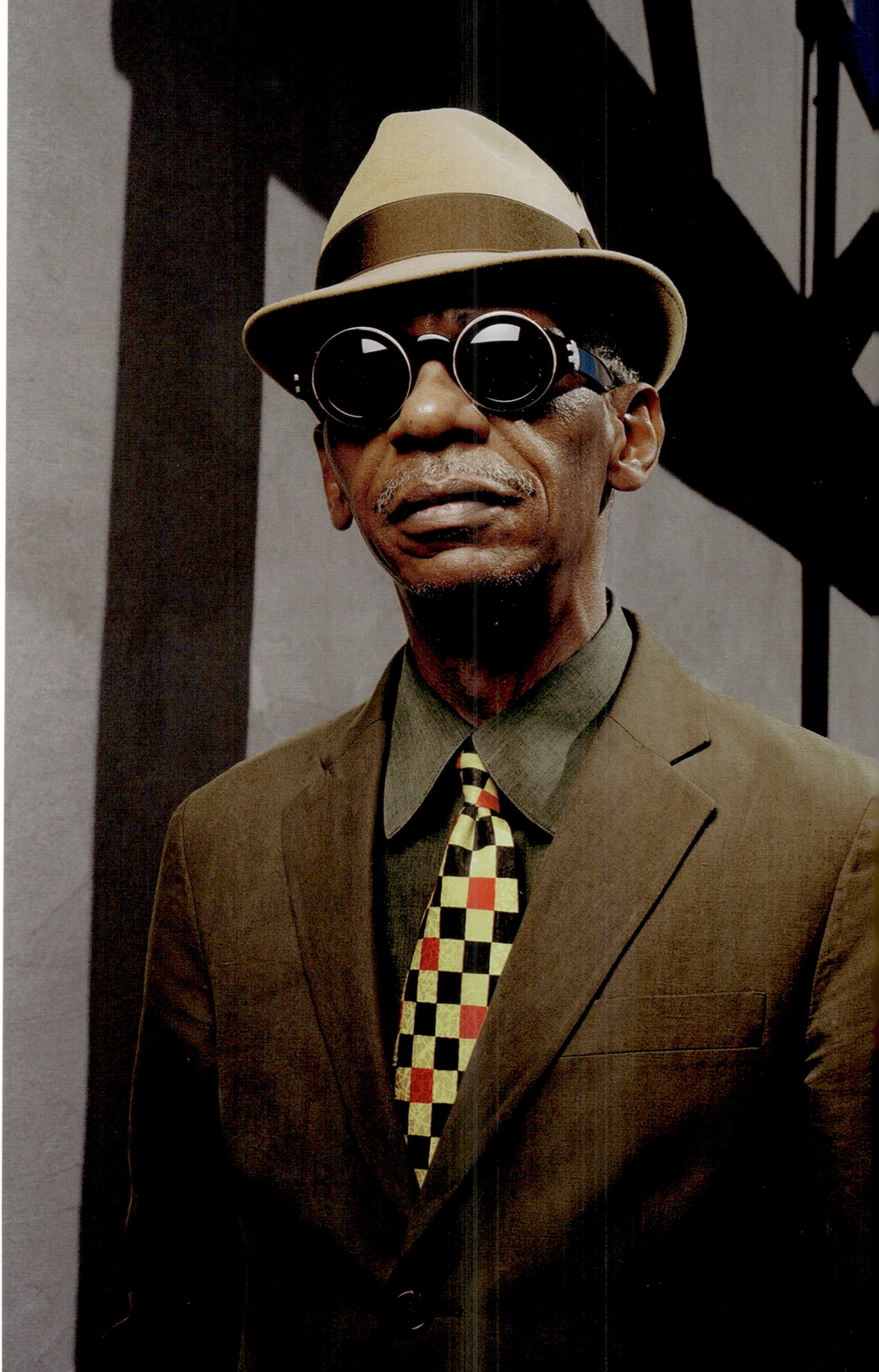

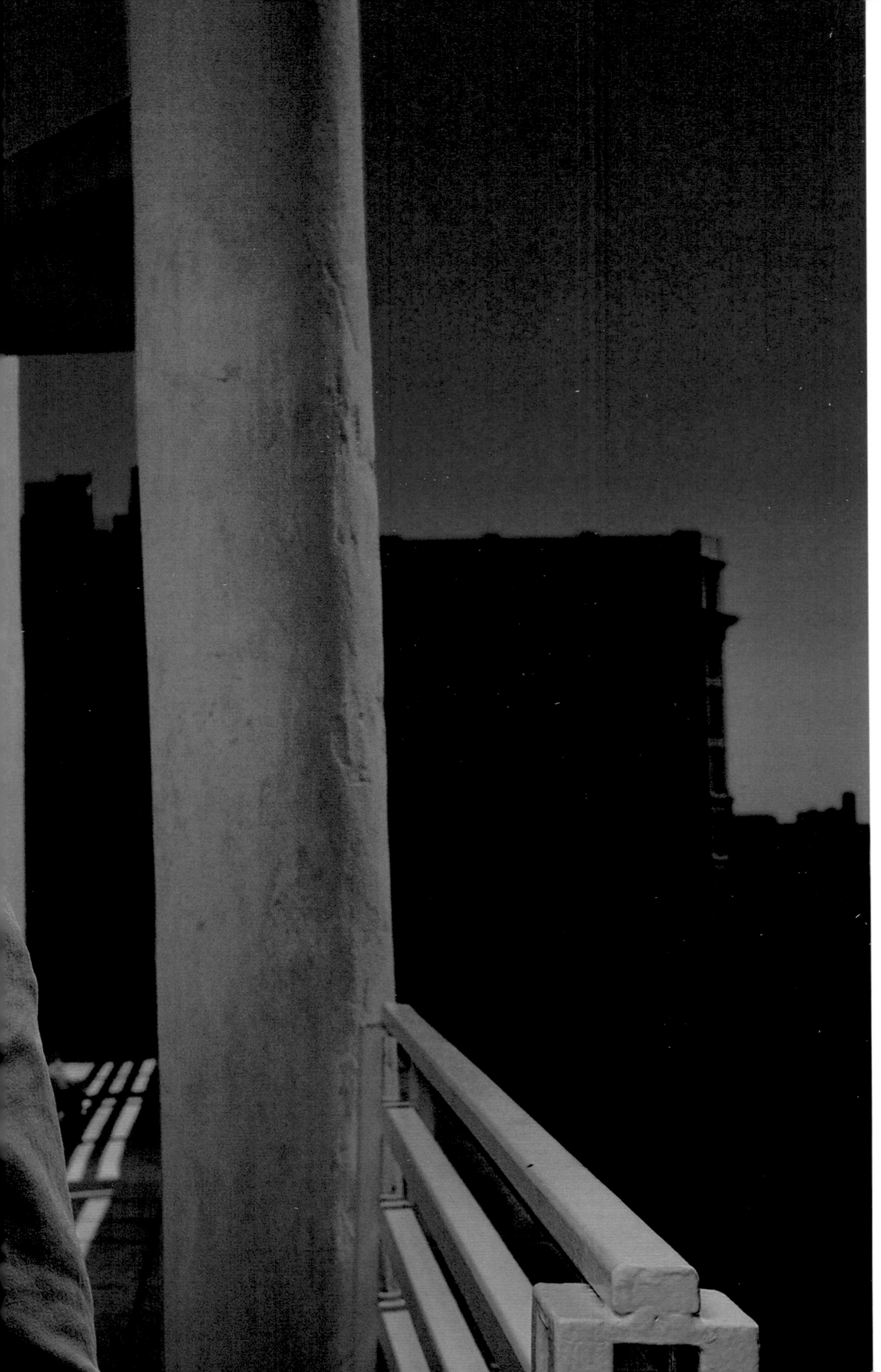

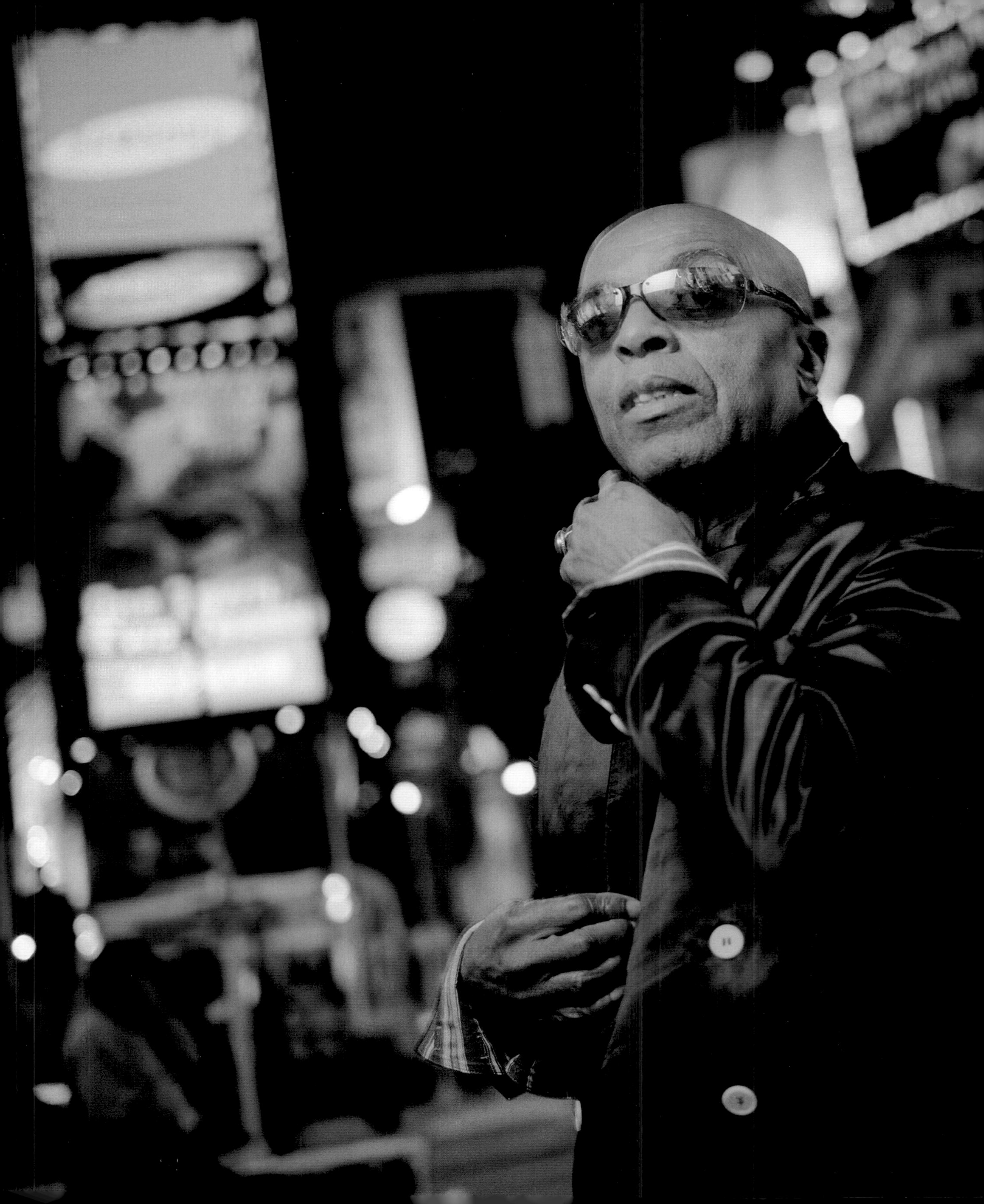

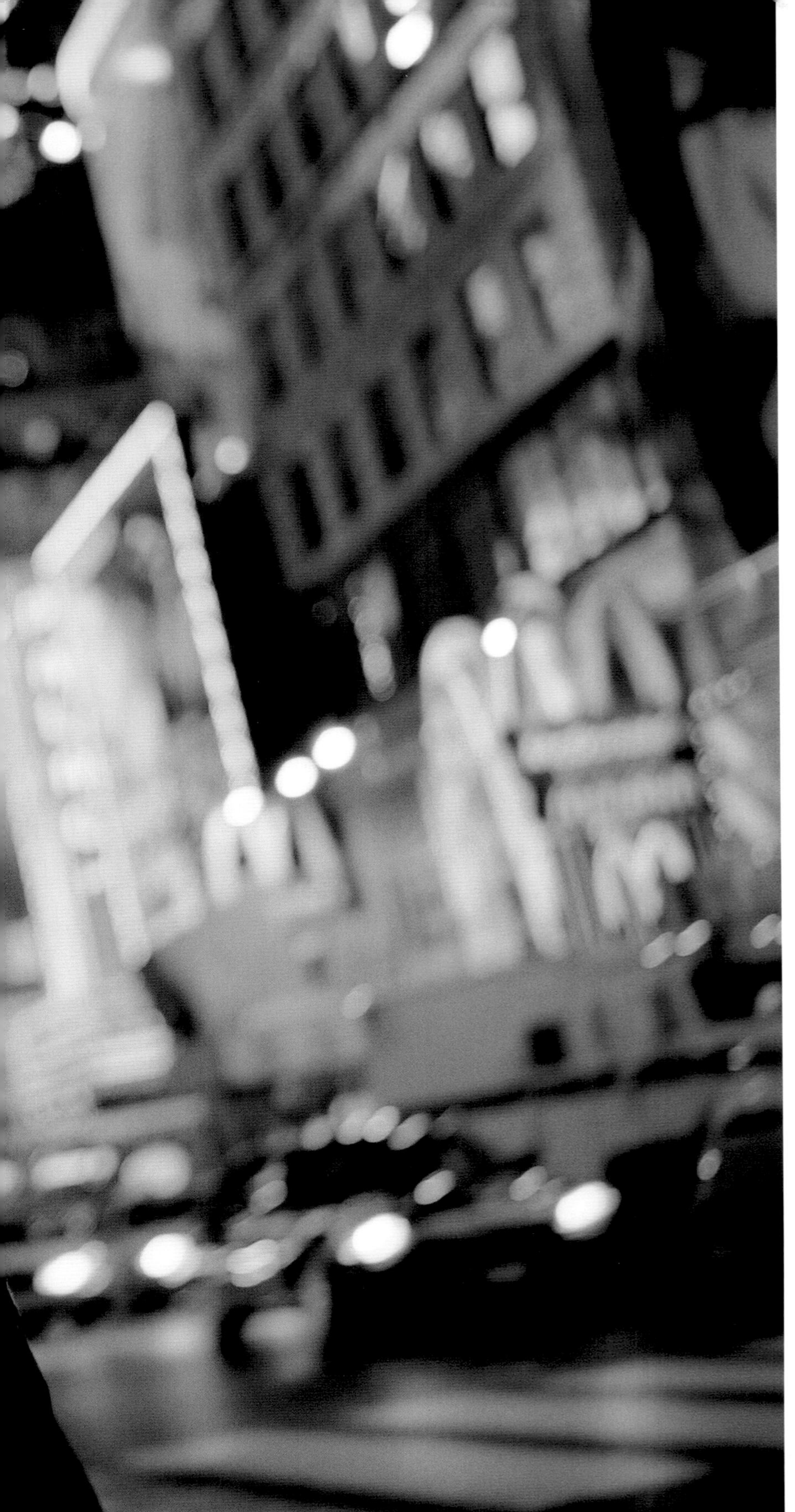

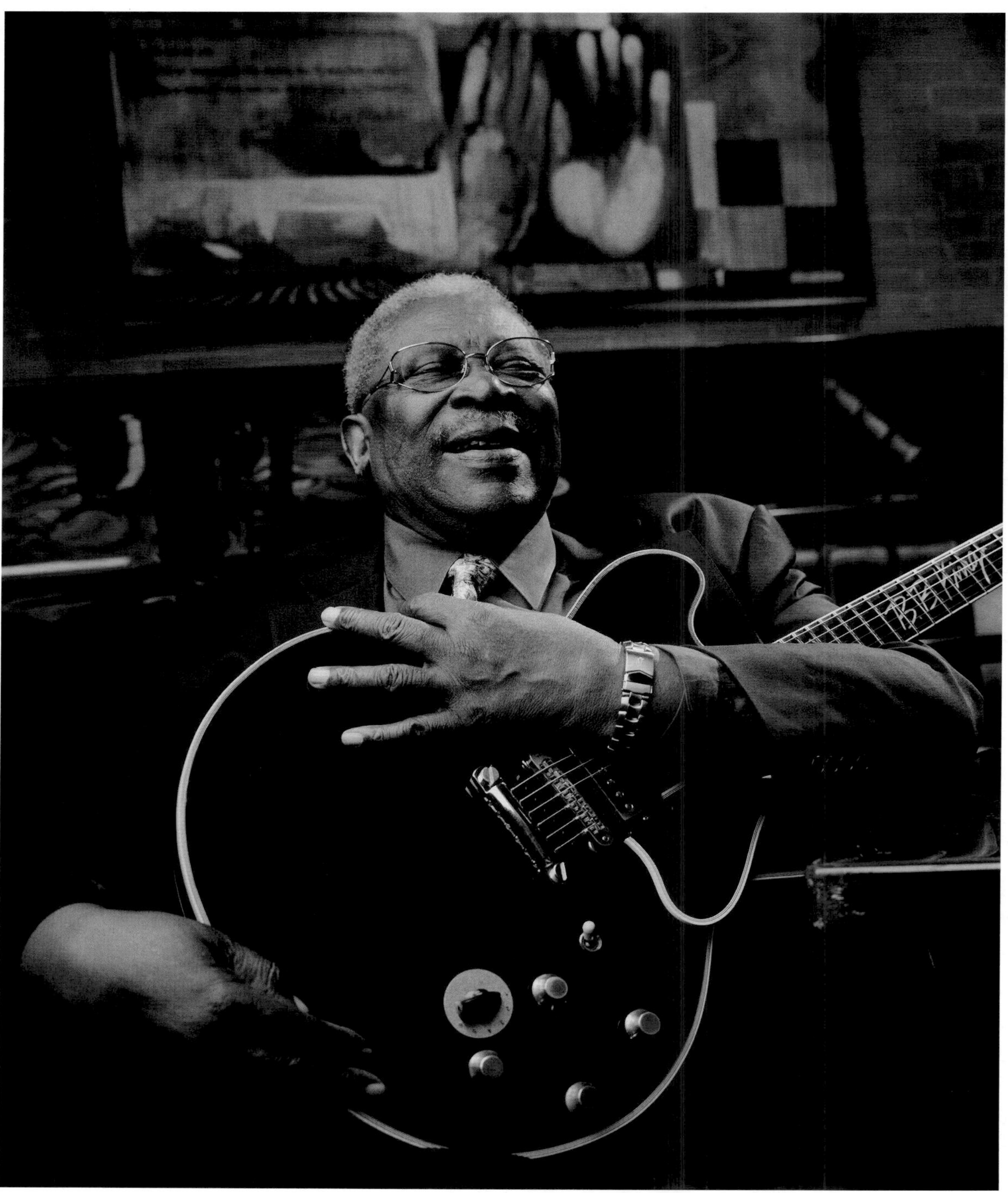

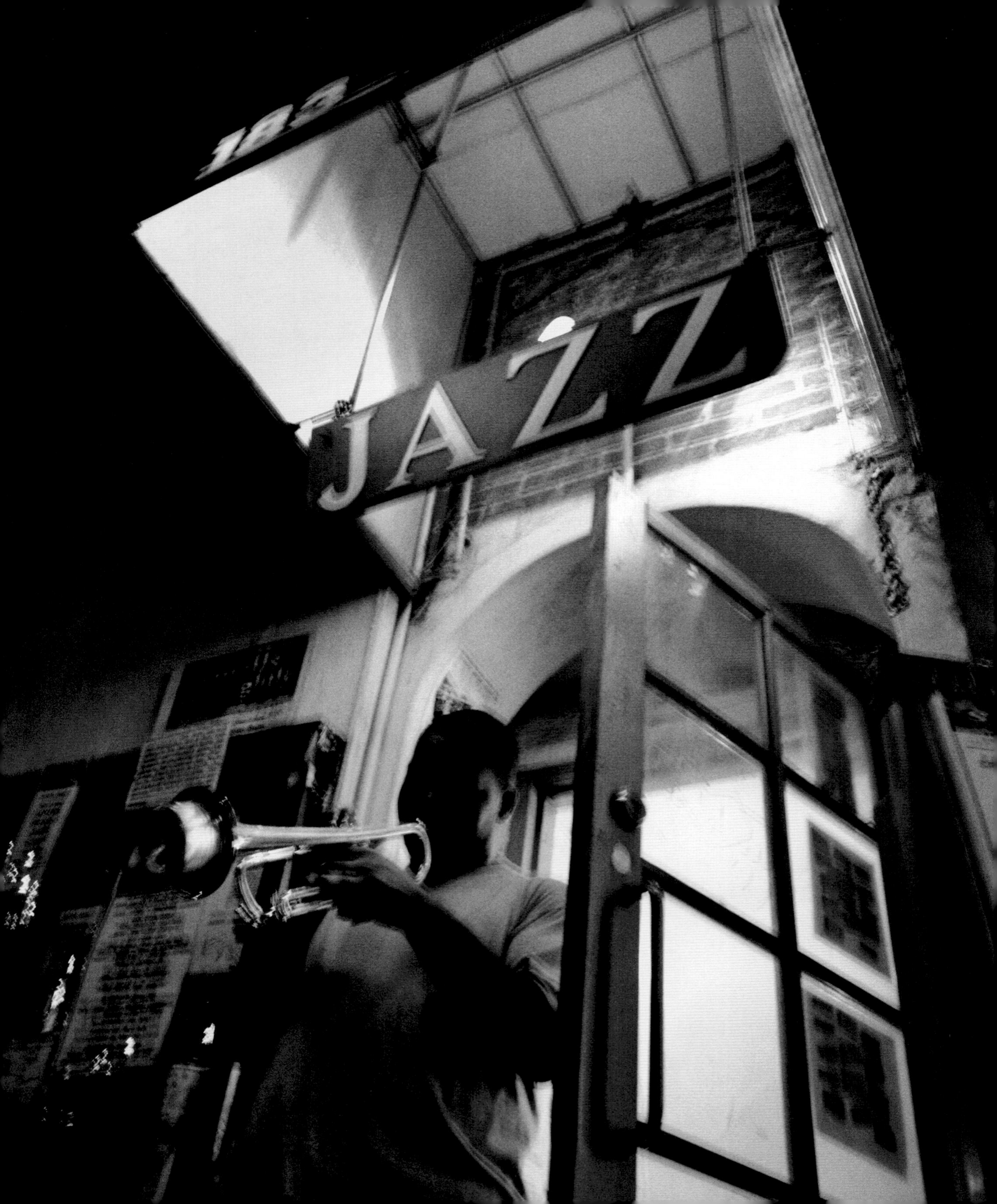
JAZZ

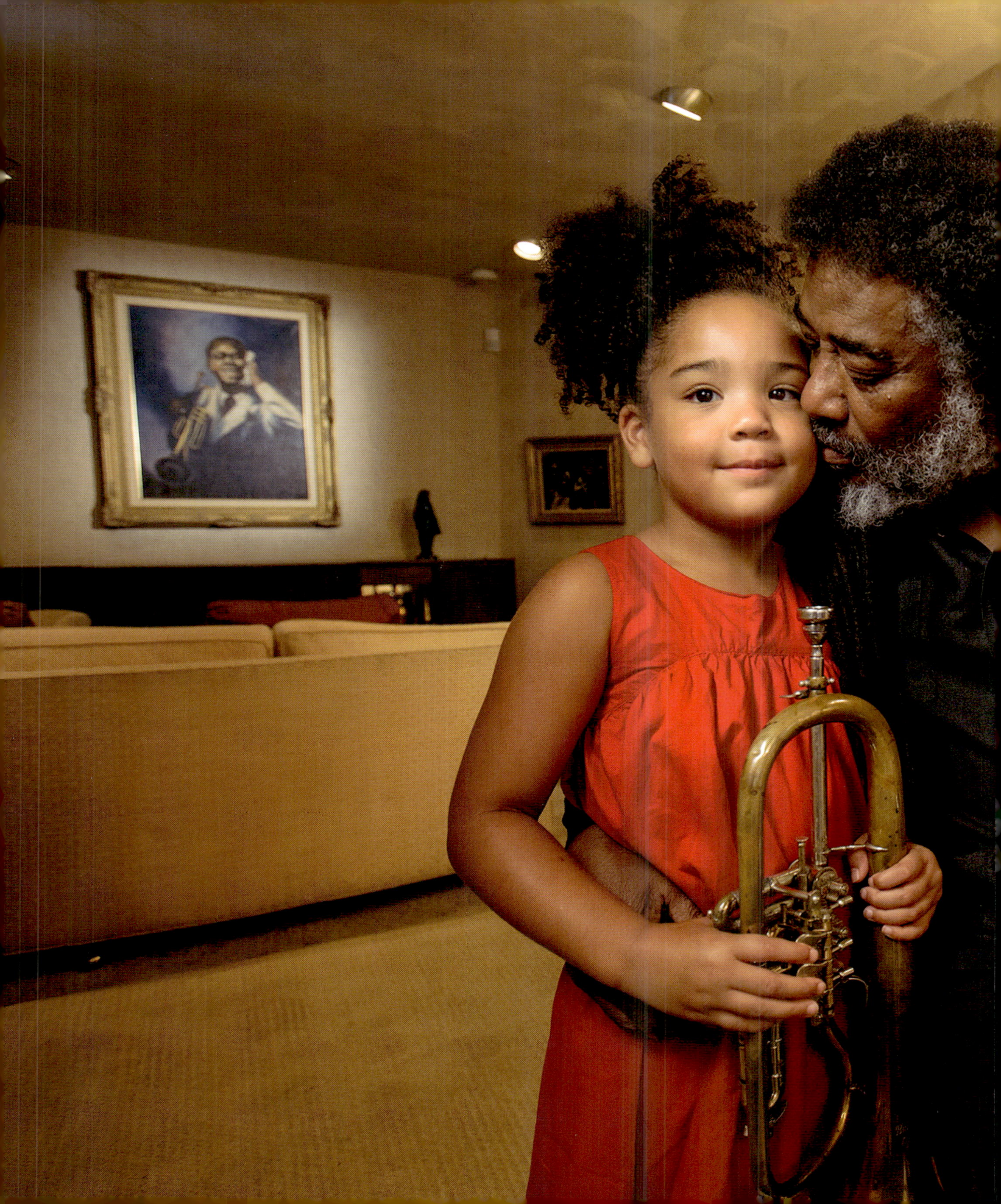

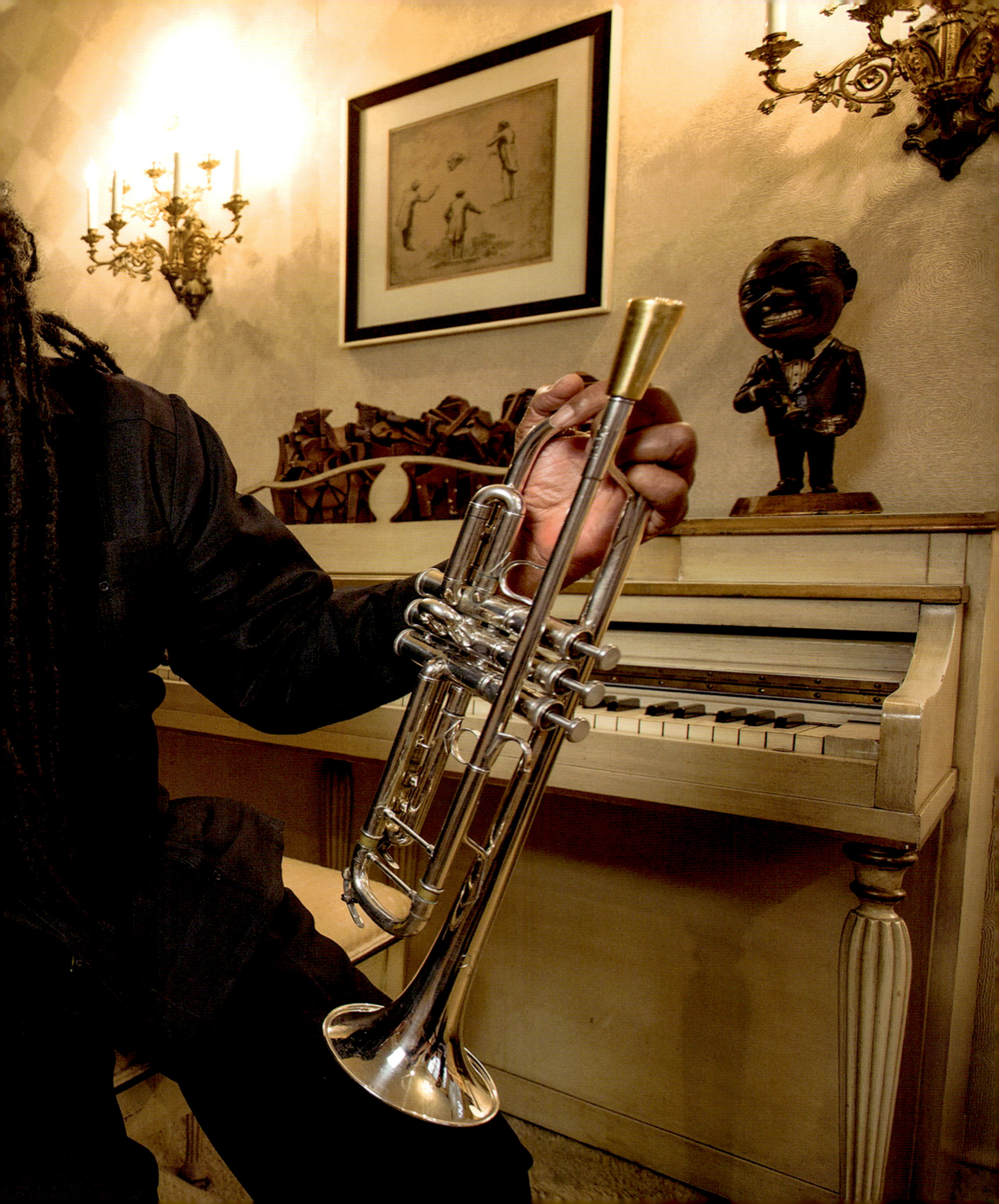

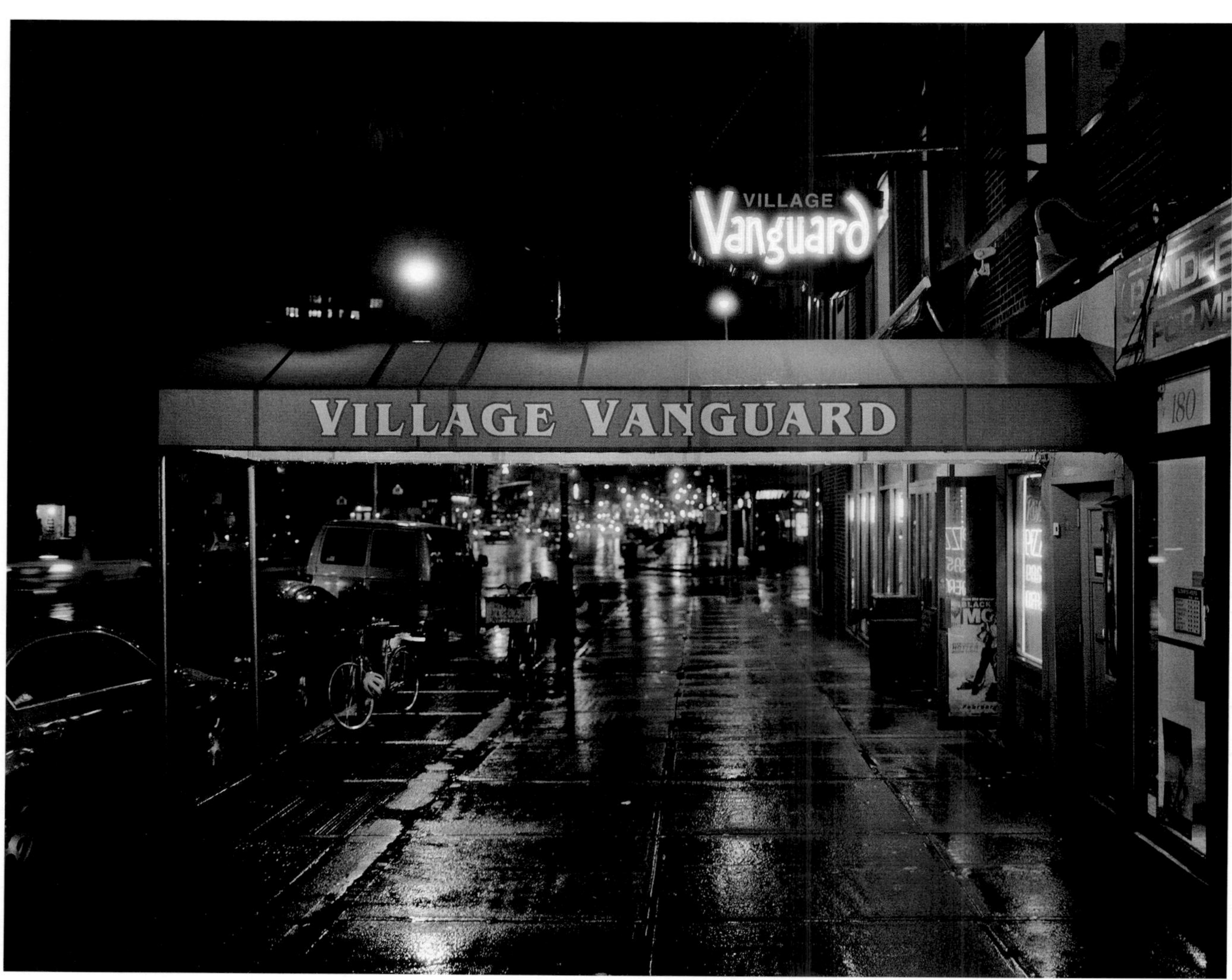
VILLAGE
Vanguard
VILLAGE VANGUARD
180

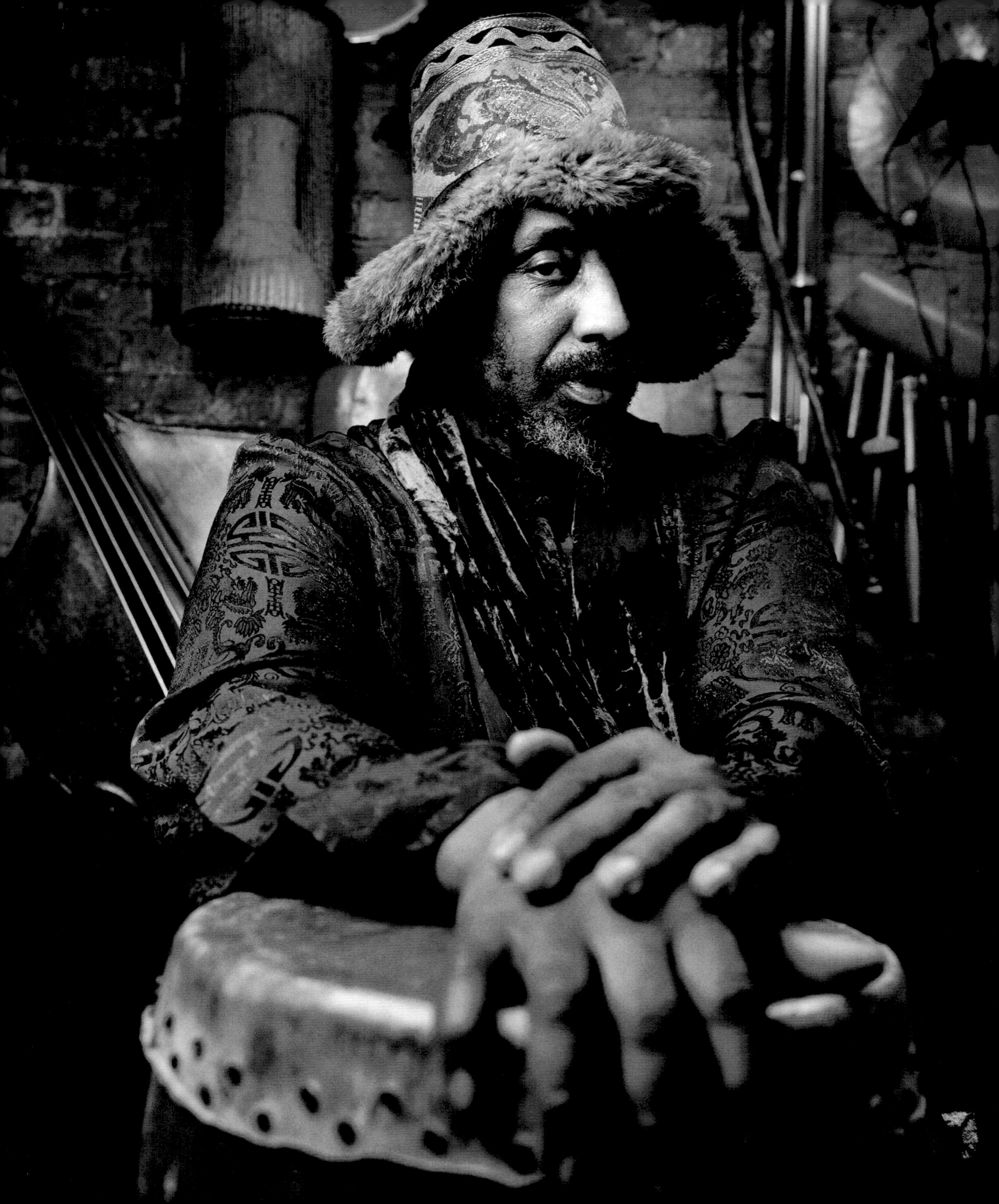

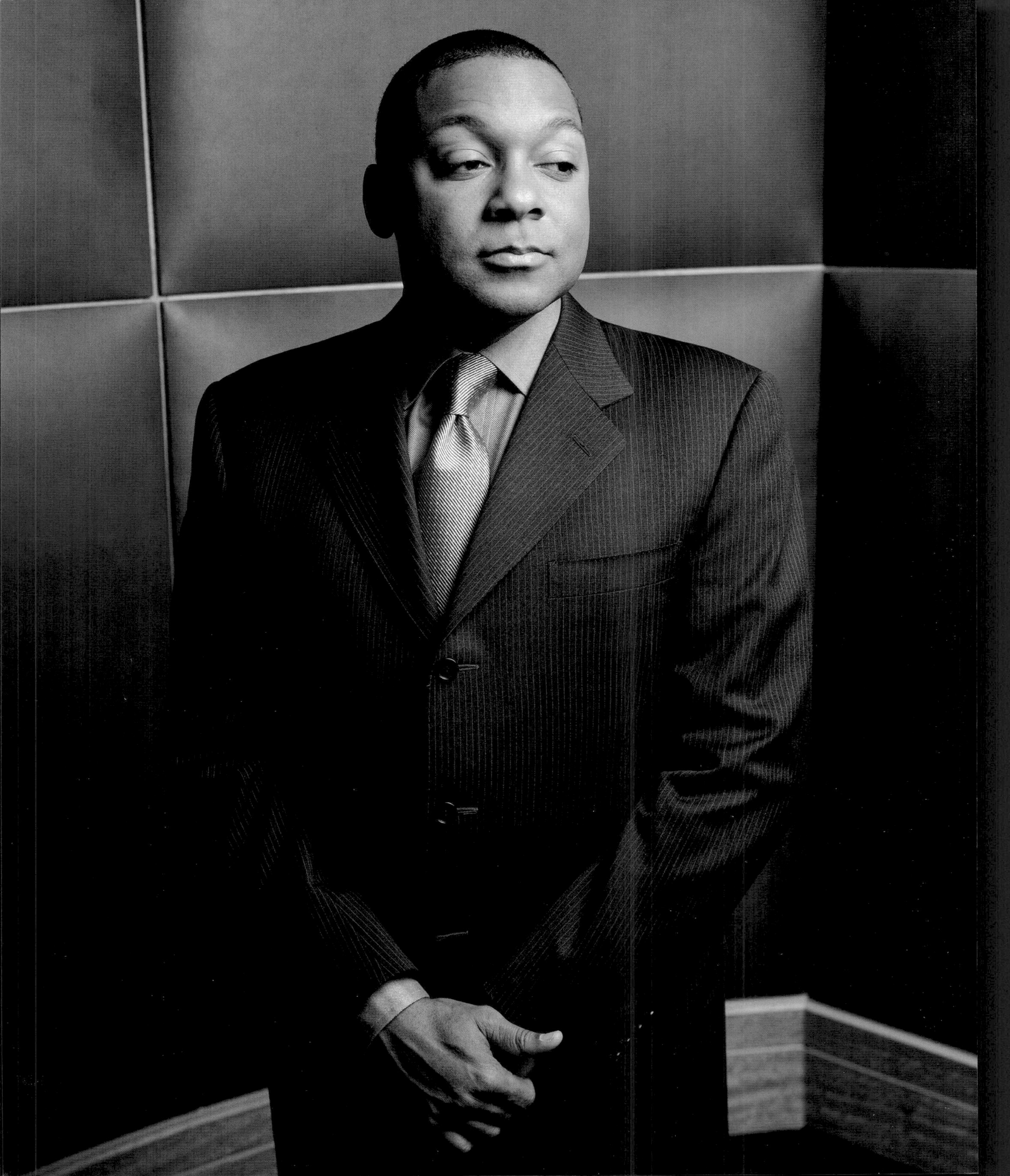

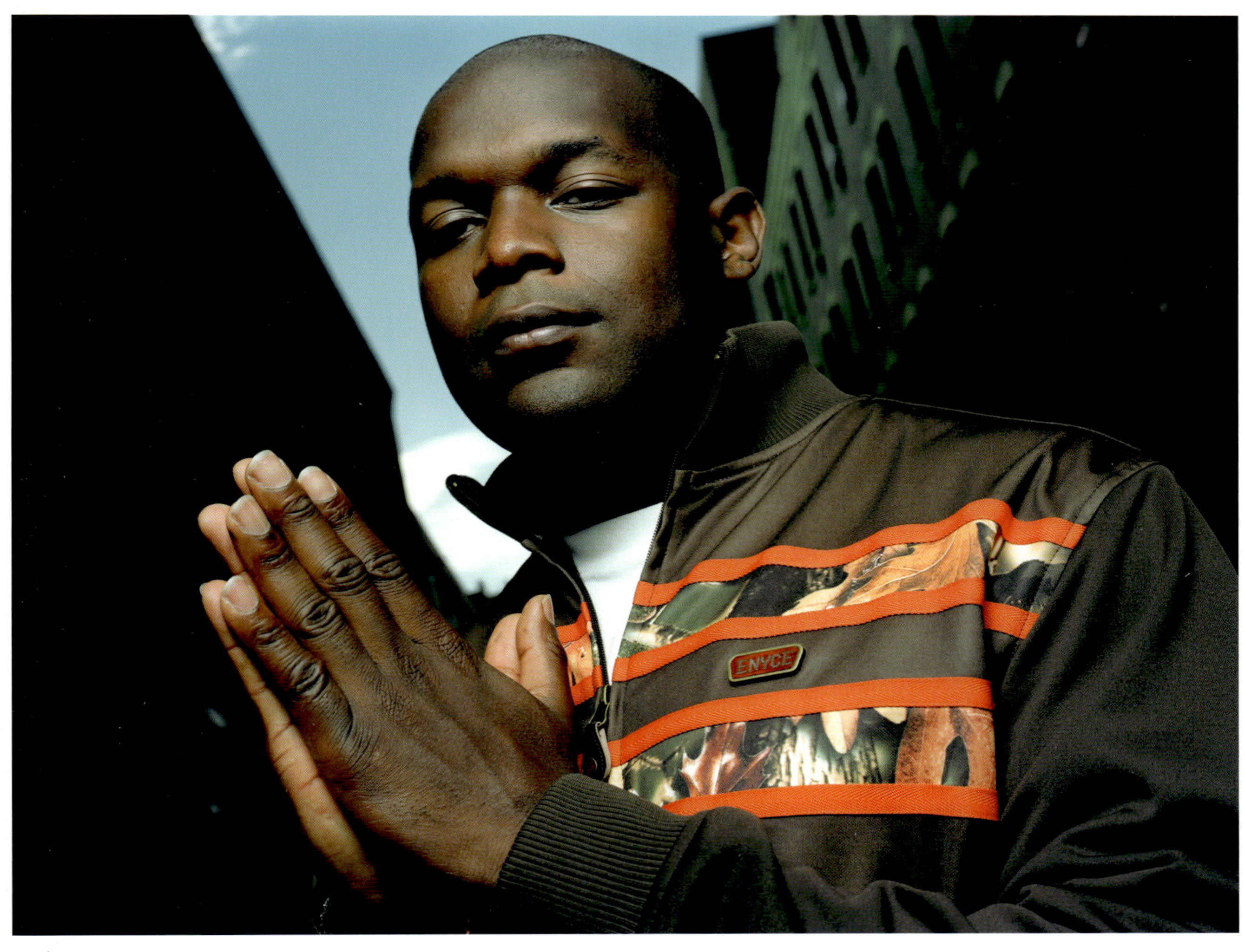

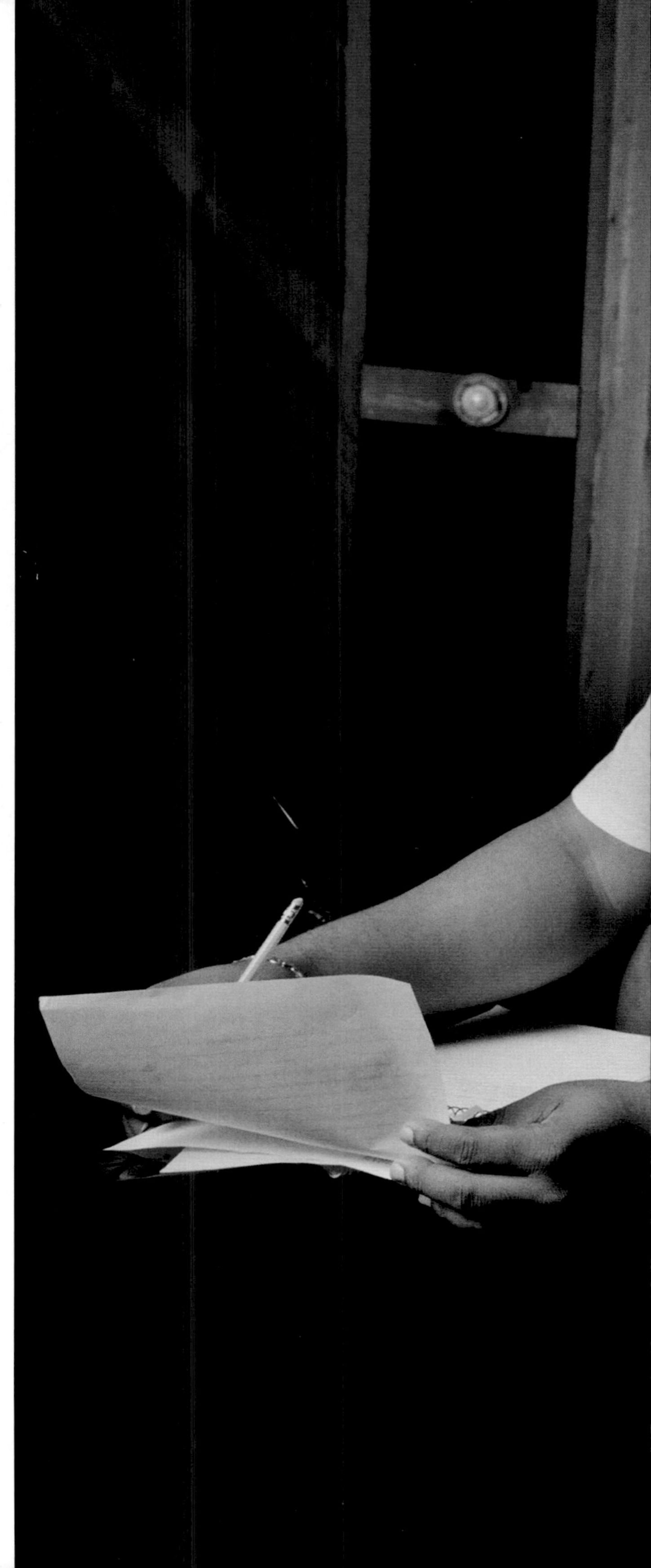

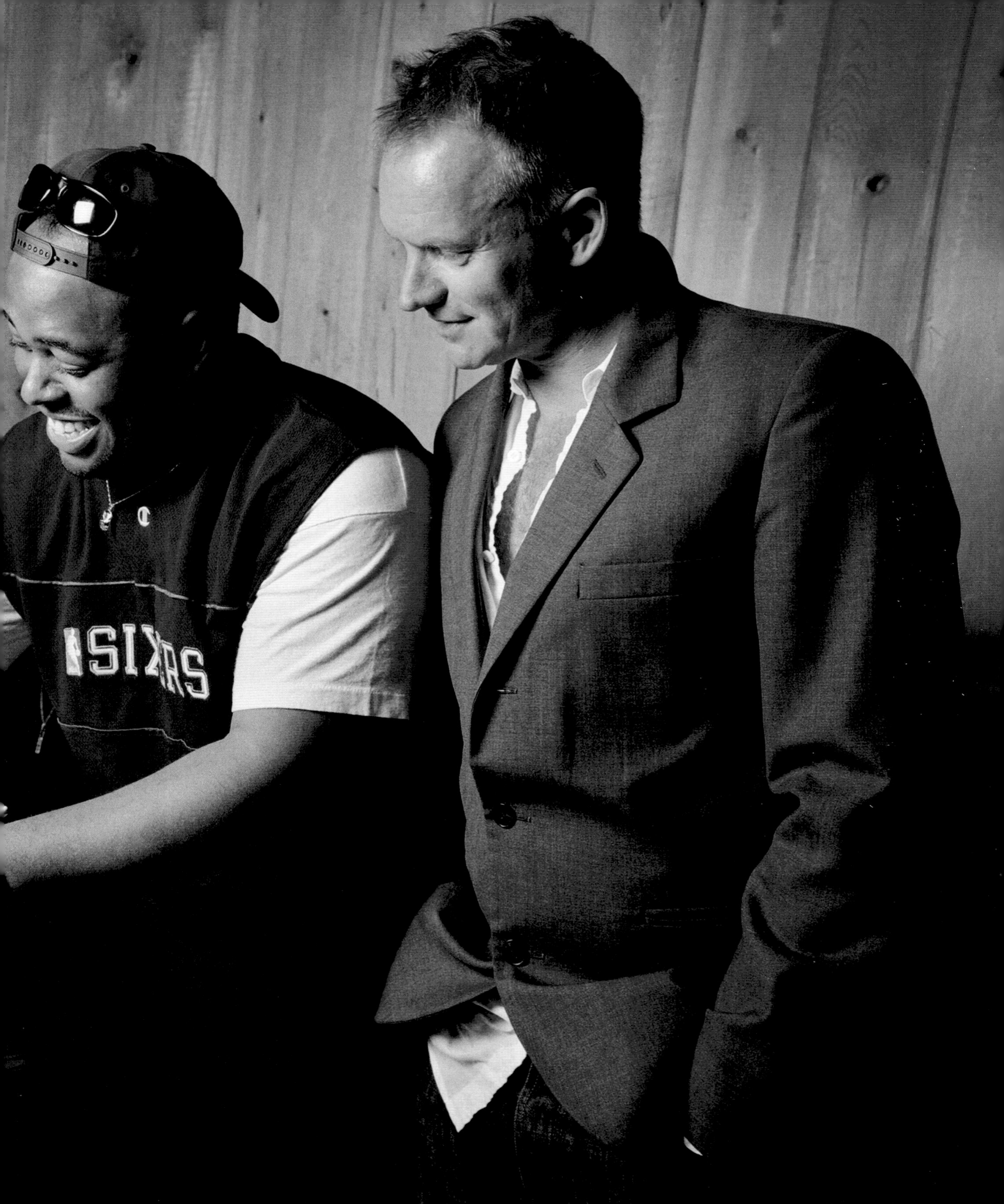

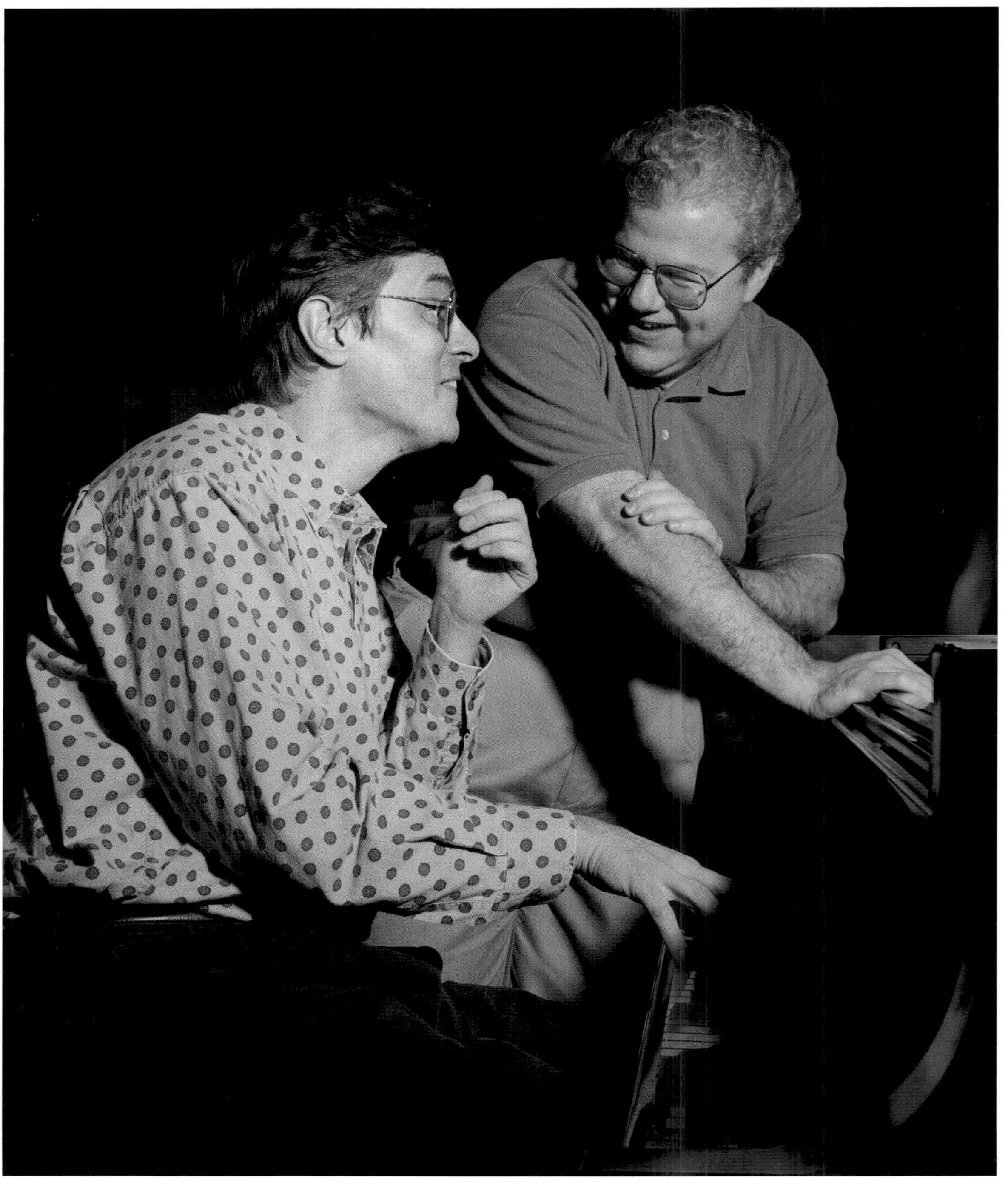

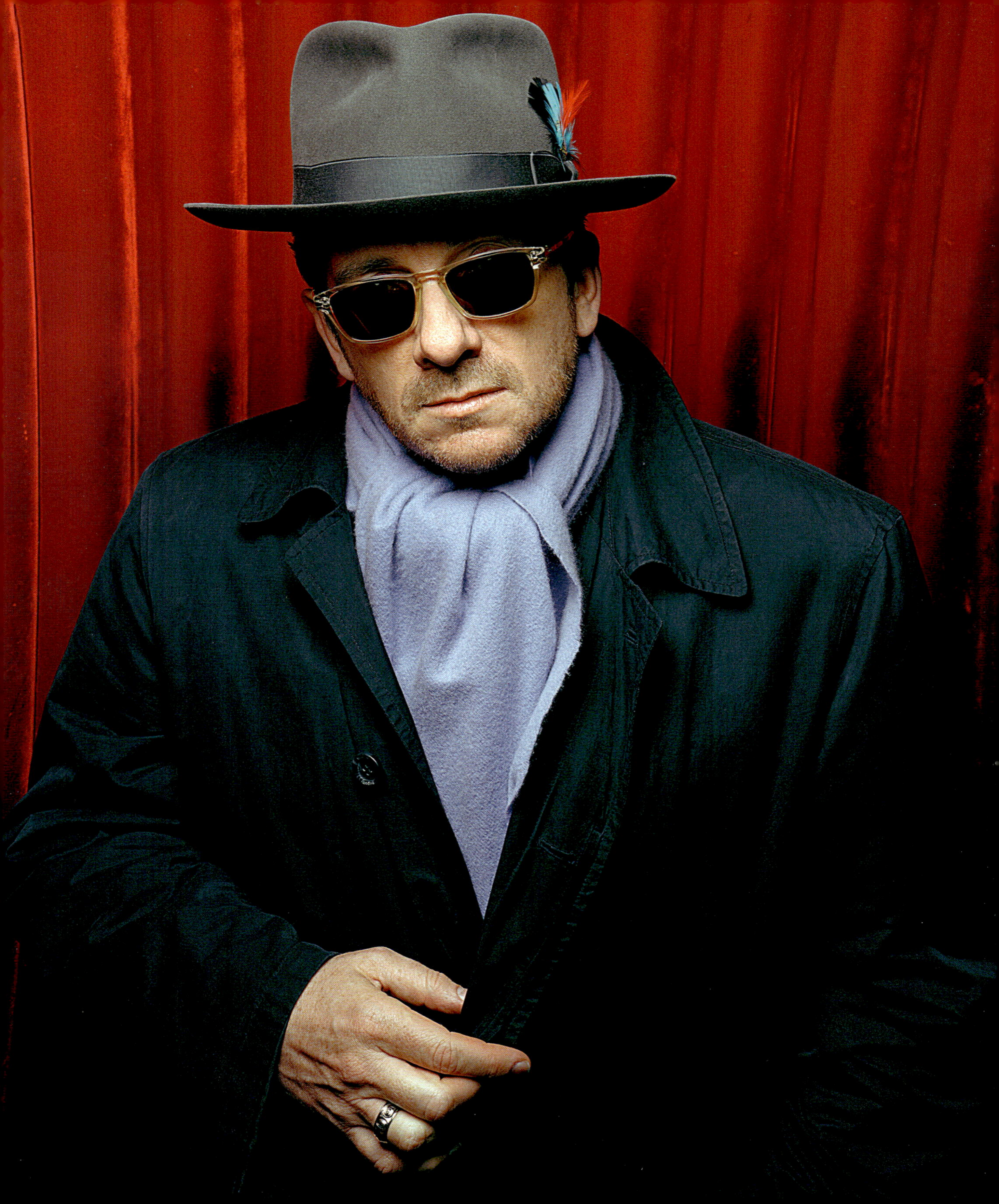

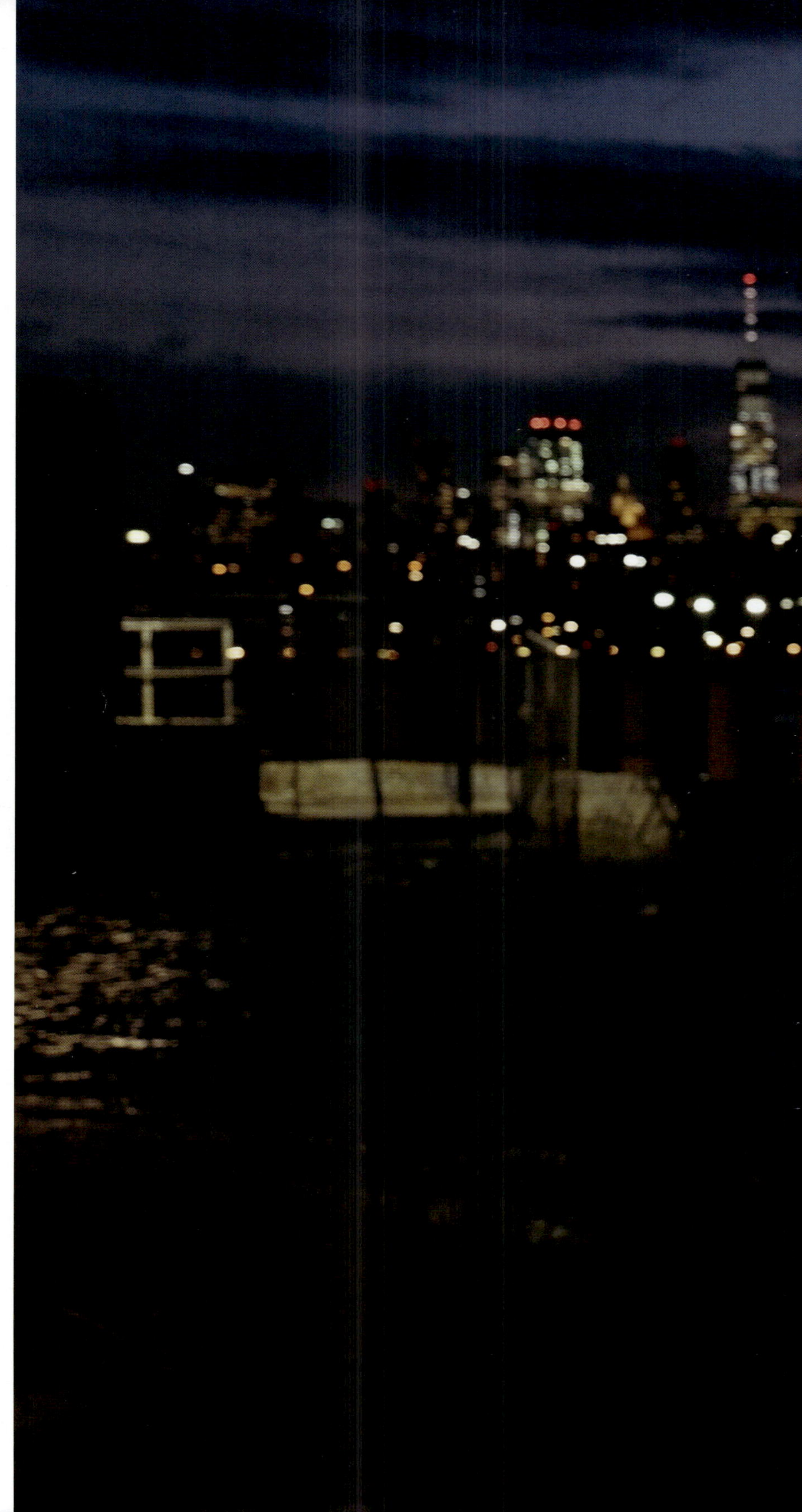

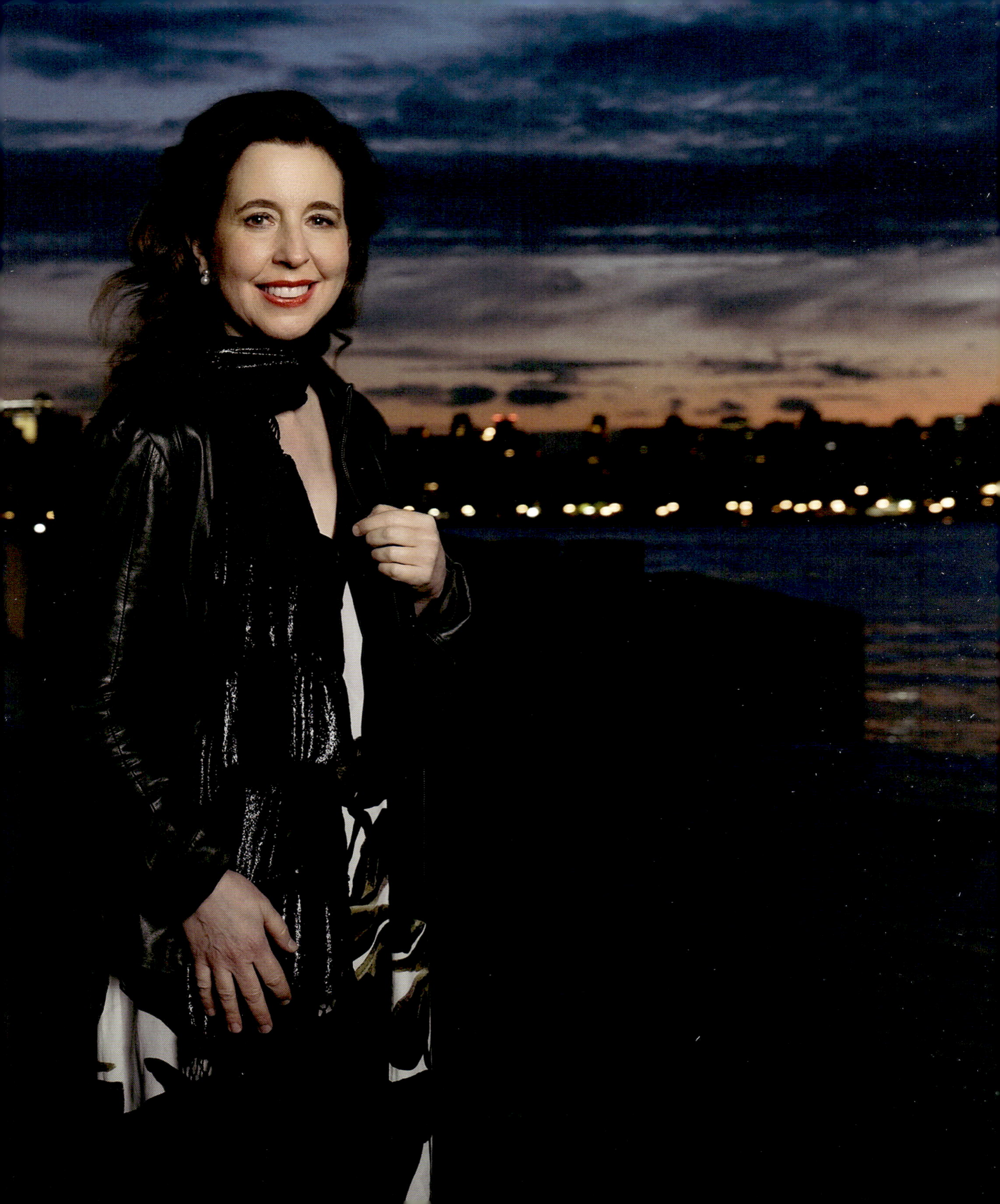

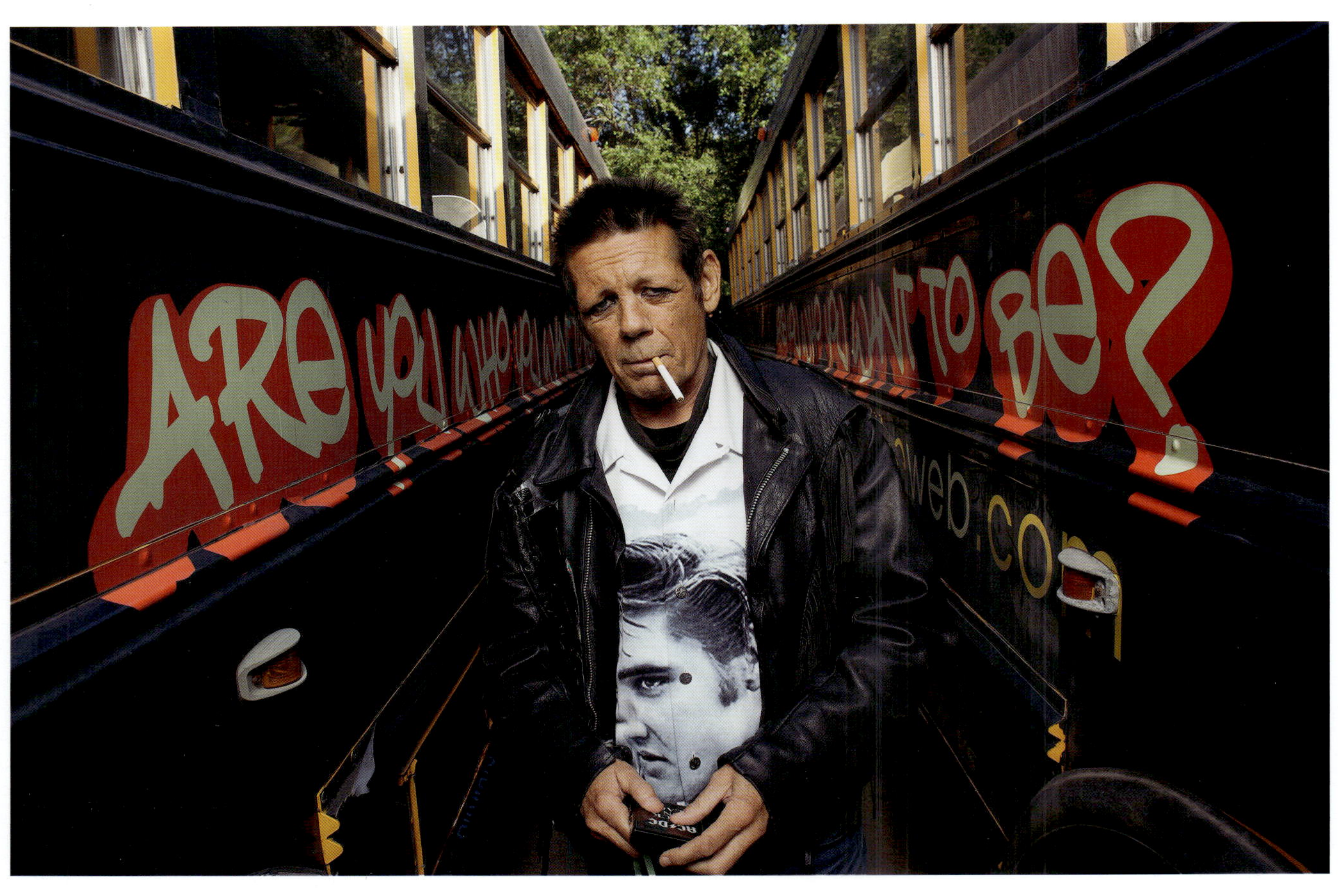

ARE YOU WHO YOU WANT TO BE?
web.com

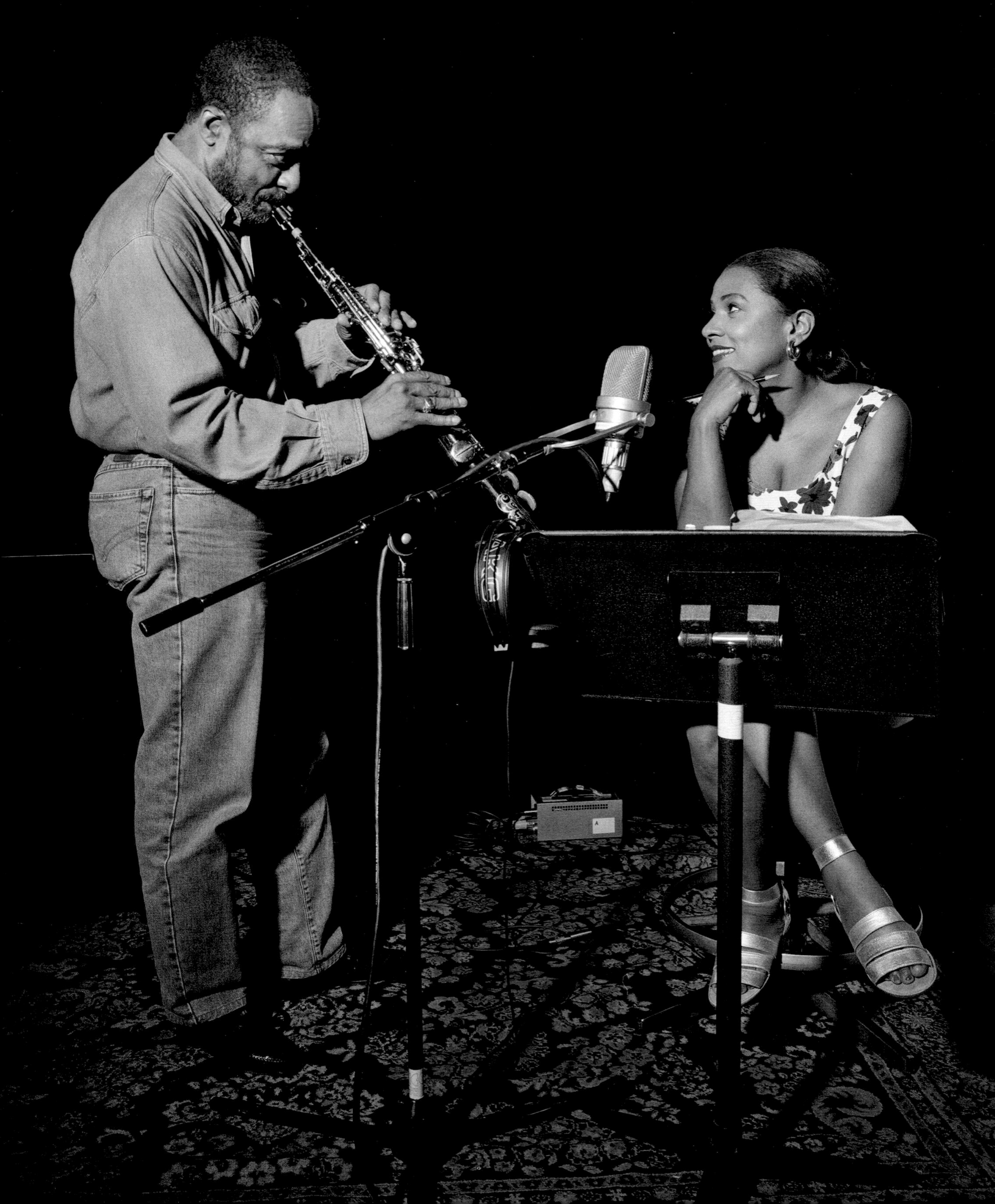

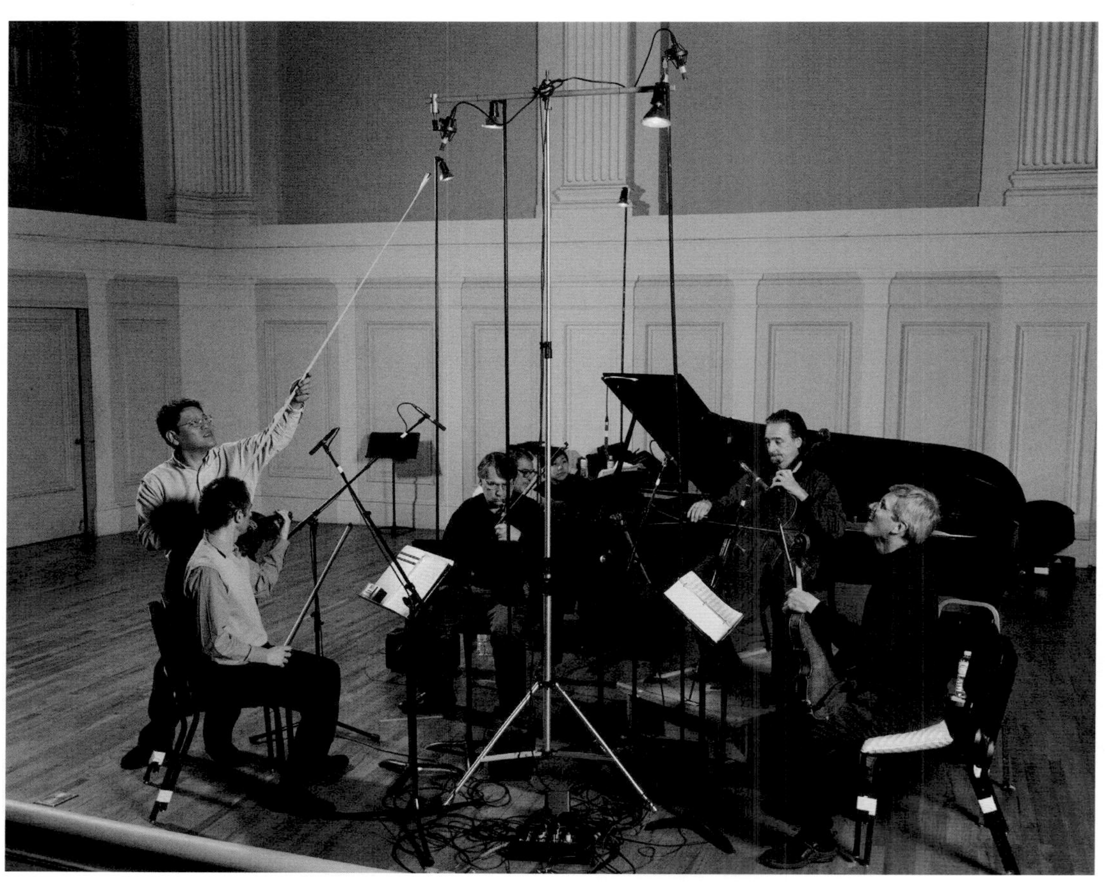

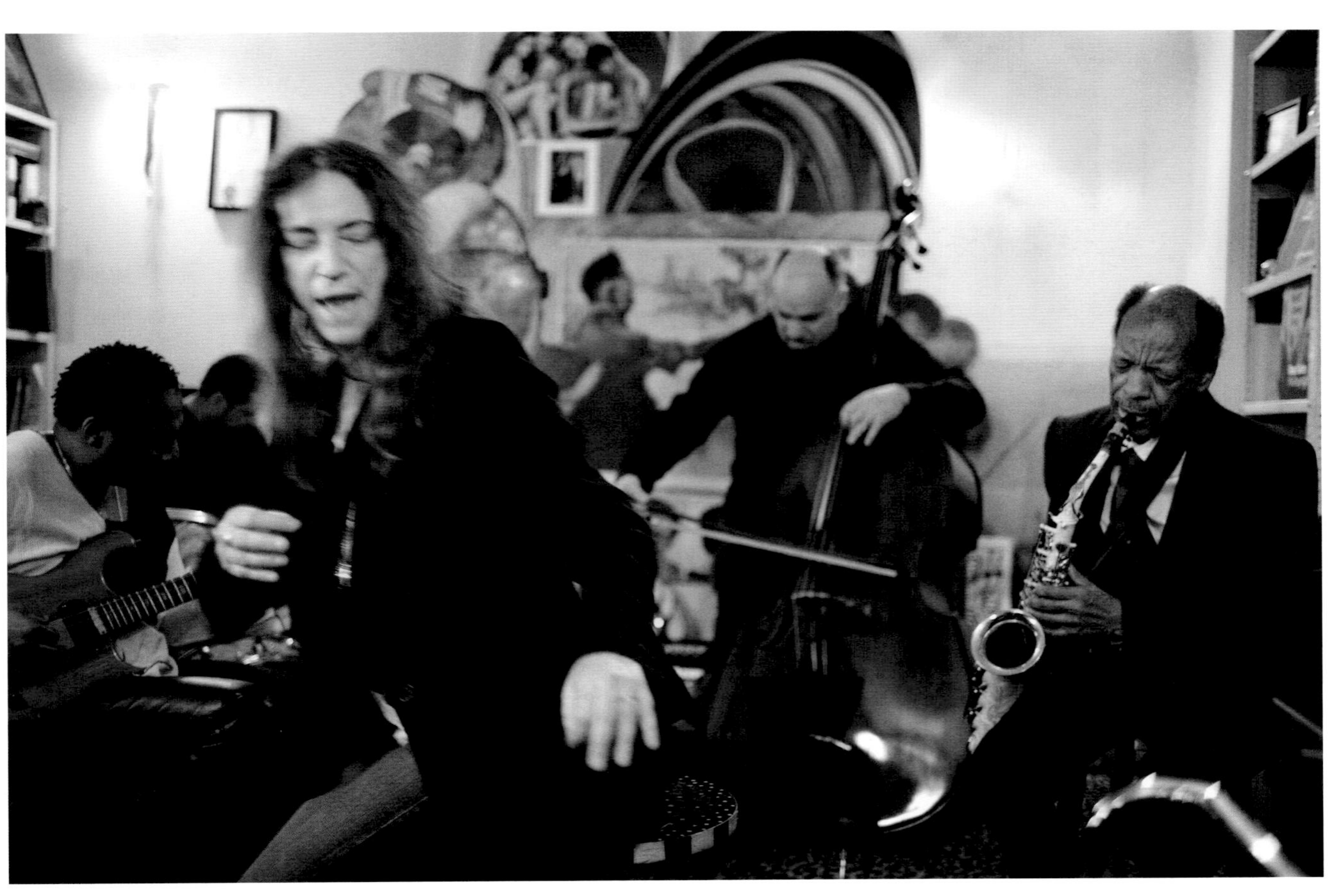

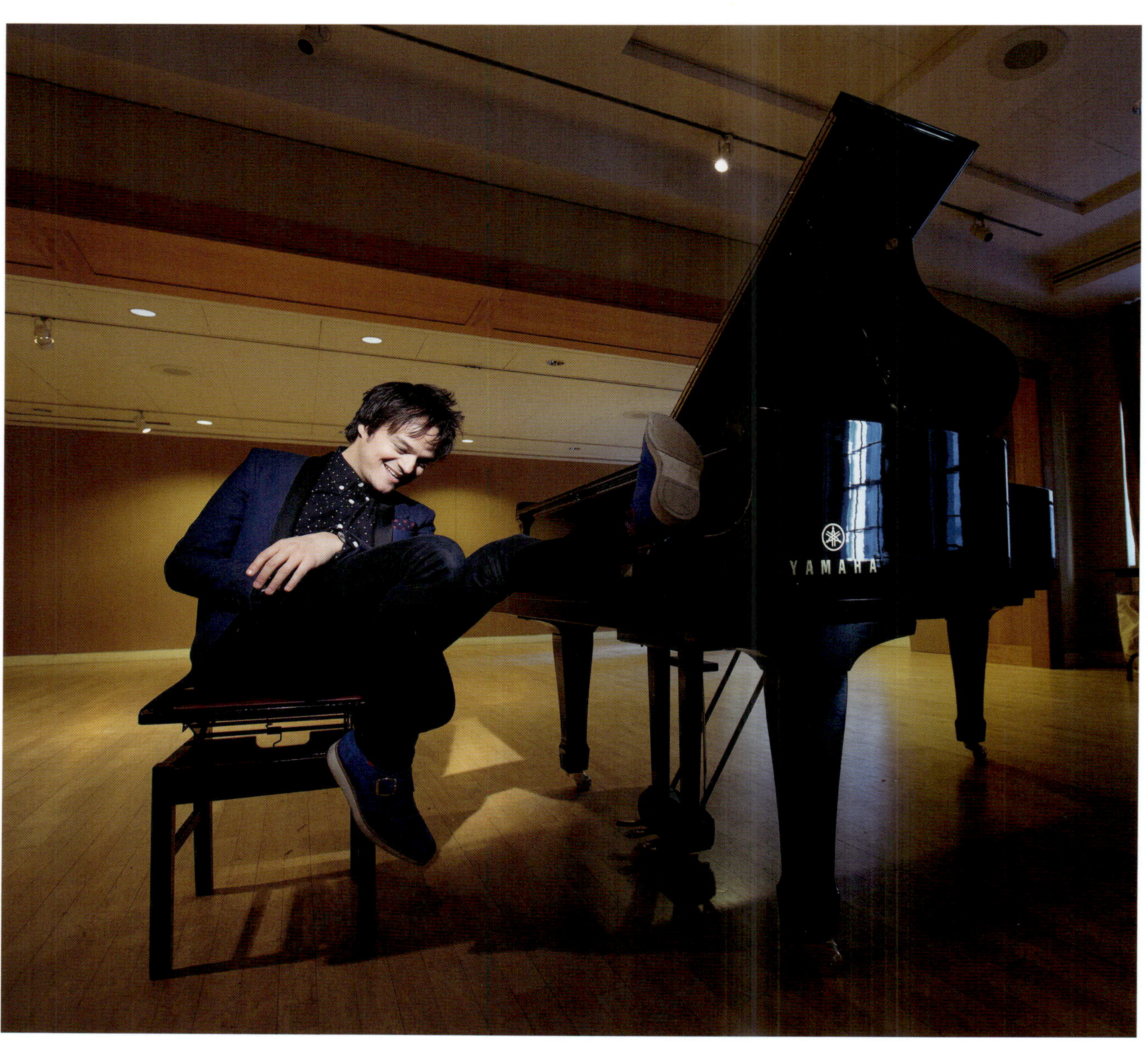

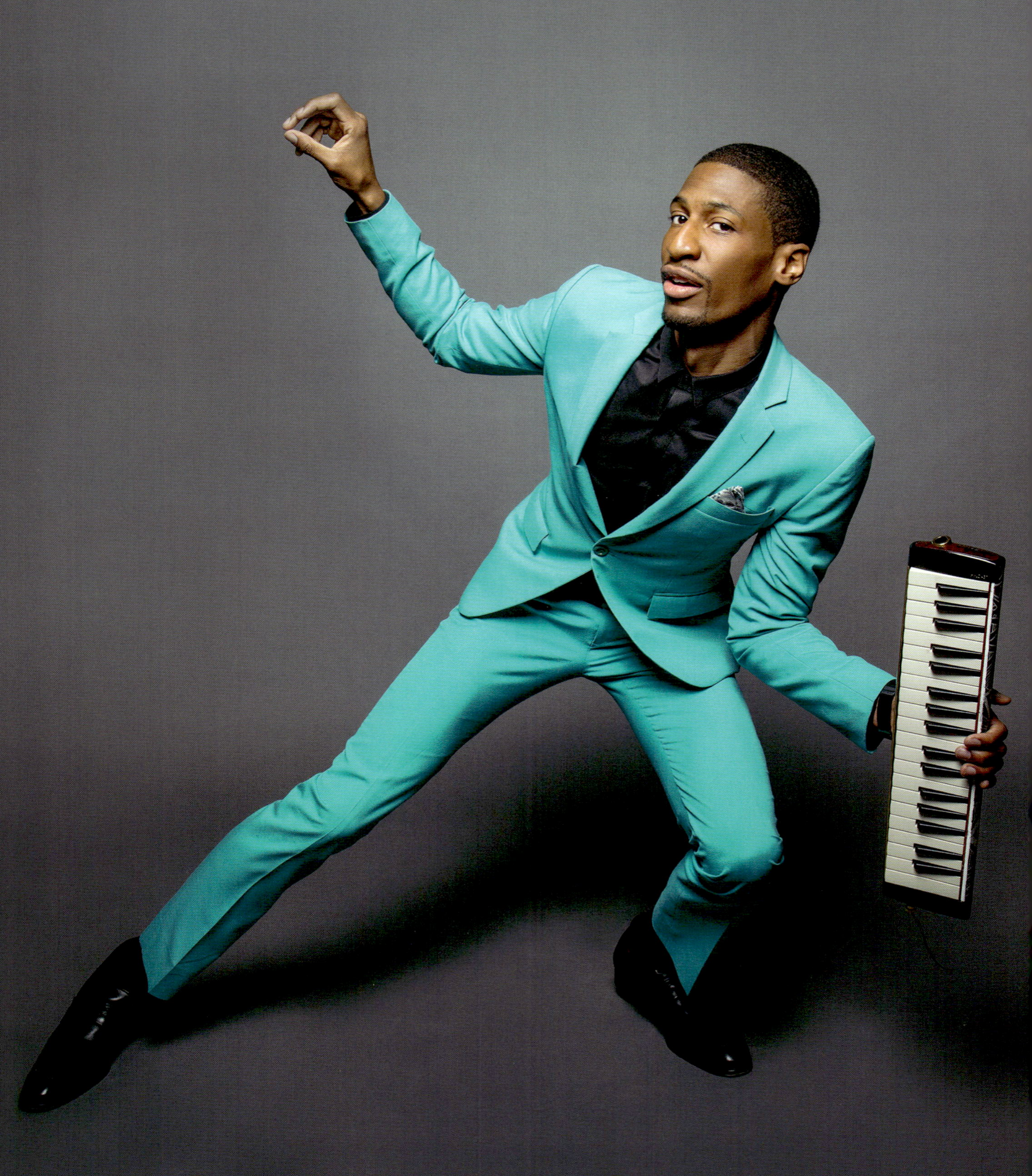

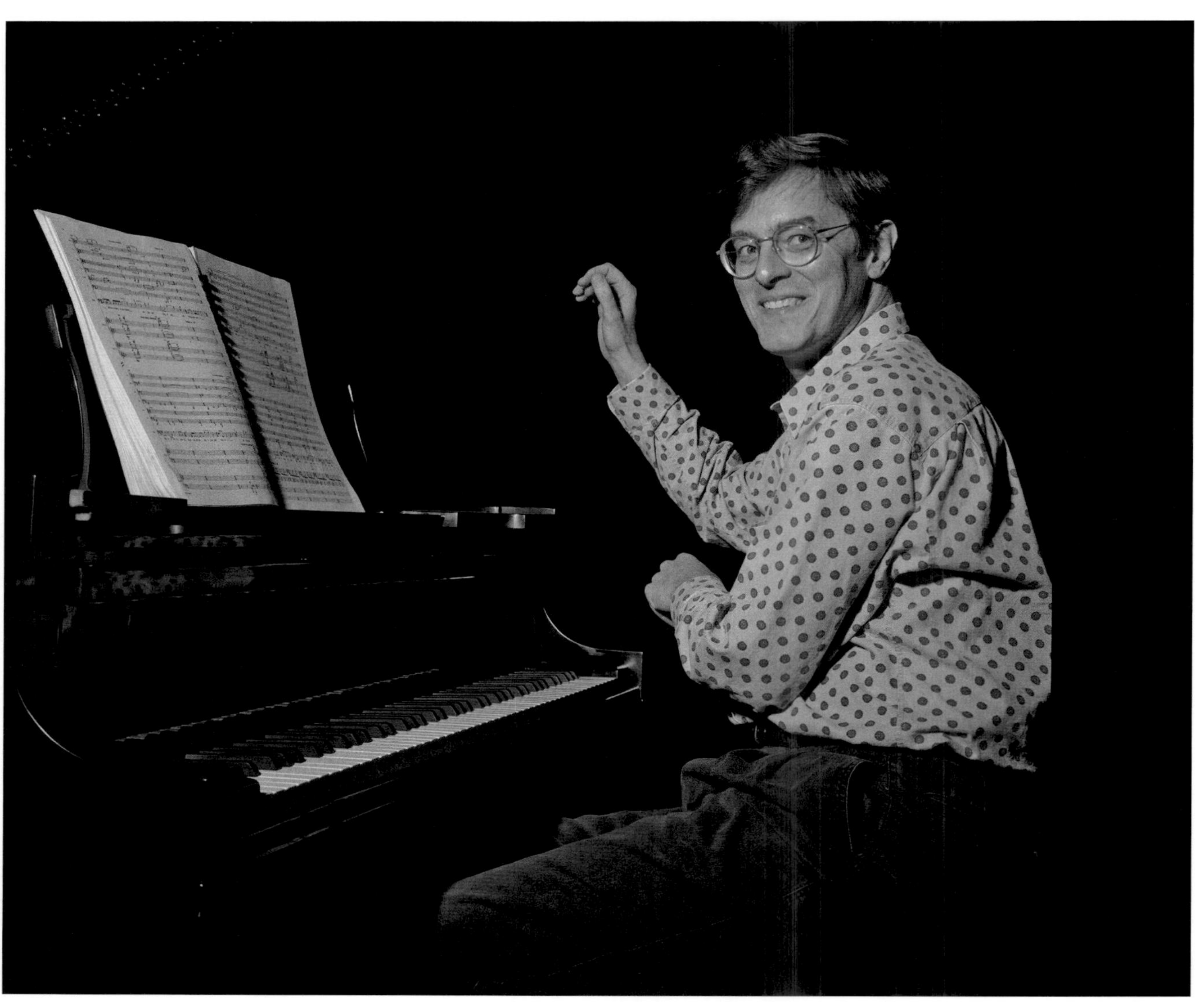

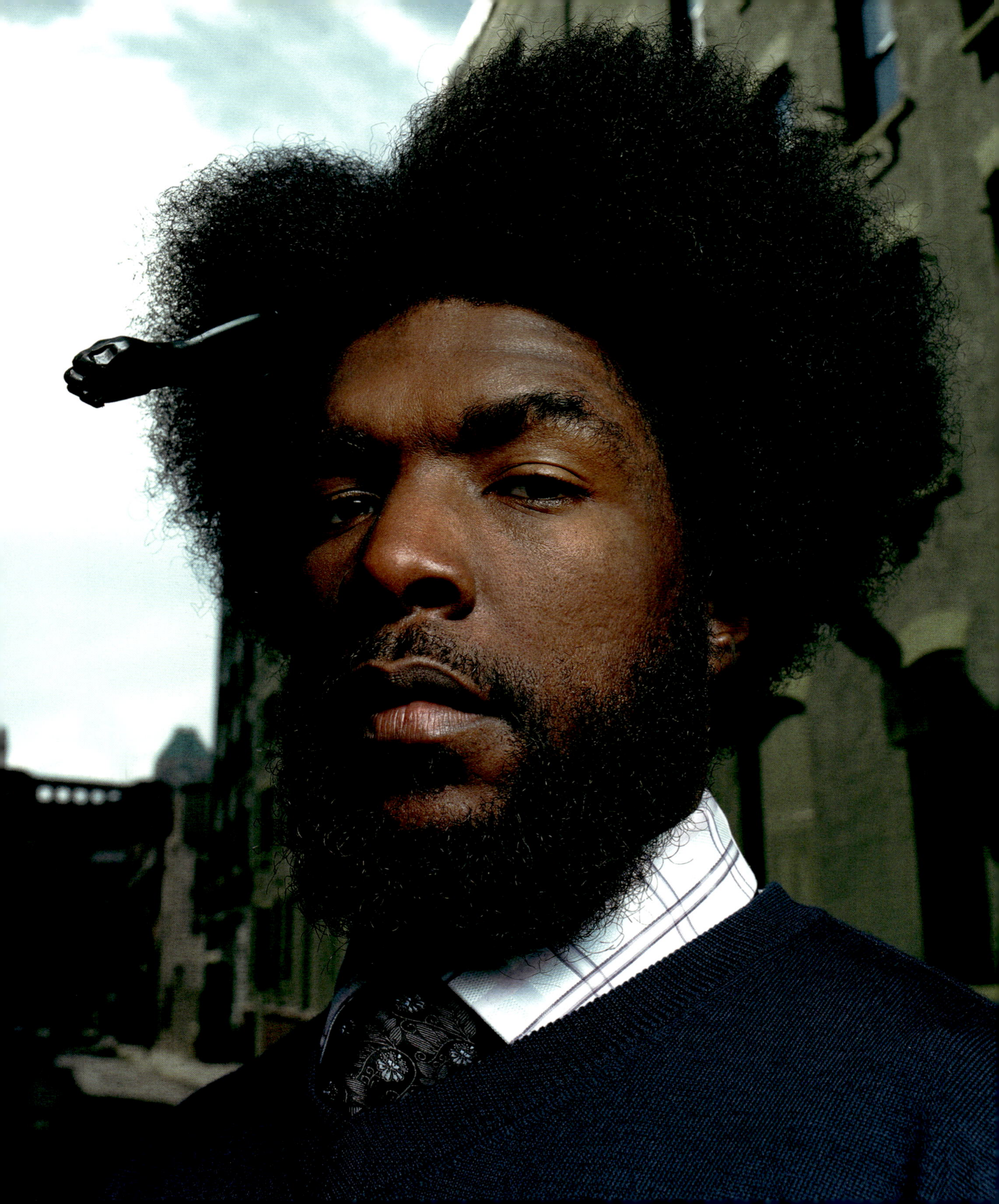

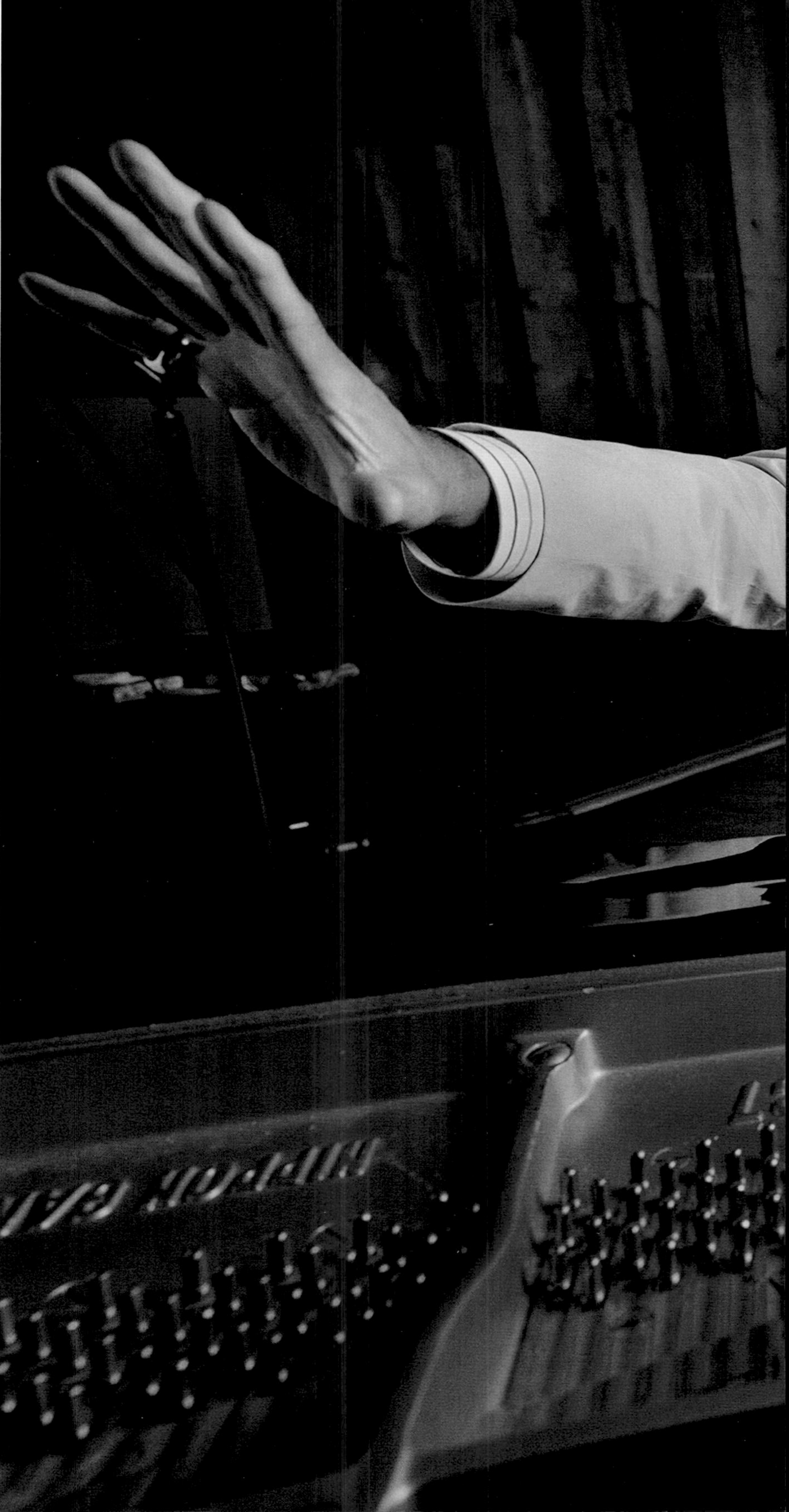

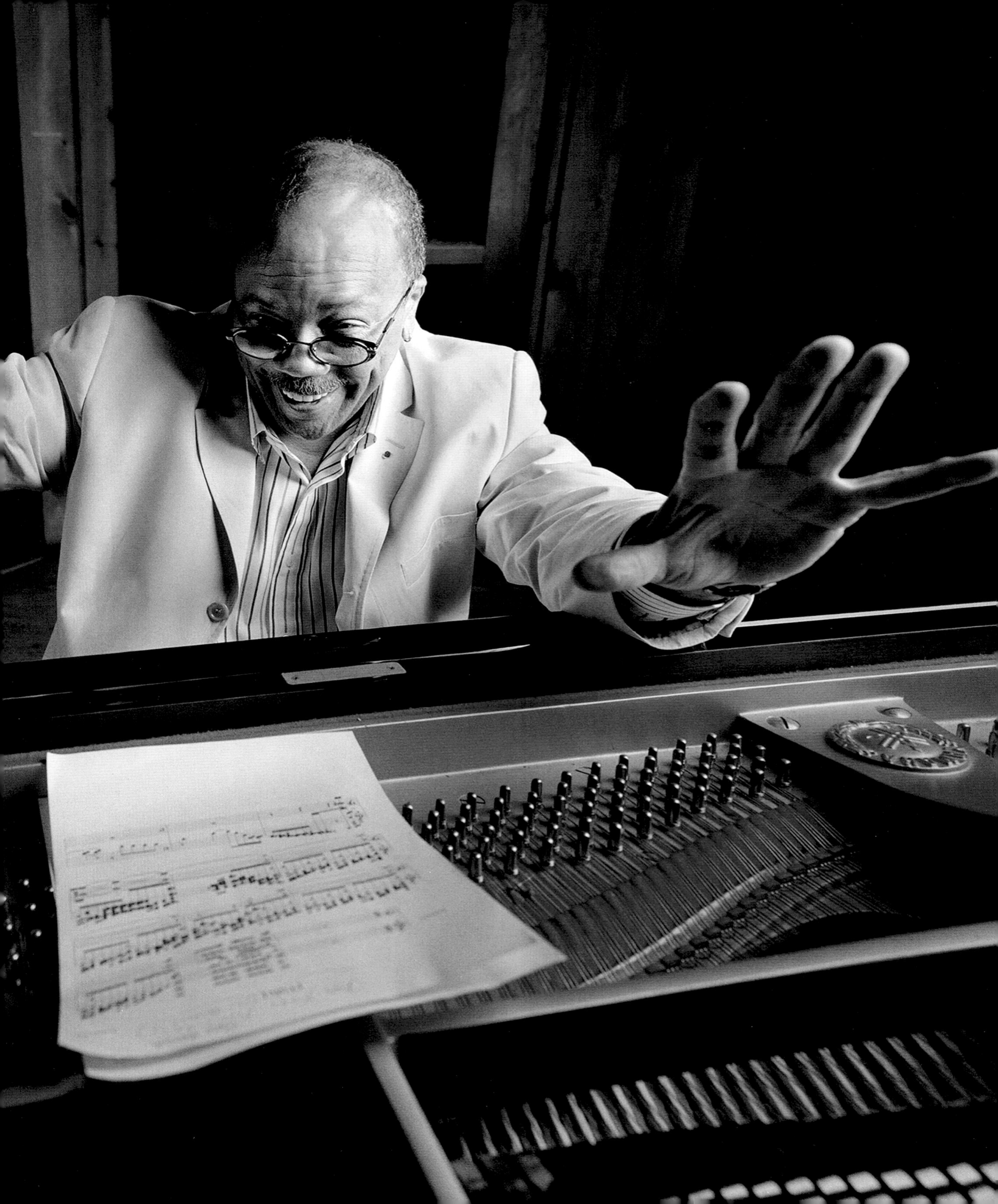

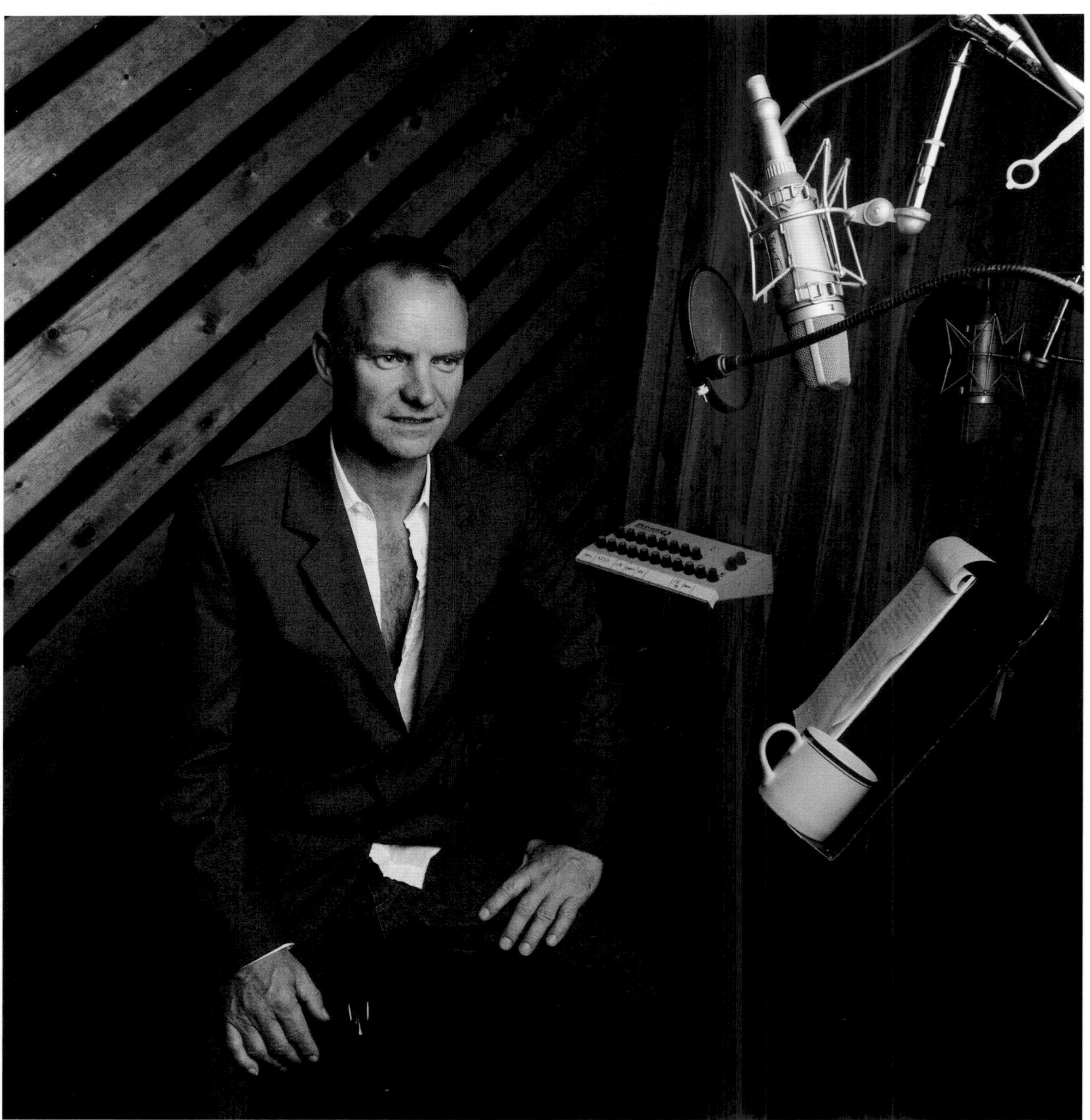

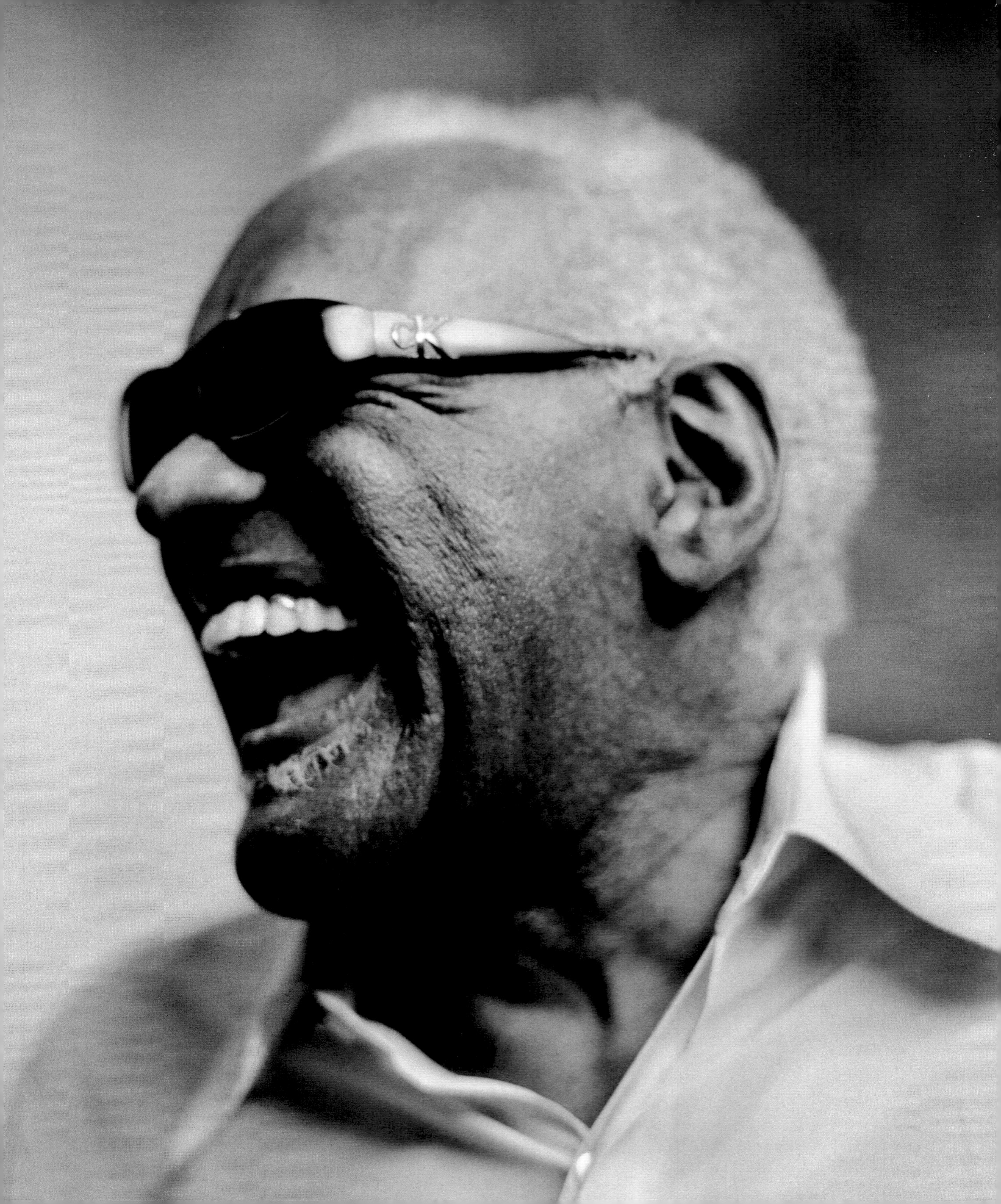

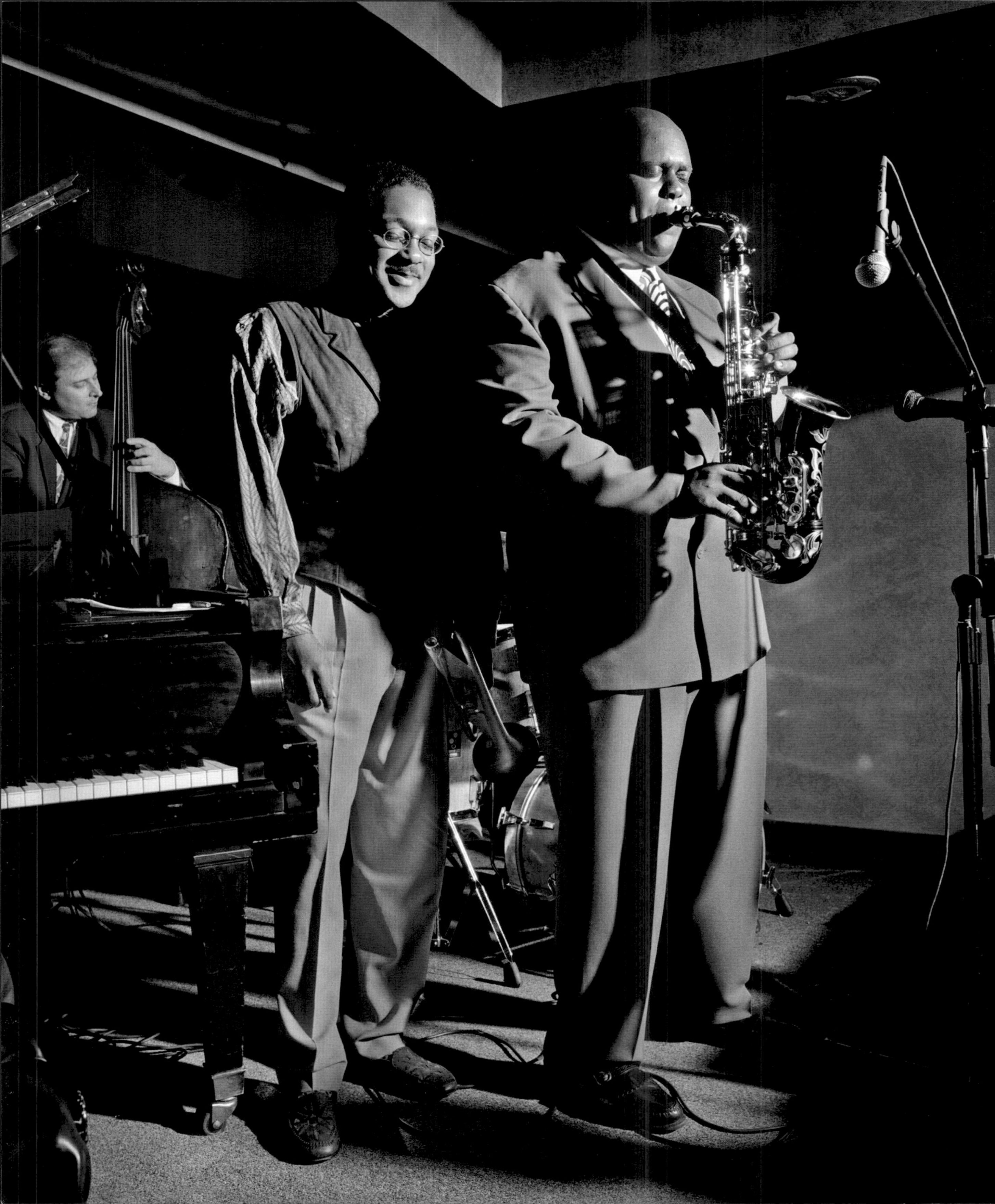

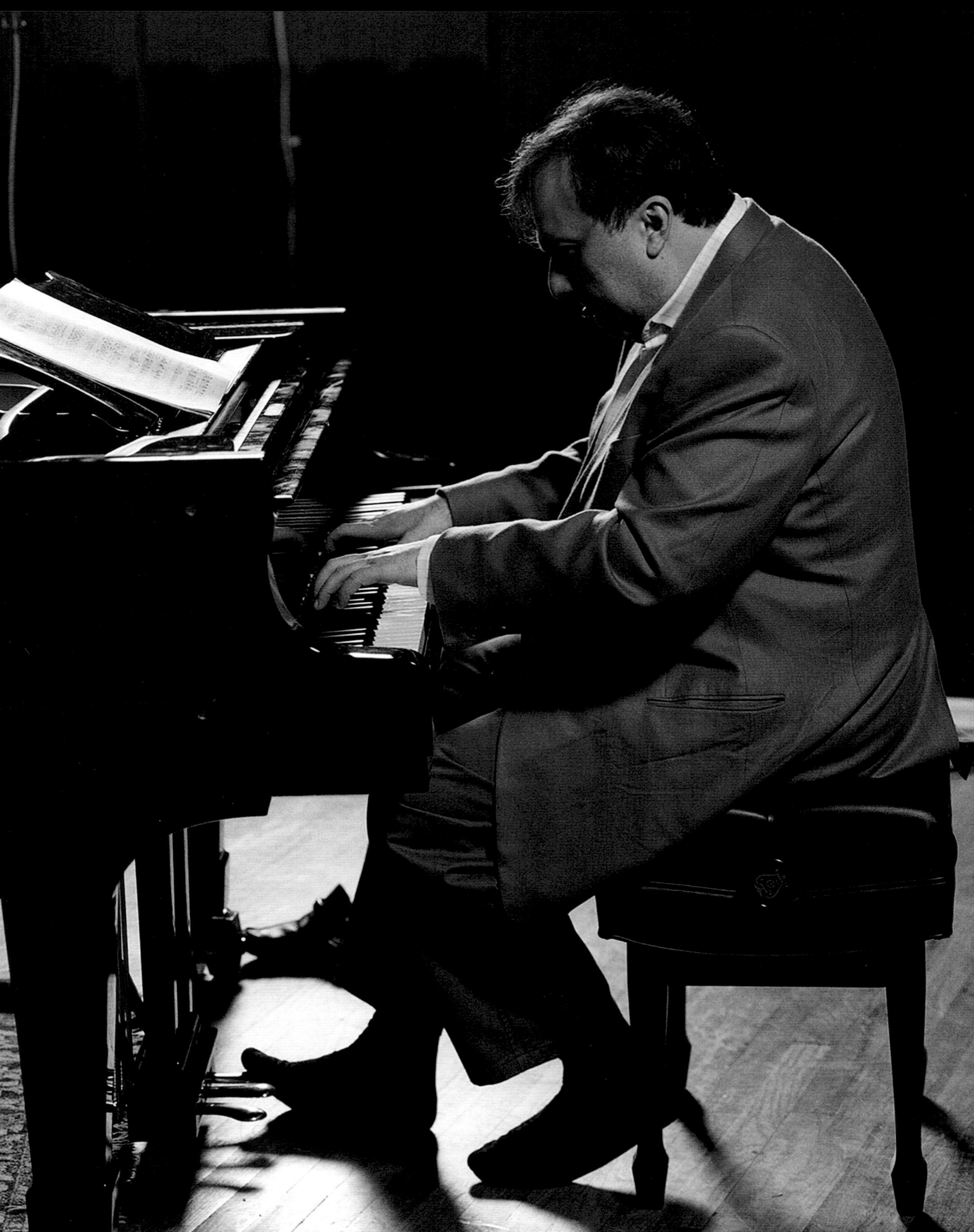

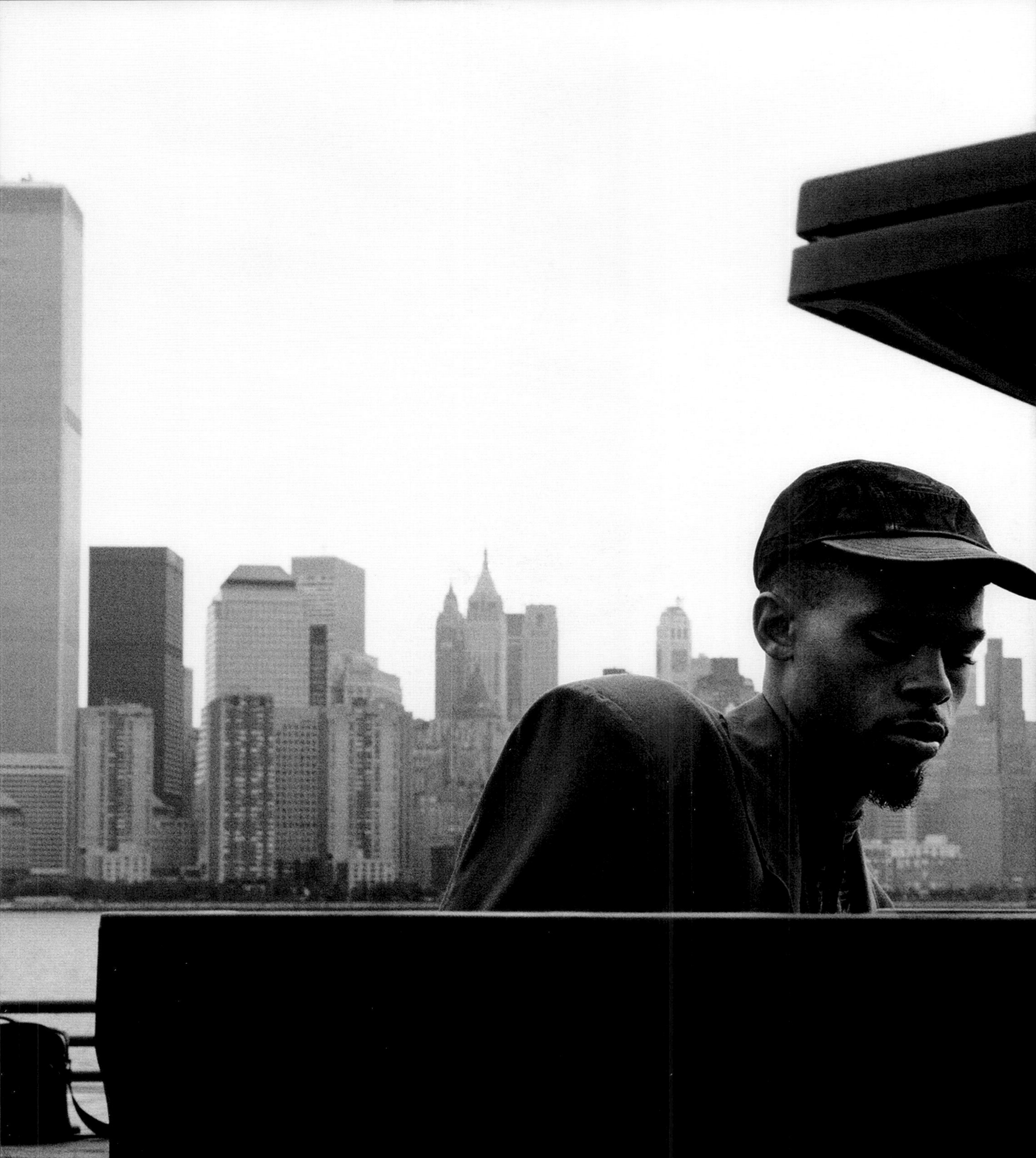

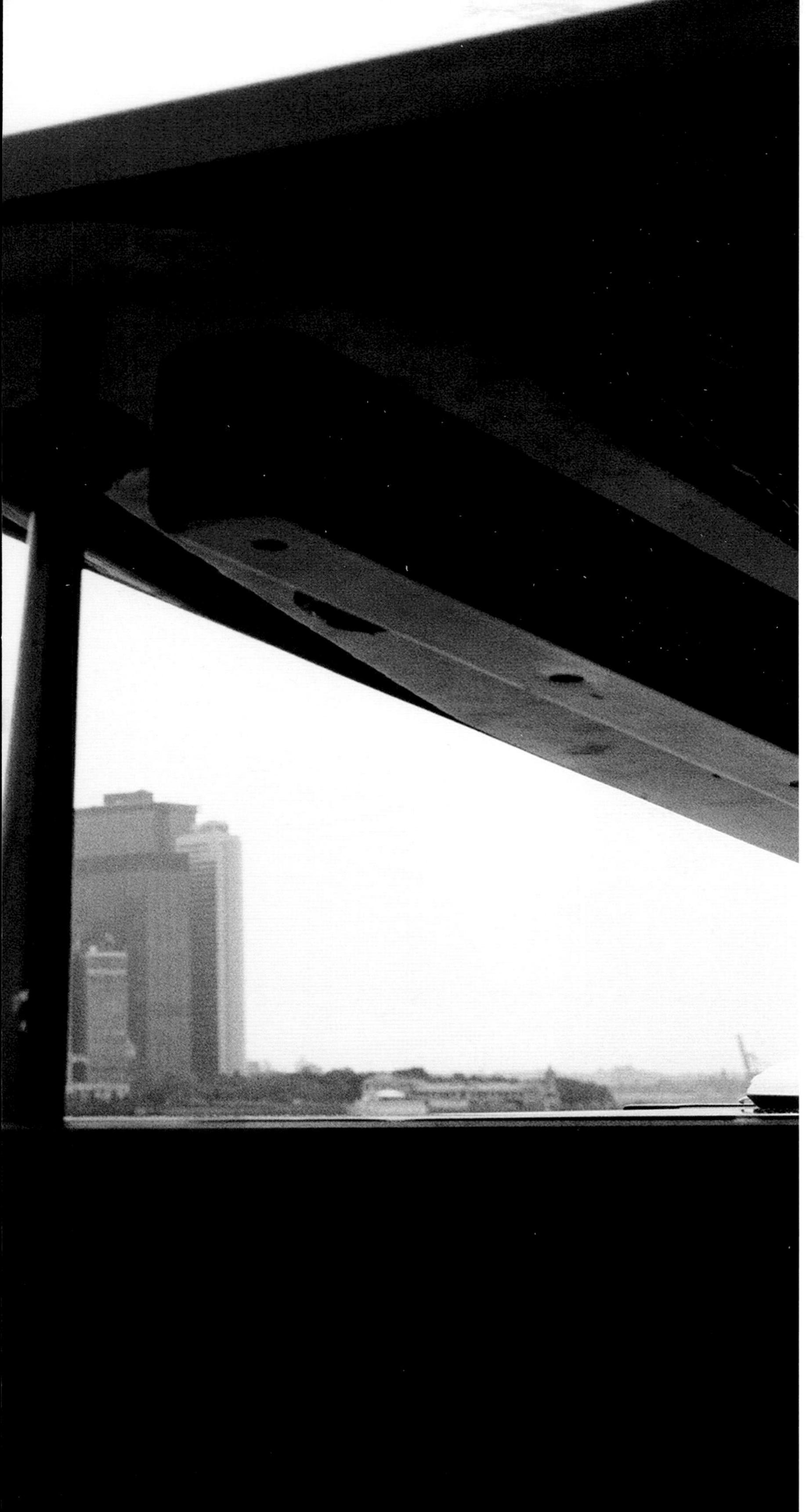

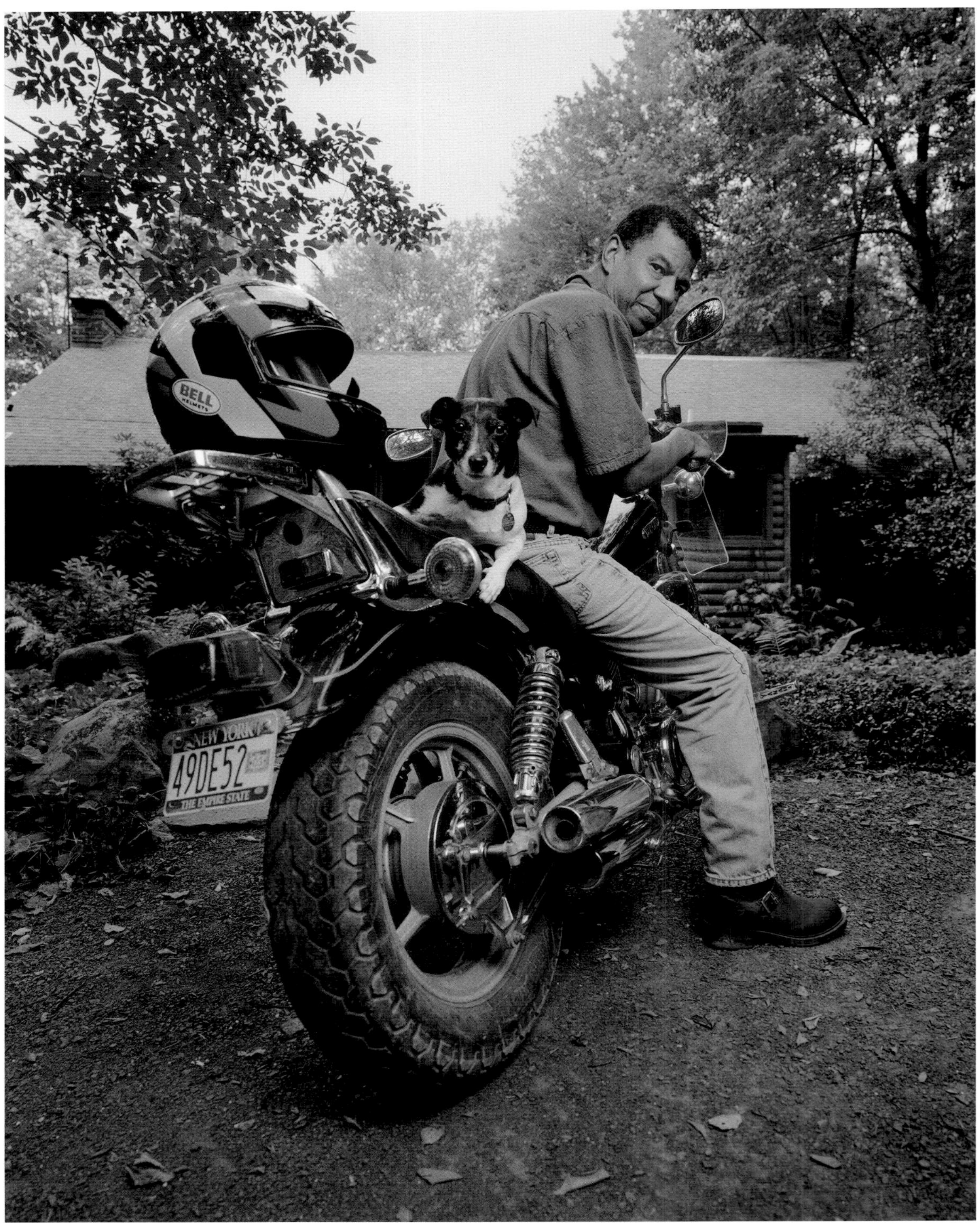

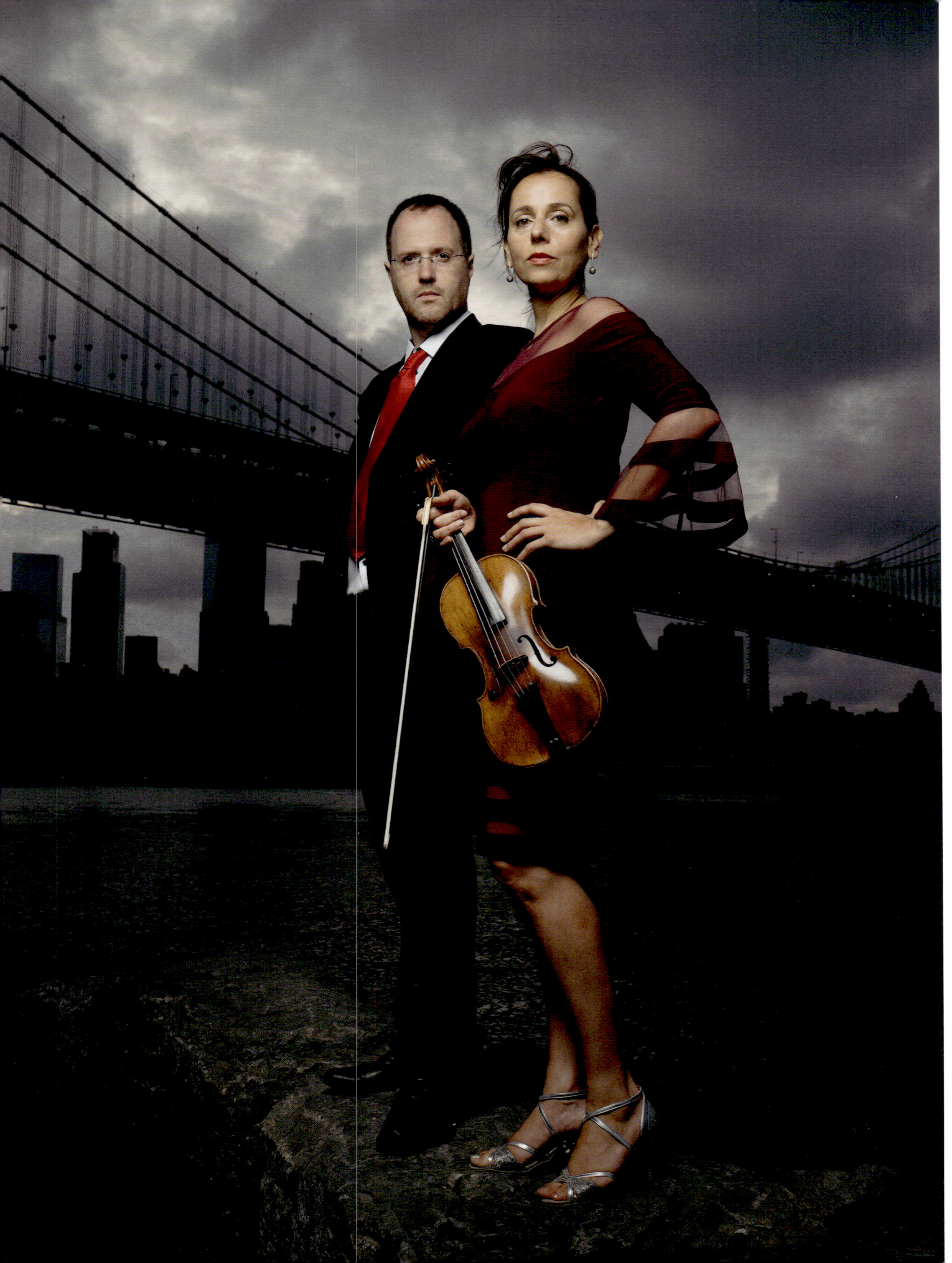

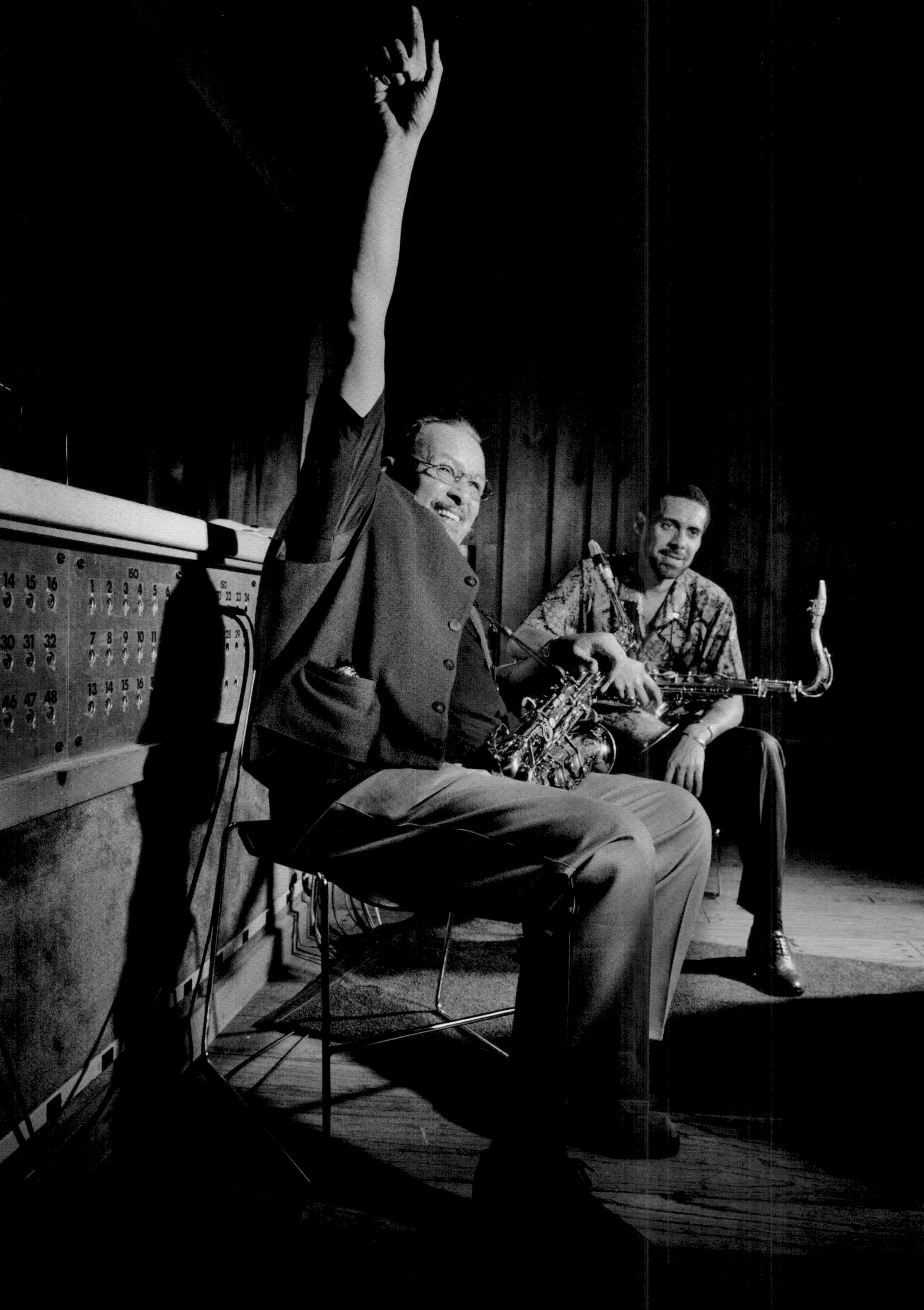

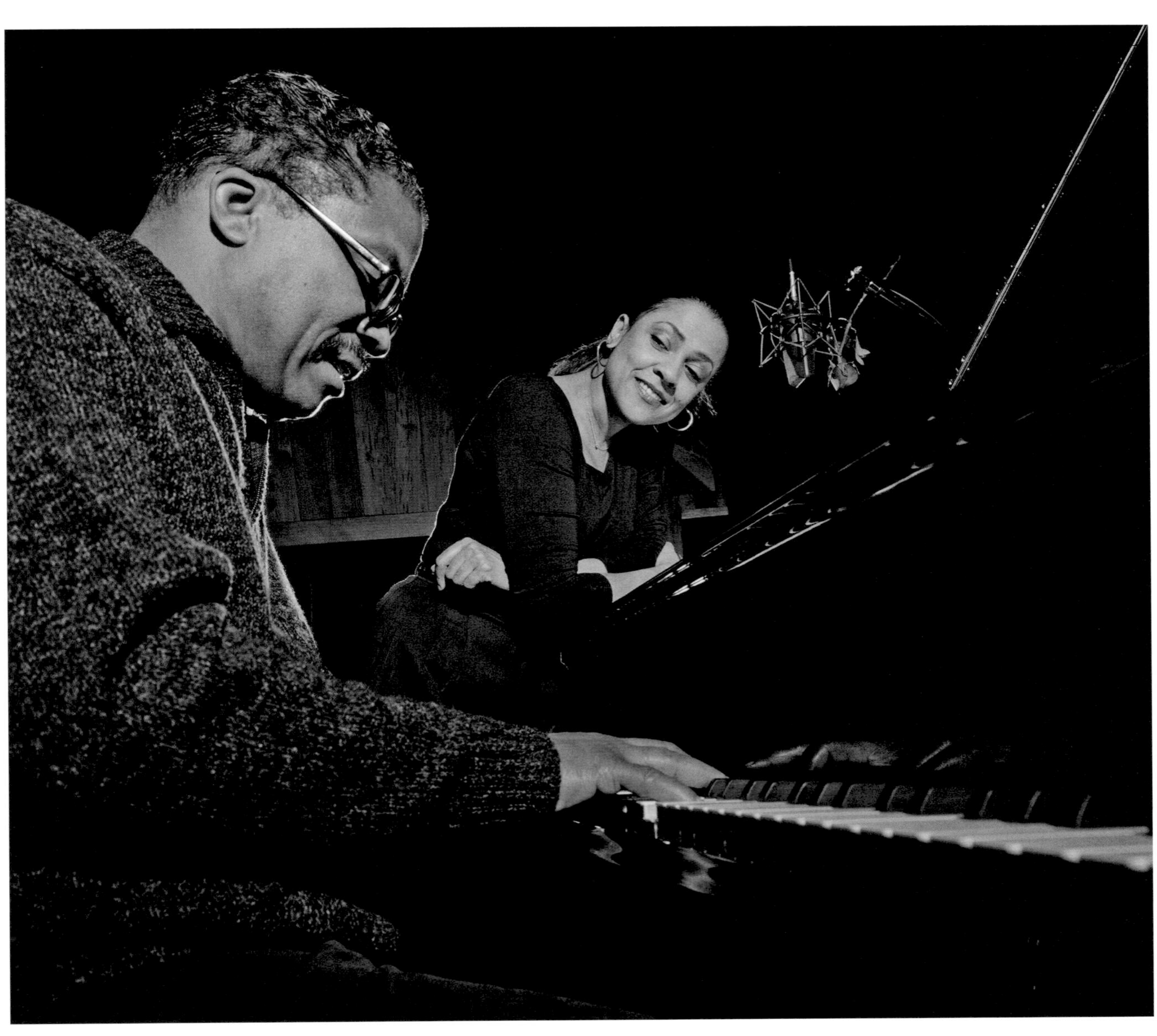

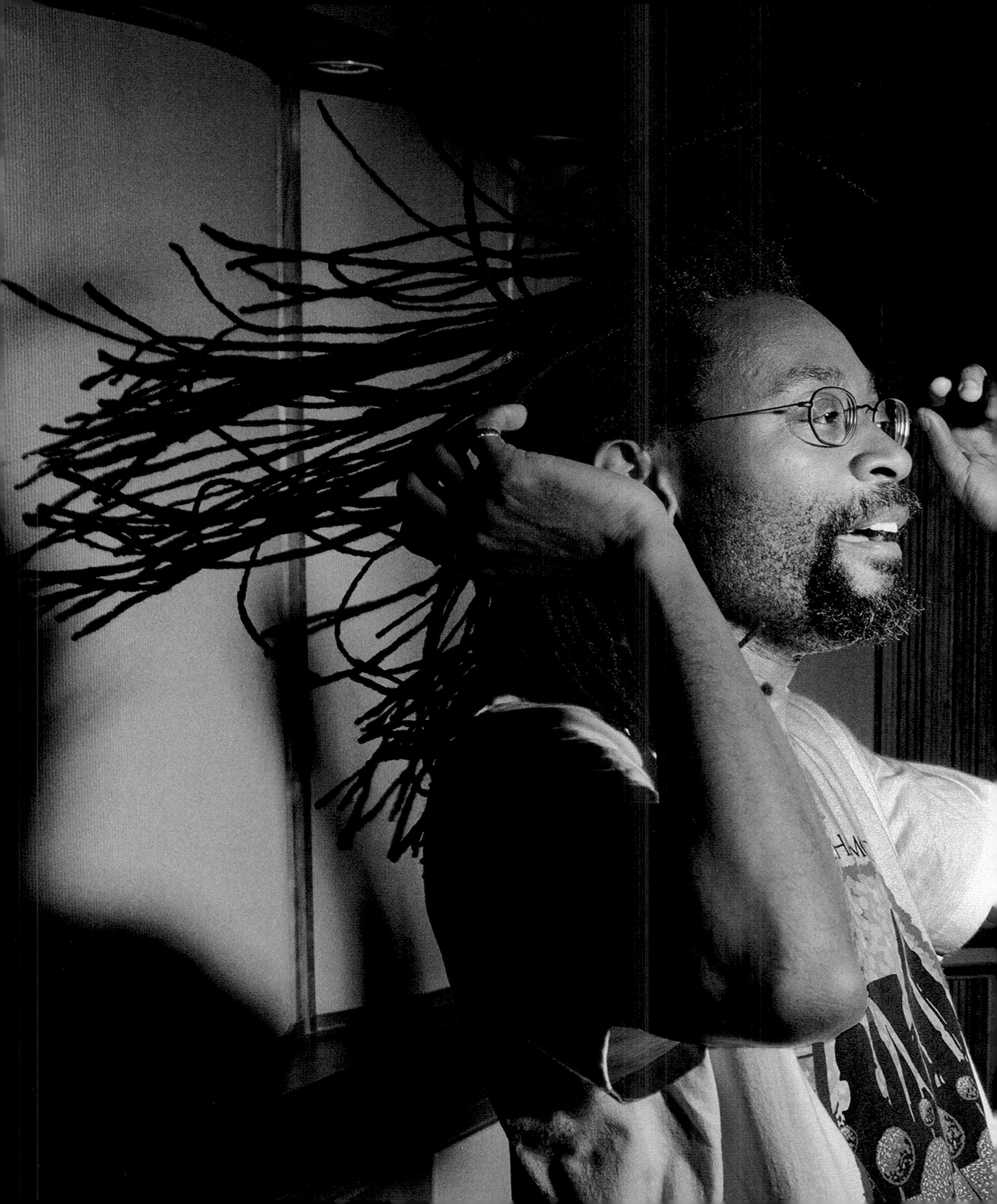

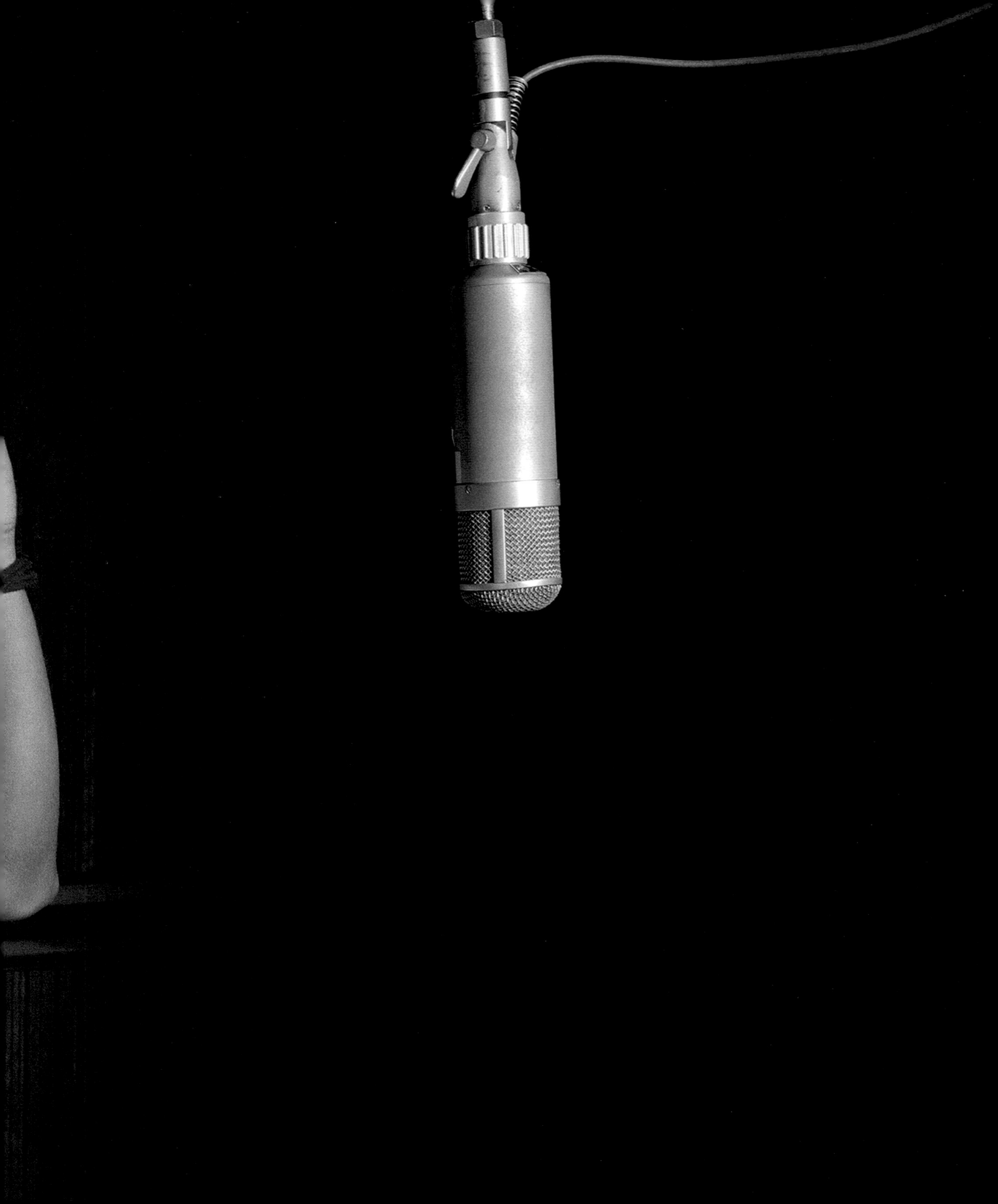

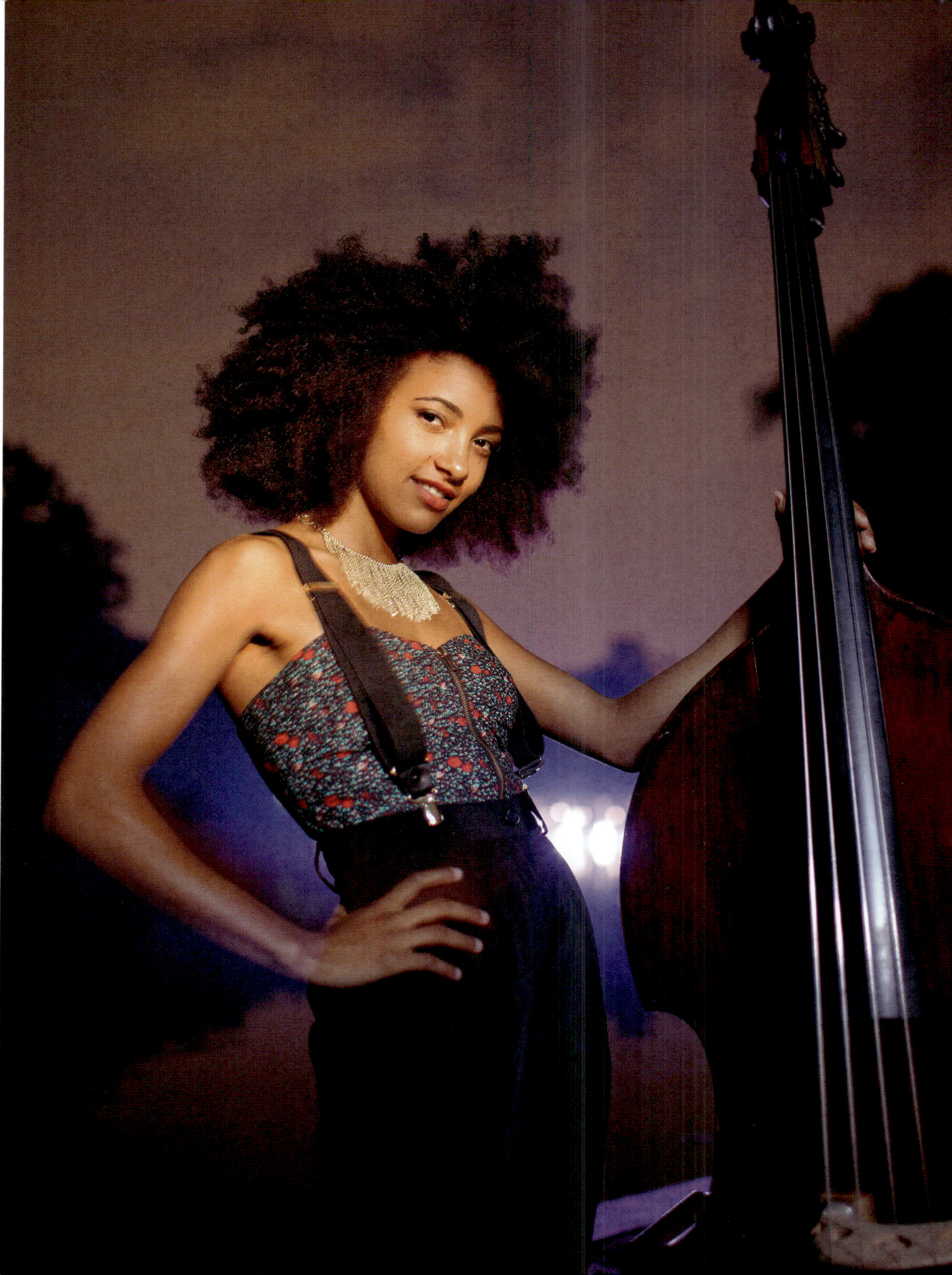

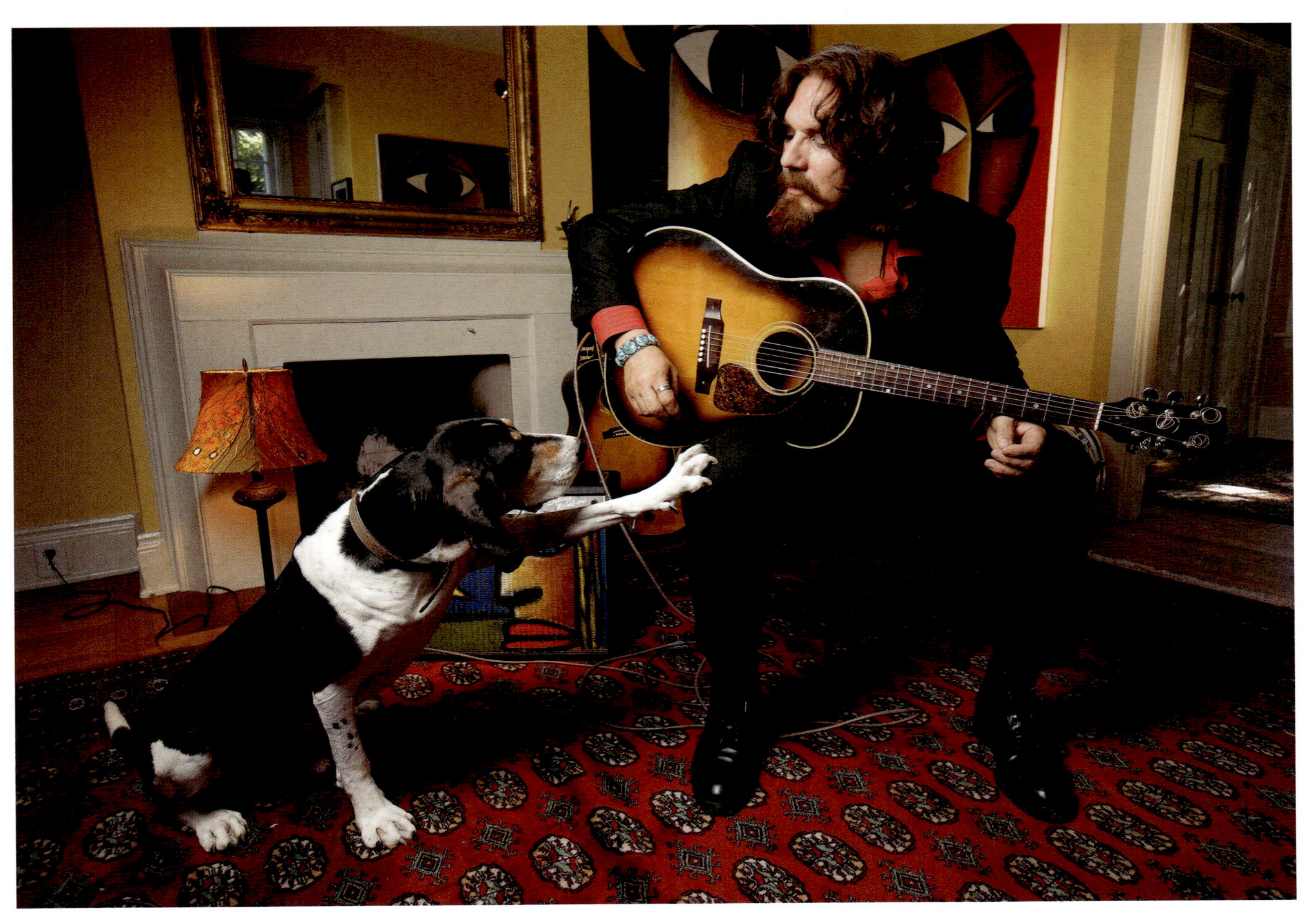

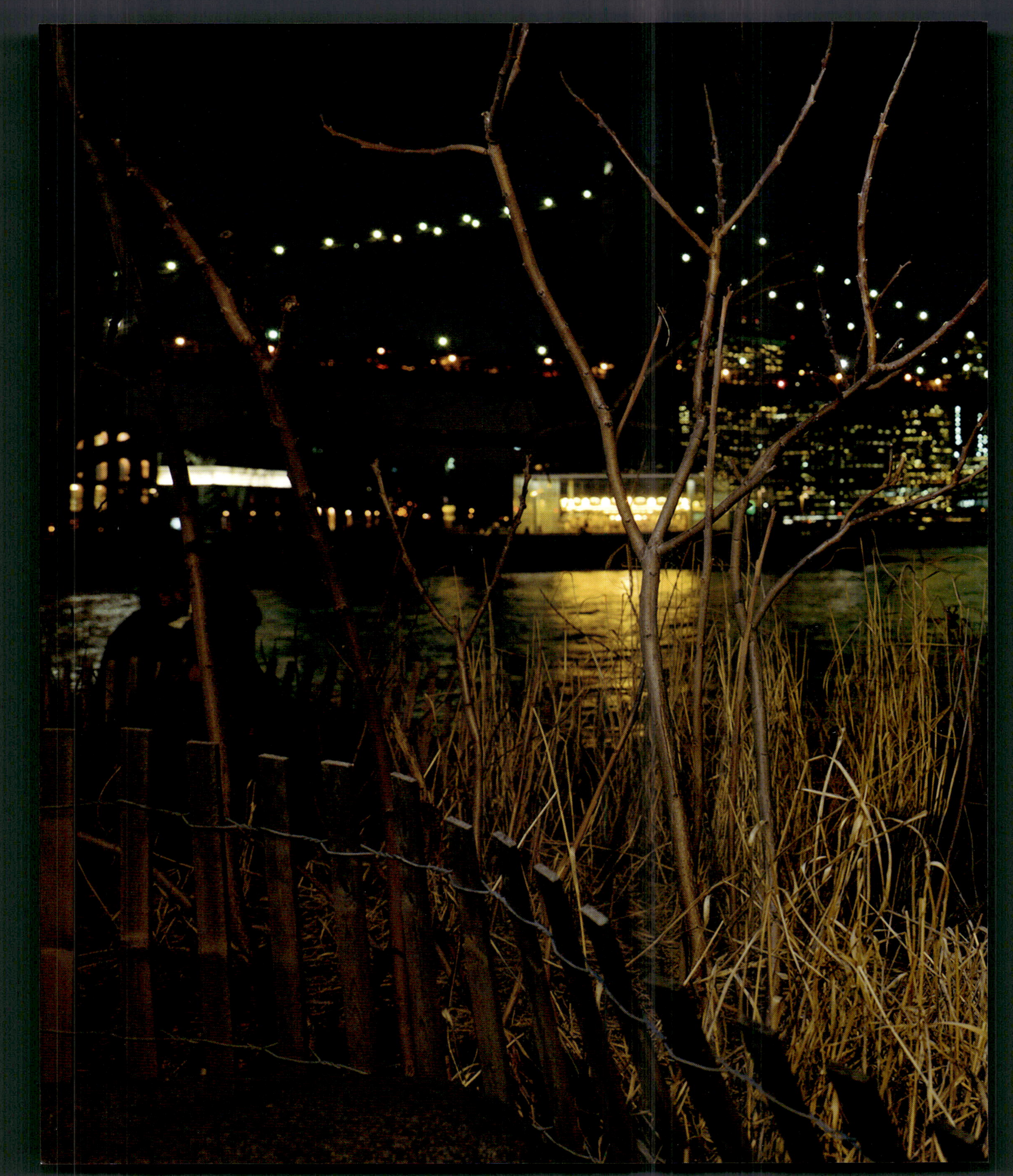

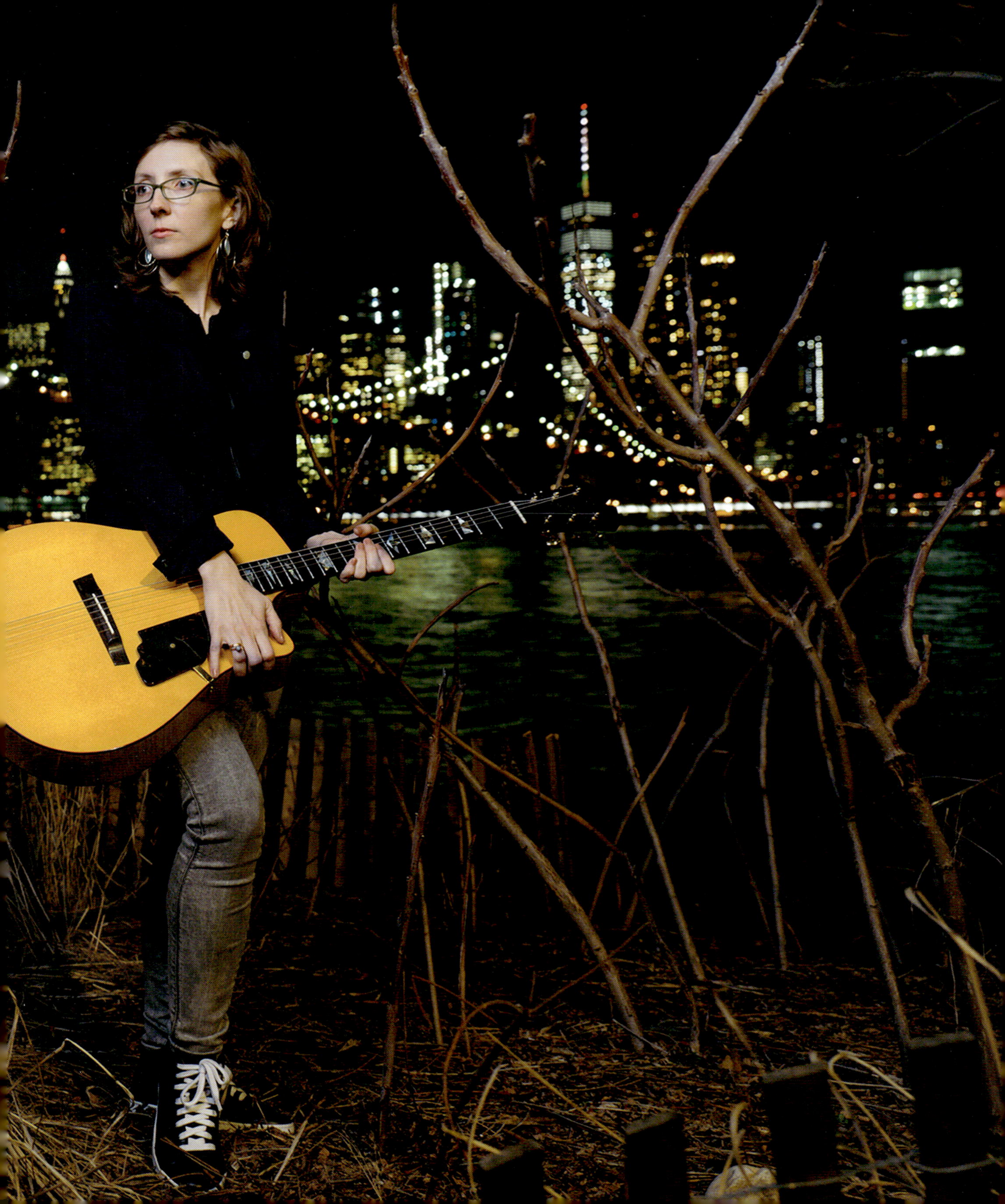

REGESTO
REGISTER

p. 2
Closed Session
Avatar Recording Studios
New York 2001

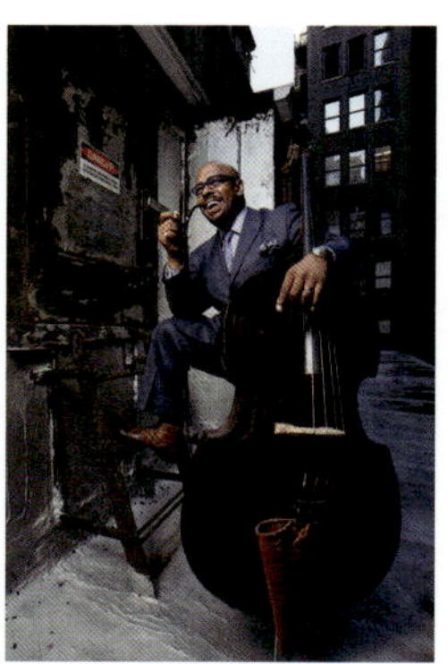

p. 8
Christian McBride
New York 2014

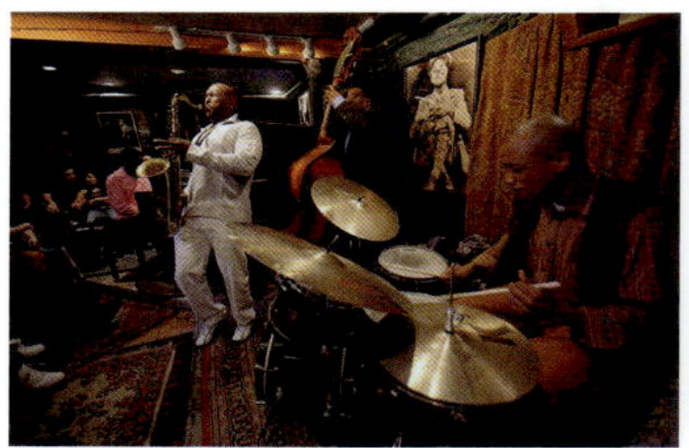

pp. 10-11
Abraham Burton, Eric McPherson, David Bryant, Dezron Douglas
Smalls Jazz Club
New York 2010

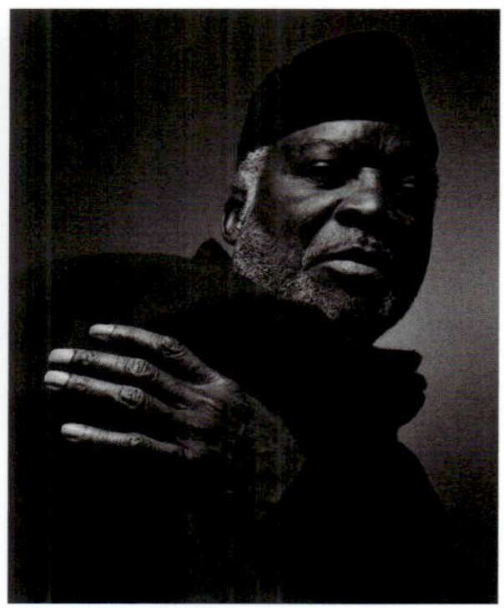

pp. 4-5
Andrew Hill
New Jersey Subway
New Jersey 2000

p. 12
Ahmad Jamal
Iridium Jazz Club
New York 2003

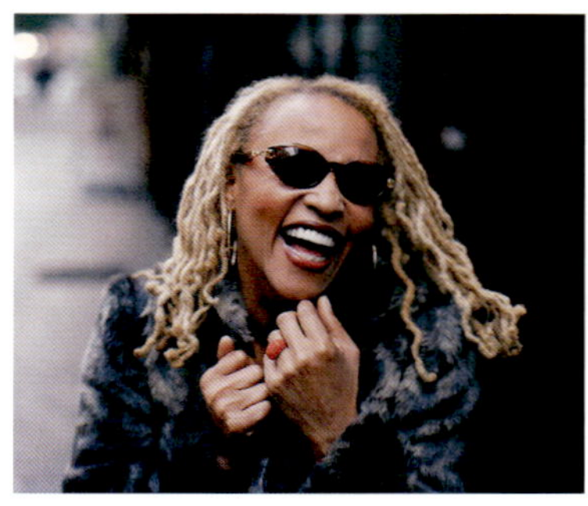
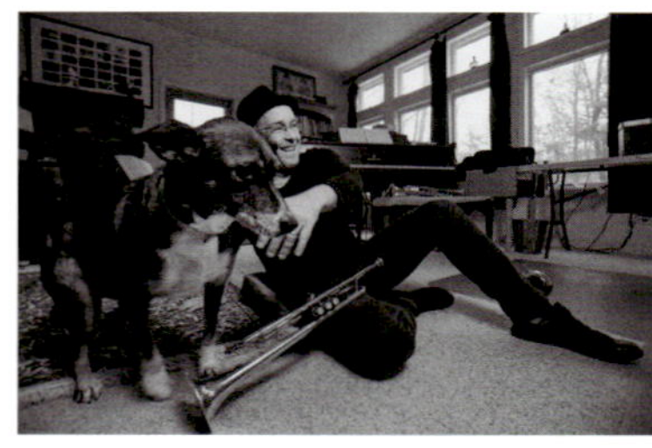
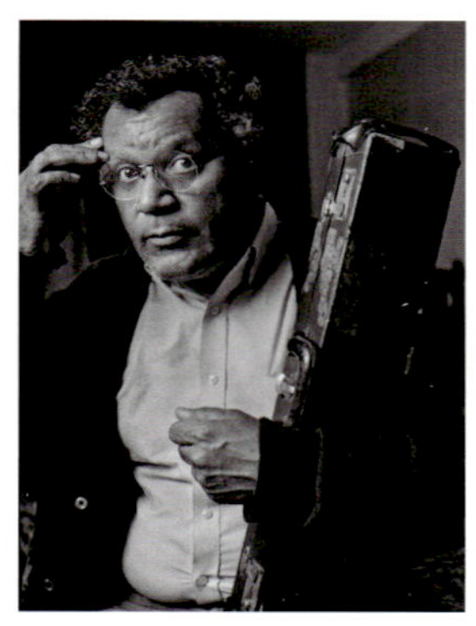

p. 15
Cassandra Wilson
Jazz Standard
New York 2003

p. 16
Dave Douglas
nella sua casa / at home
New York 2013

pp. 18
Anthony Braxton
New York 2002

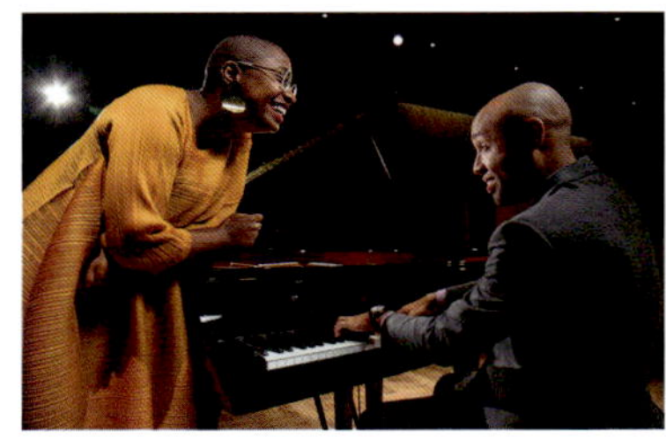
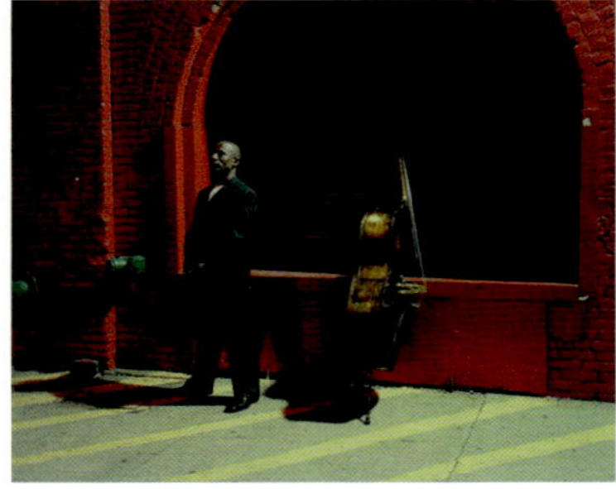
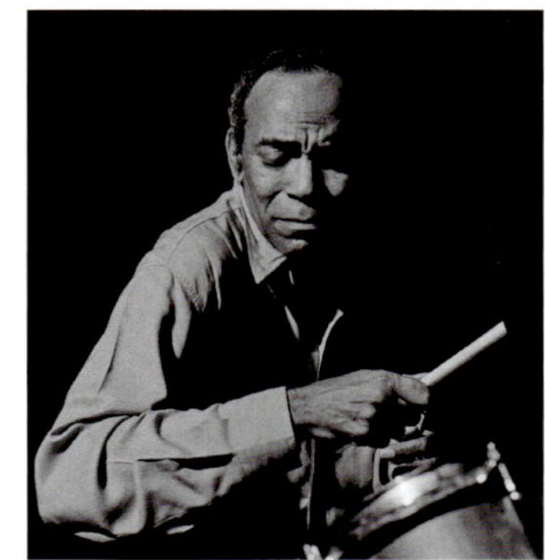

p. 21
Cécile McLorin Salvant, AaronDiehl
Steinway Hall
New York 2017

p. 22
Kenny Davis
New York 2009

p. 24
Arthur Taylor
Birdland
New York 1991

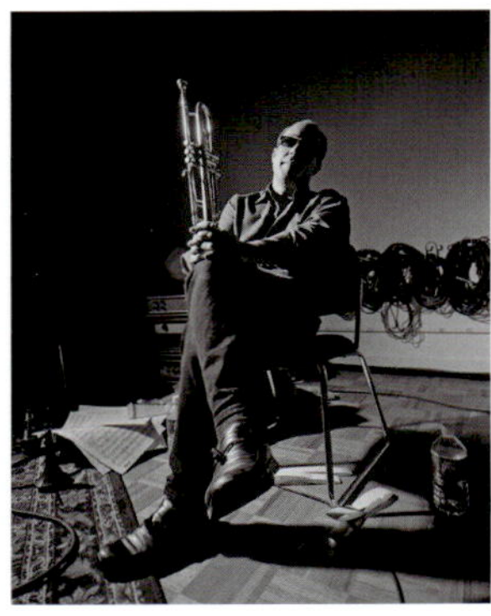

p. 28
Dave Douglas
Sony Recording Session
New York 2000

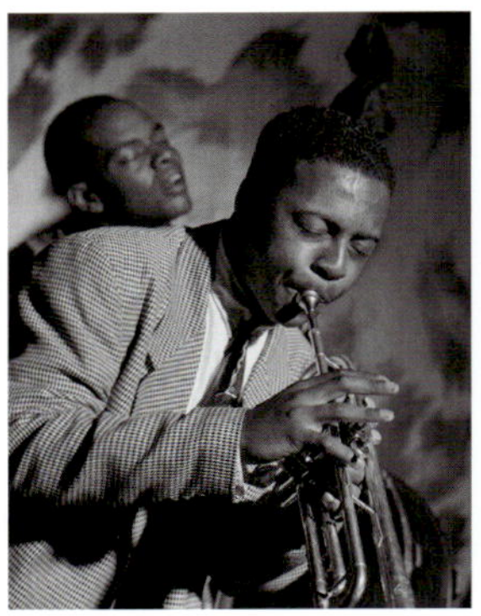

p. 32
Roy Hargrove, Tyler Mitchell
Club Rococo's
New York 1992

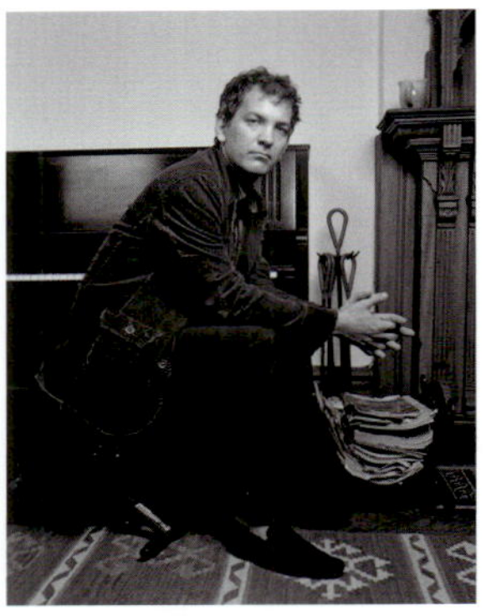

p. 36
Brad Mehldau
nella sua casa / at home
New York 2006

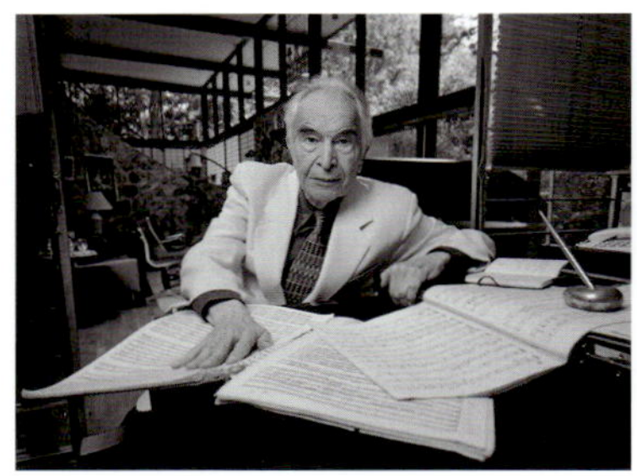

p. 40-41
Dave Brubeck
nella sua casa / at home
Connecticut 2007

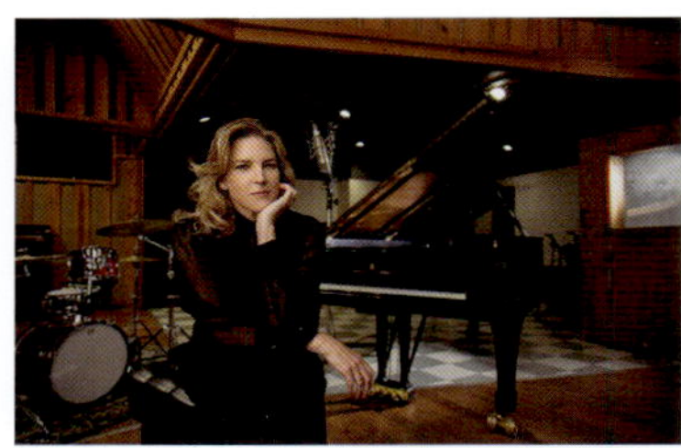

pp. 42
Diana Krall
Avatar Recording Studios
New York 2017

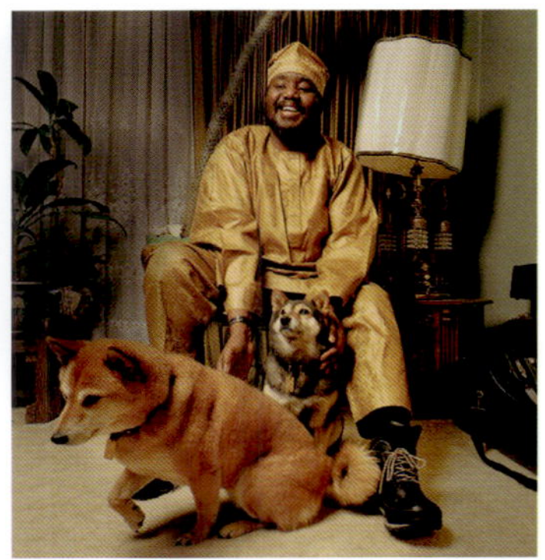

p. 43
David S. Ware
nella sua casa / at home
New Jersey 2003

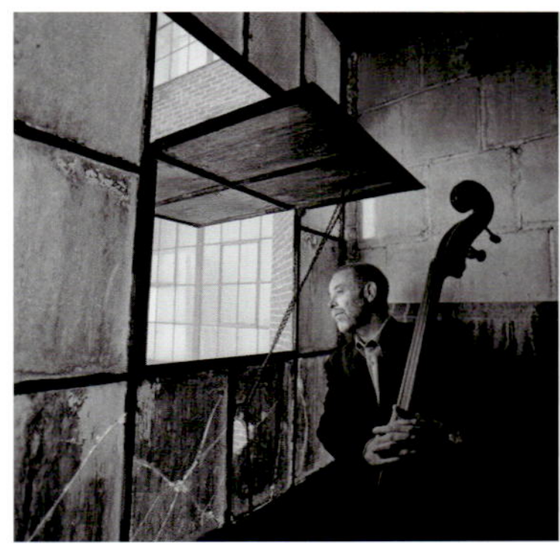

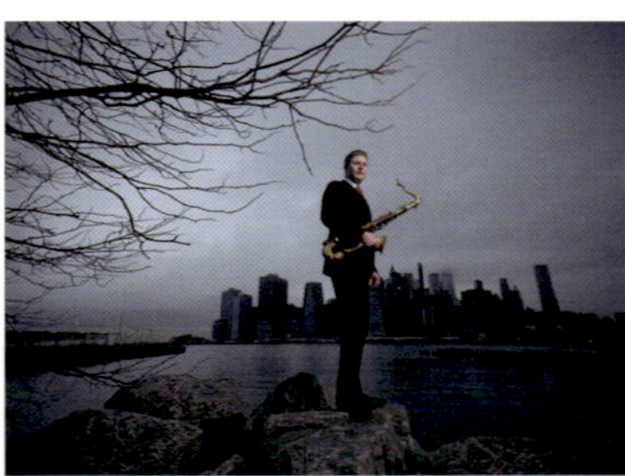

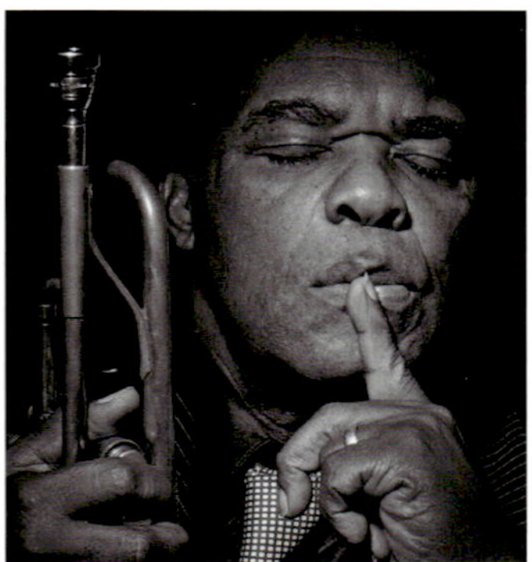

p. 44-45
Dave Holland
New York 2000

p. 46
Eric Alexander
Brooklyn 2018

p. 47
Freddie Hubbard
Iridium Jazz Club
New York 2003

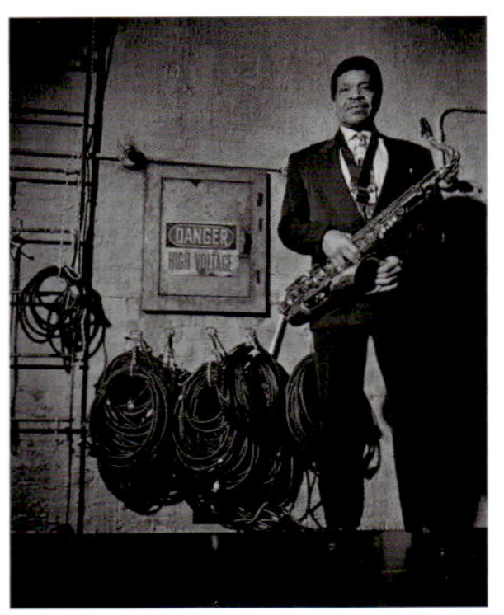

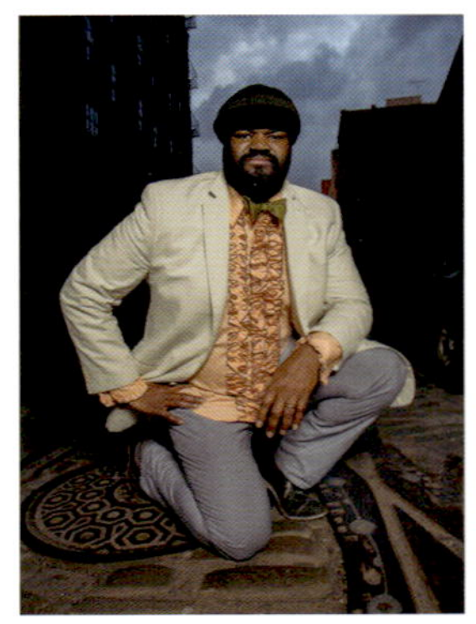

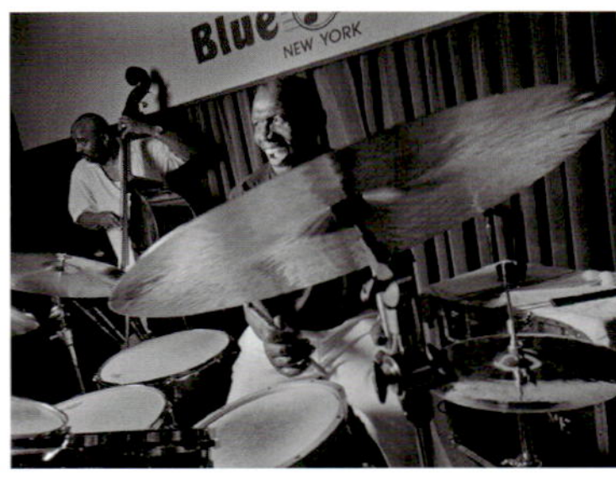

p. 48
George Coleman
NBC Studios
New York 1998

p. 49
Gregory Porter
Brooklyn 2013

pp. 50-51
Elvin Jones, Gerald Cannon
Blue Note Club
New York 2002

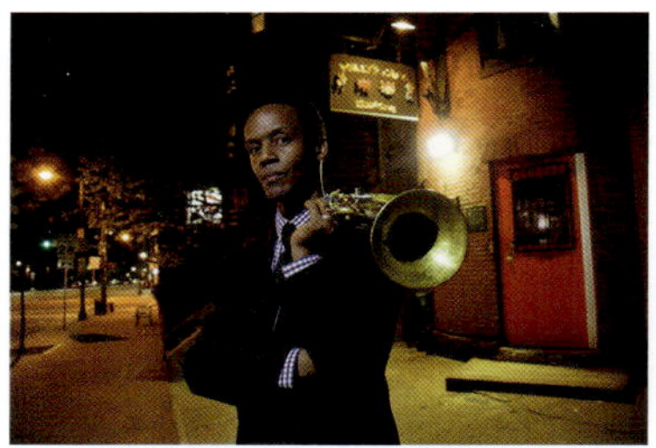 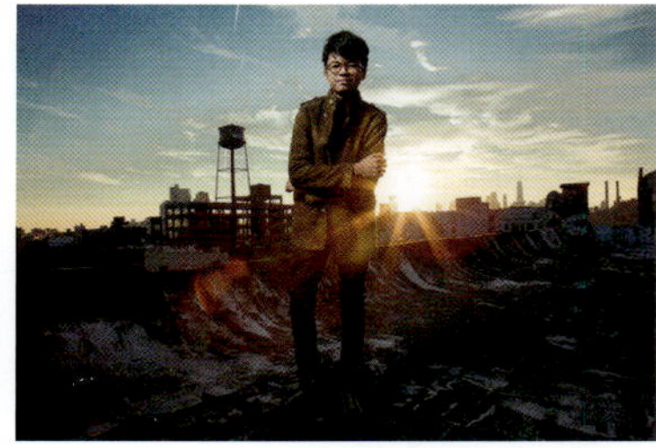 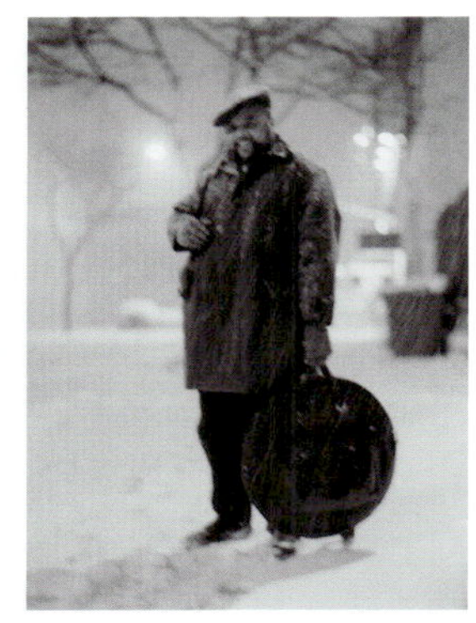

p. 52-53
Jason Palmer
Wally's Cafe
Boston 2016

p. 54
Joey Alexander
Brooklyn 2017

p. 55
Jeff "Tain" Watts
New York 2001

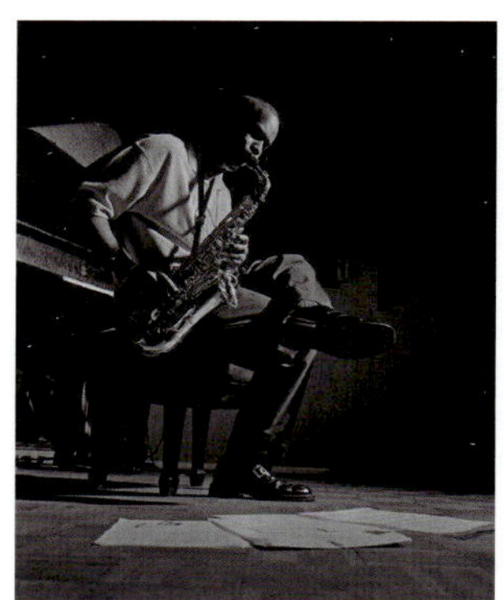 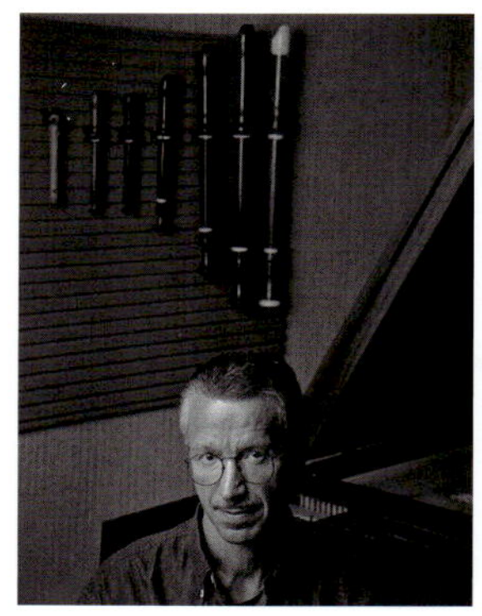 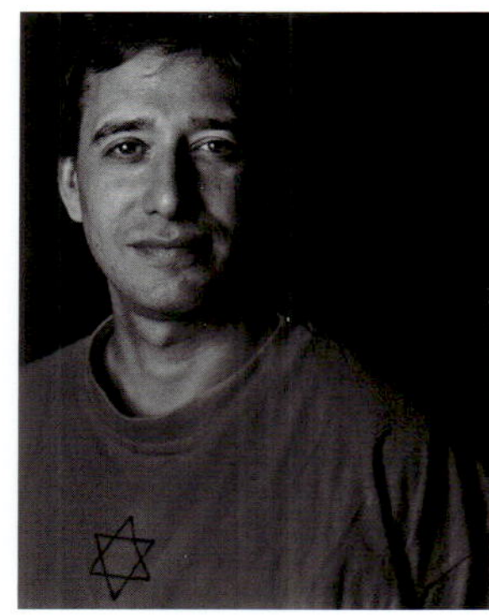

p. 56
Greg Osby
Blue Note Recording Session
Brooklyn 1999

p. 57
Keith Jarrett
nella sua casa / at home
New Jersey 1998

p. 58
John Zorn
DIW Recording Session
New York 1994

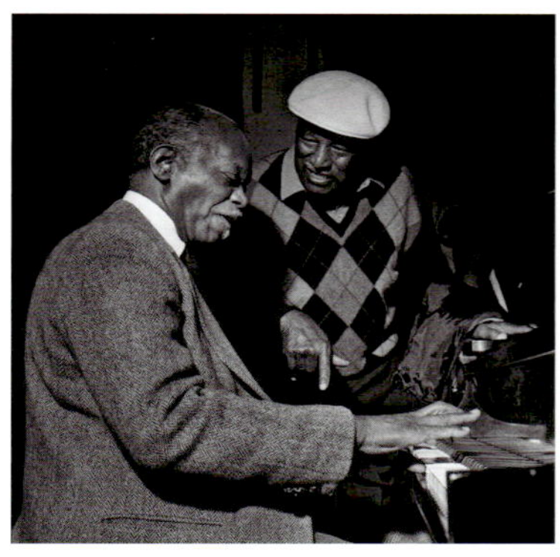

p. 59
Hank Jones, Ray Brown
Verve 50th Anniversary Rehearsal
Carnegie Hall
New York 1994

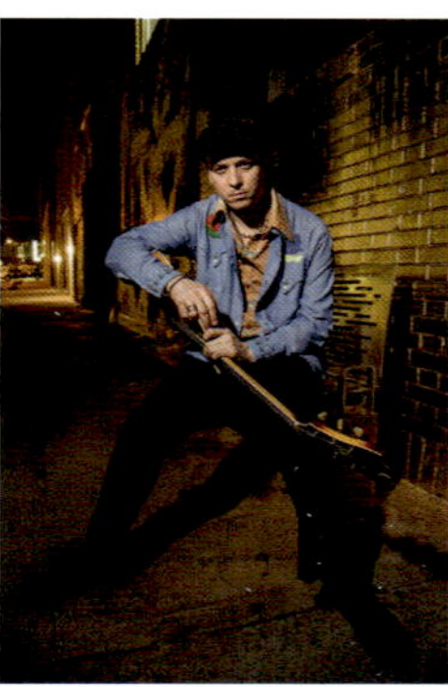

p. 60
Kurt Rosenwinkel
West 21st Street
New York 2013

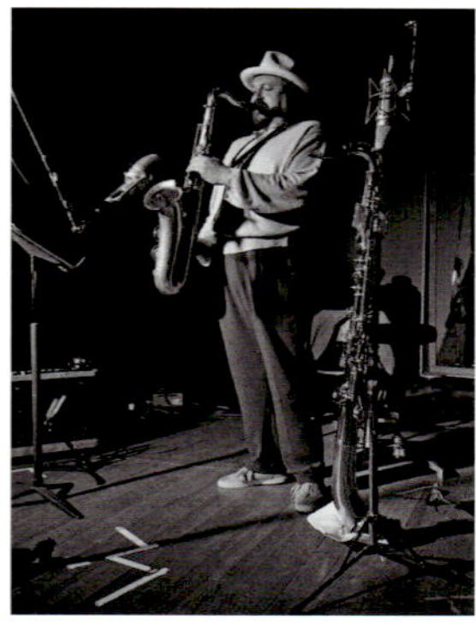

p. 61
Joe Lovano
Blue Note Recording Session
New York 1996

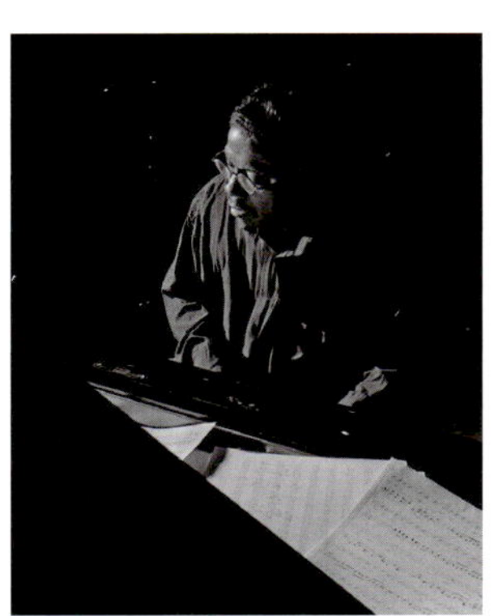

p. 62
Herbie Hancock
Verve Recording Session
New York 1998

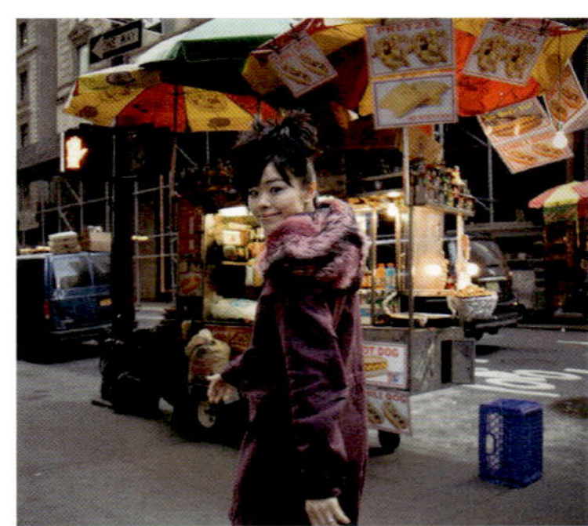

p. 63
Hiromi
New York 2012

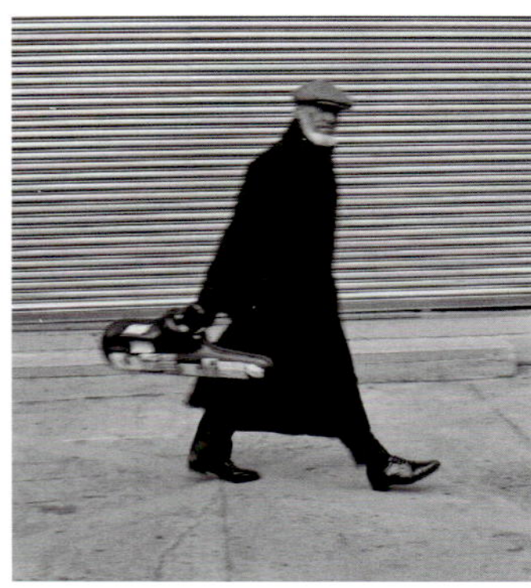

pp. 64
Sonny Rollins
West 26th Street
New York 1998

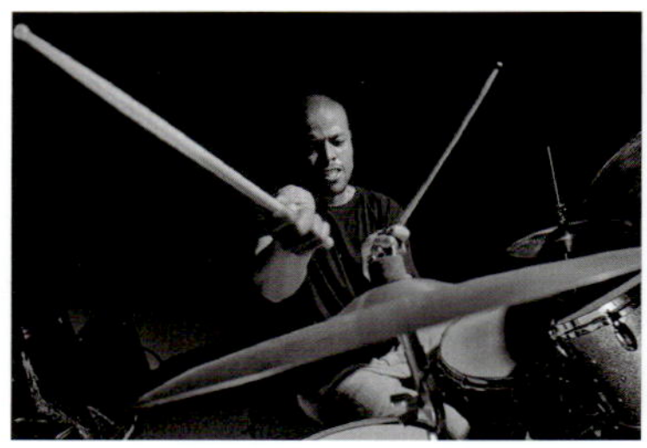 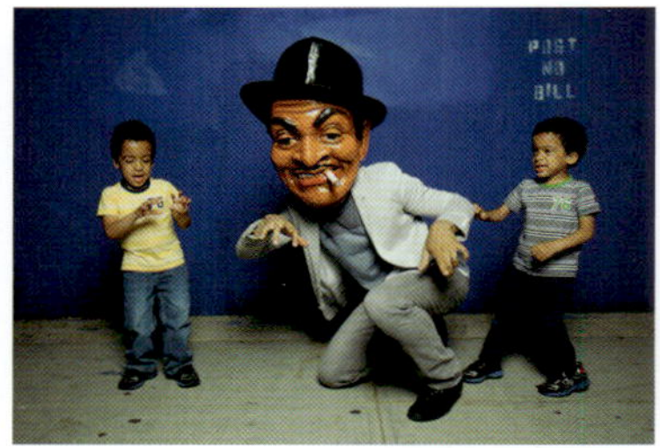 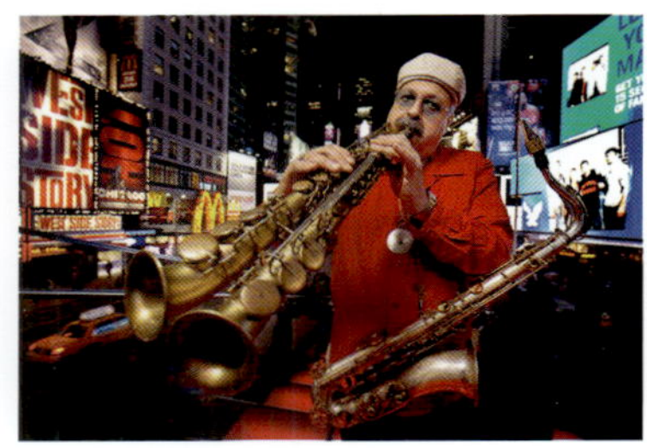

pp. 65
Nasheet Waits
MPI Recording Studio
New York 2000

p. 66-67
Jason Moran and kids
West 13th Street
New York 2011

p. 68-69
Joe Lovano
Time Square
New York 2010

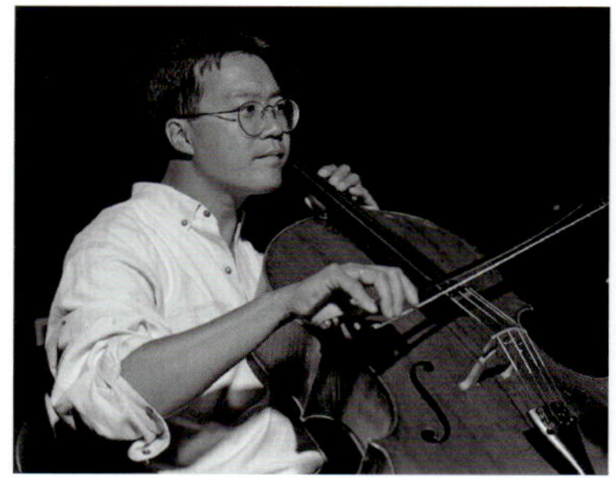 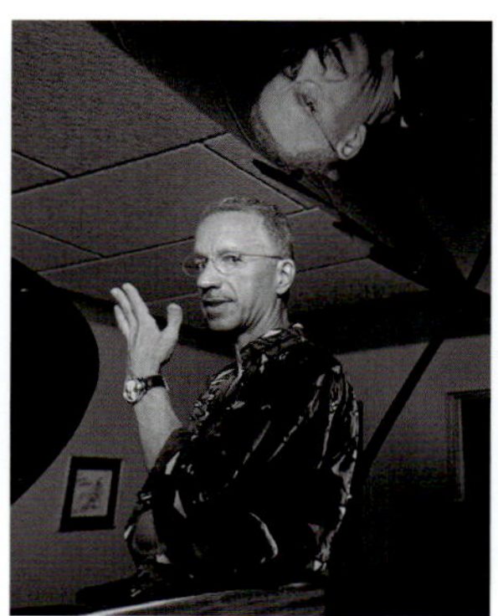 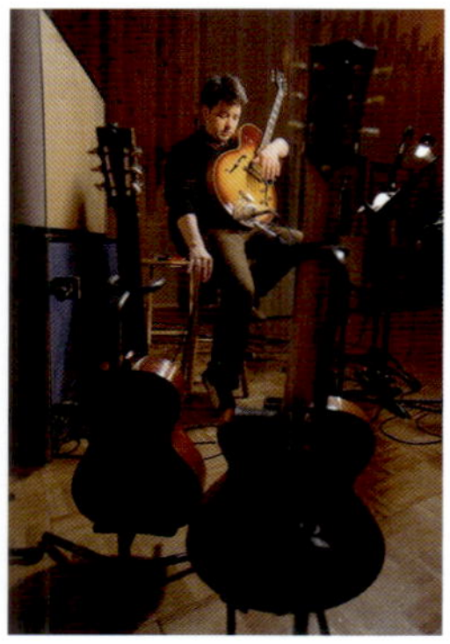

p. 70
Yo-Yo Ma
Sony Recording Session
New York 1996

p. 71
Keith Jarrett
nella sua casa / at home
New Jersey 2003

p. 72
Lage Lund
System Two Recording Studios
Brooklyn 2014

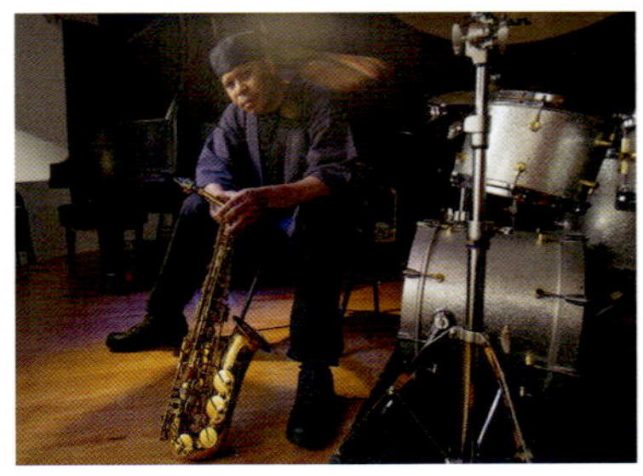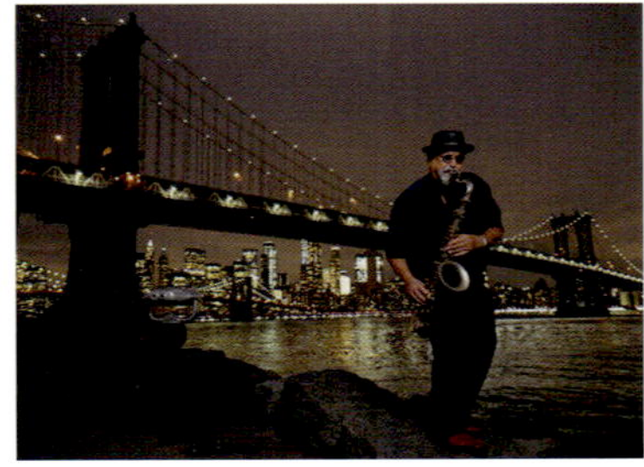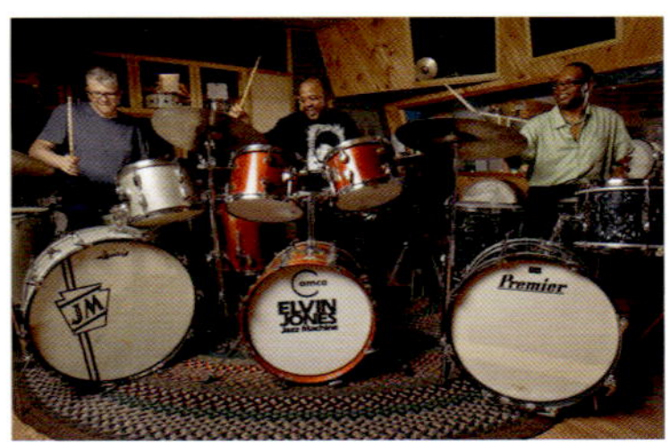

p. 73
Steve Coleman
The Jazz Gallery
New York 2015

p. 74-75
Joe Lovano
Brooklyn 2018

p. 76-77
Matt Wilson, Jeff "Tain" Watts, Louis Nash
Steve Maxwell Drum Shop
New York 2009

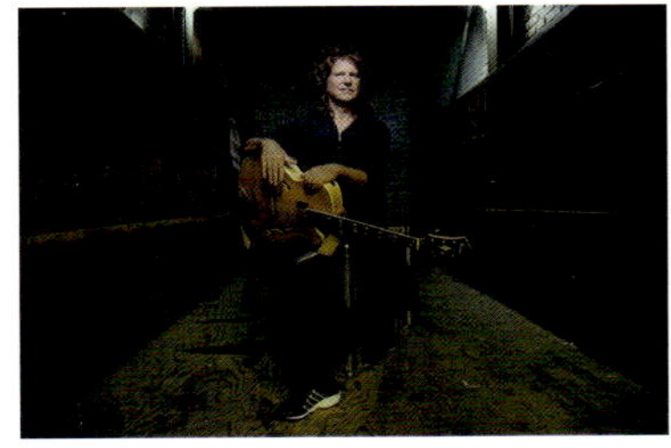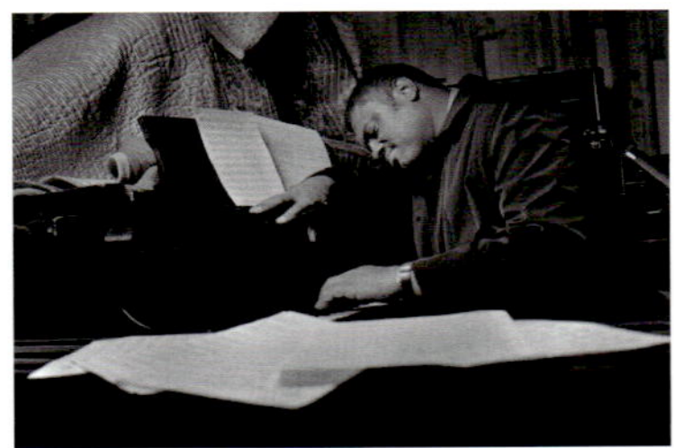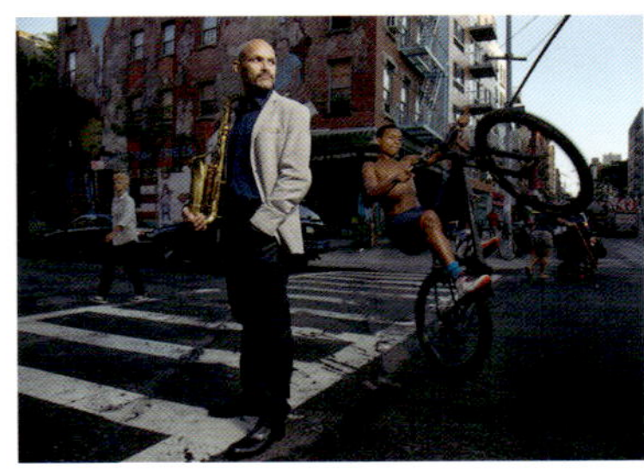

p. 78
Pat Metheny
Brooklyn 2013

p. 79
Mulgrew Miller
MAXJAZZ Recording Session
Brooklyn 2003

p. 80-81
Miguel Zenon
Spanish Harlem
New York 2014

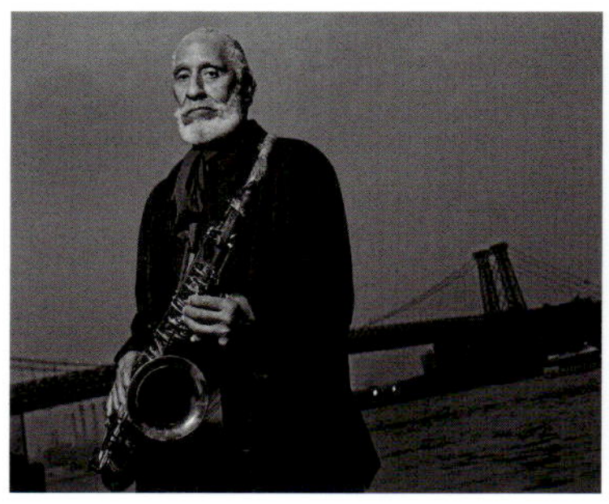 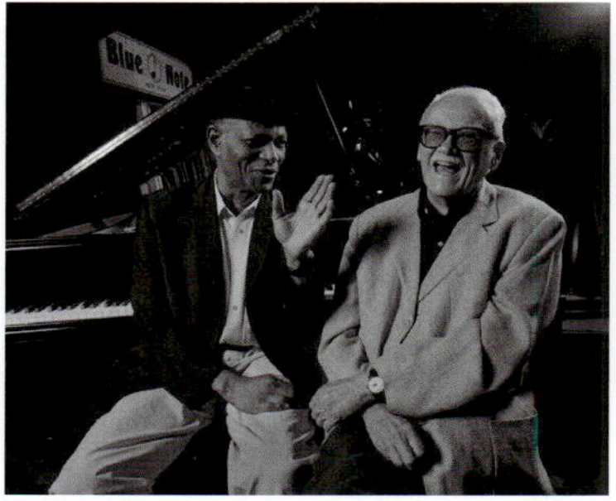 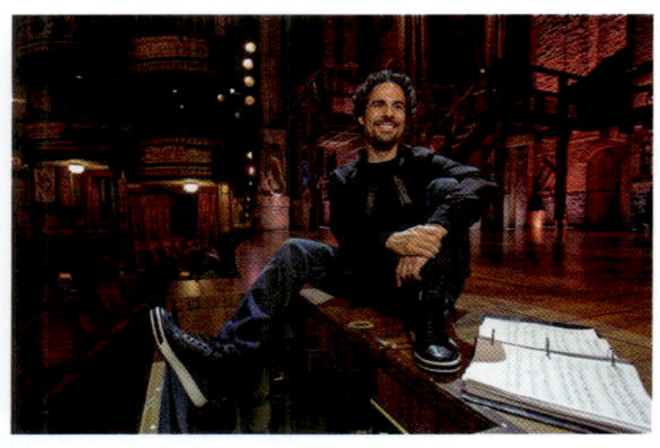

pp. 82-83
Sonny Rollins
Williamsburg Bridge
New York 2005

p. 84
McCoy Tyner, Toots Thielemans
Blue Note Jazz Club
New York 2007

p. 85
Alex Lacamoire
sul palco dell' / on the Stage of
"Hamilton" Musical
New York 2016

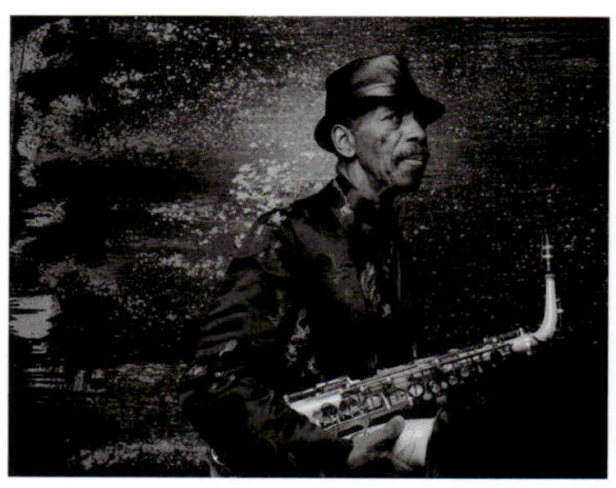 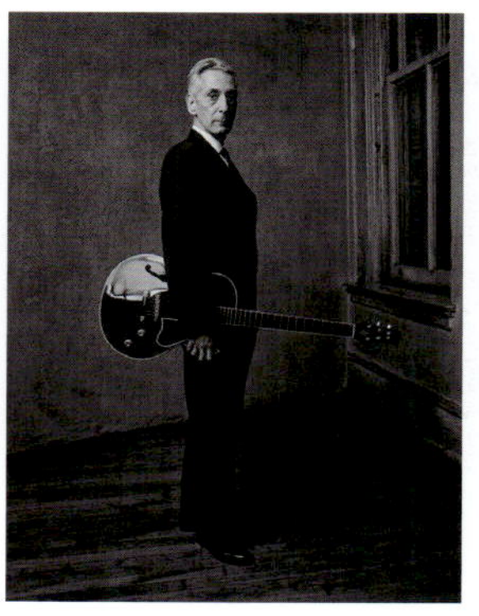 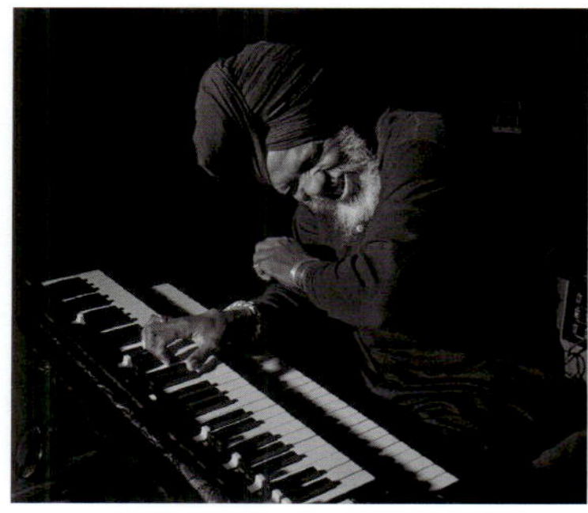

p. 86-87
Ornette Coleman
nella sua casa / at home
New York 2005

p. 88
Pat Martino
New York 2005

p. 89
Lonnie Smith
Blue Note Recording Session
London 1994

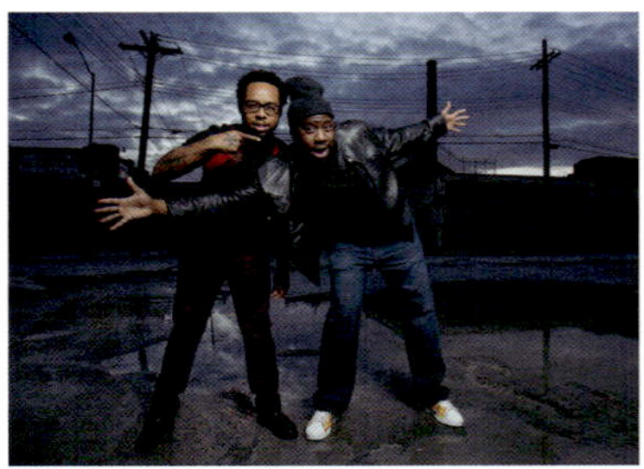

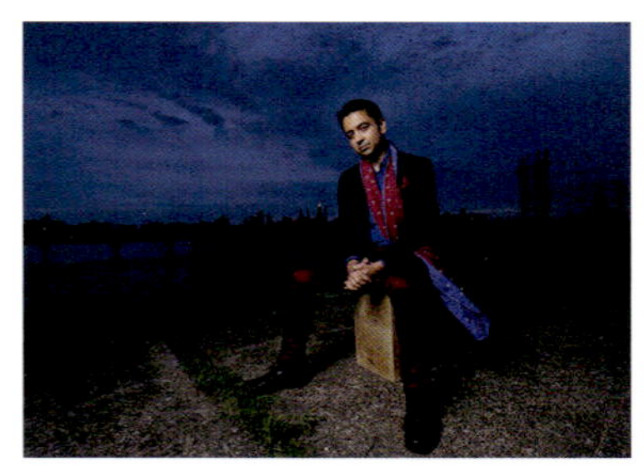

p. 90-91
Robert Glasper, Terrace Martin
Brooklyn 2016

p. 92
Paul Motian
The Village Vanguard
New York 2001

p. 93
Vijay Iyer
Brooklyn 2018

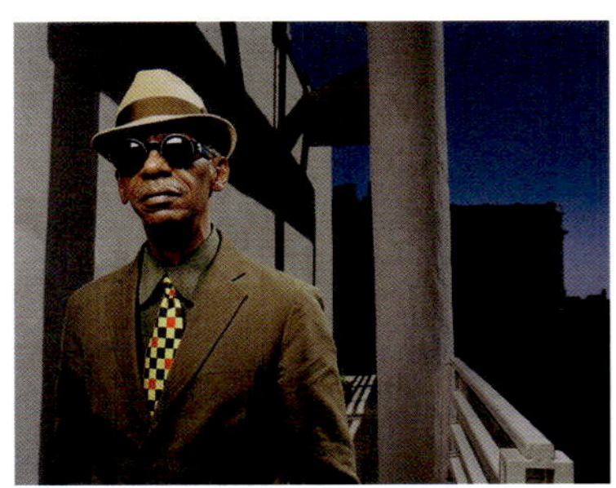

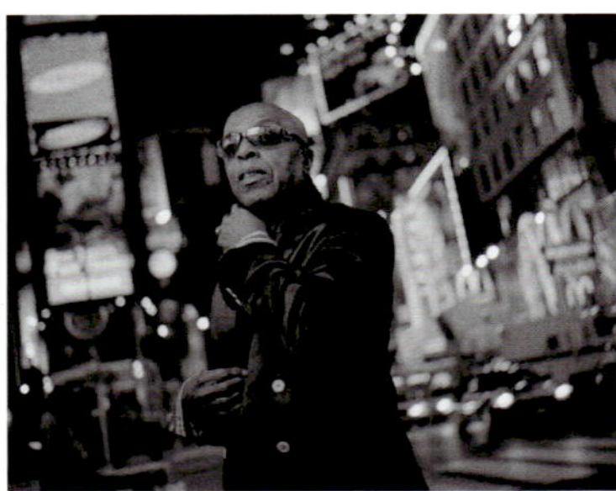

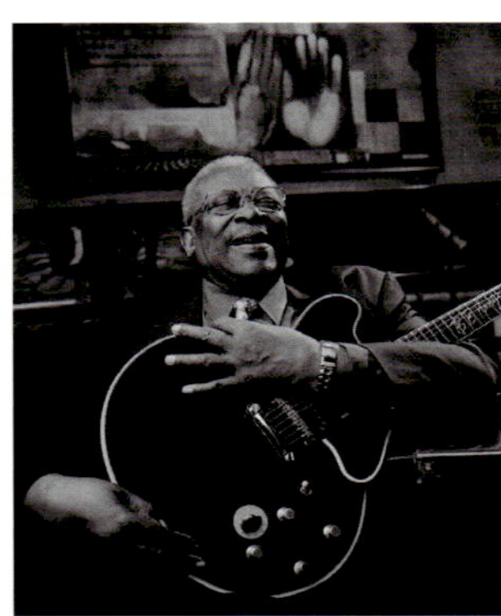

p. 94-95
Roscoe Mitchell
New York 2004

p. 96-97
Roy Haynes
Times Square
New York 2003

p. 98
B.B.King
B.B.King's
New York 2005

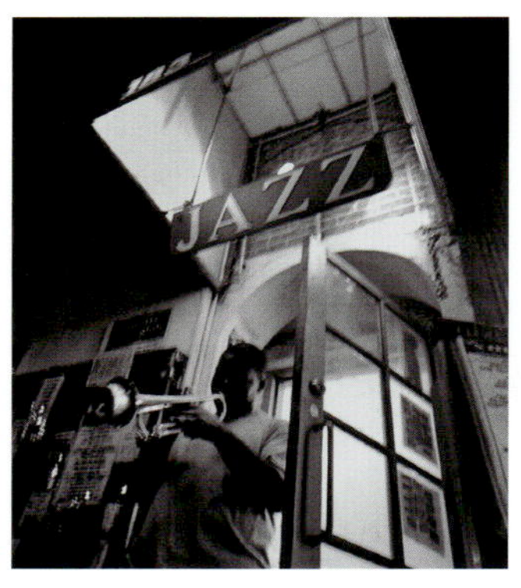

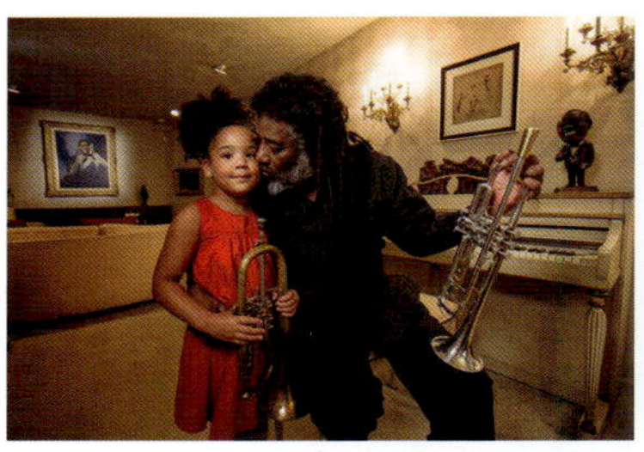

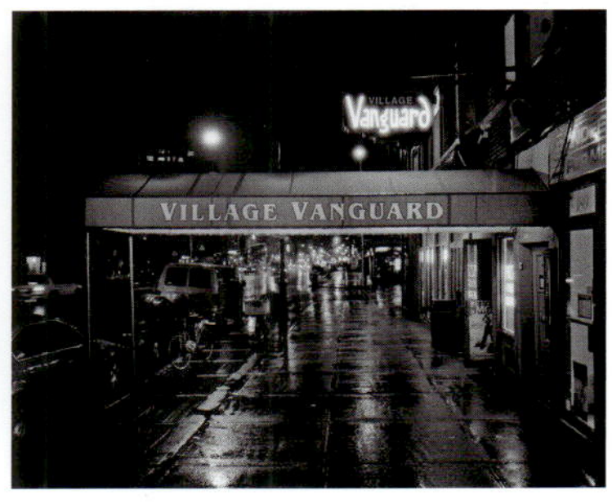

p. 99
Smalls Jazz Club
New York 1999

p. 100-101
Wadada Leo Smith with Jaya Smith
The Louis Armstrong House
Queens 2016

p. 102
The Village Vanguard
New York 2007

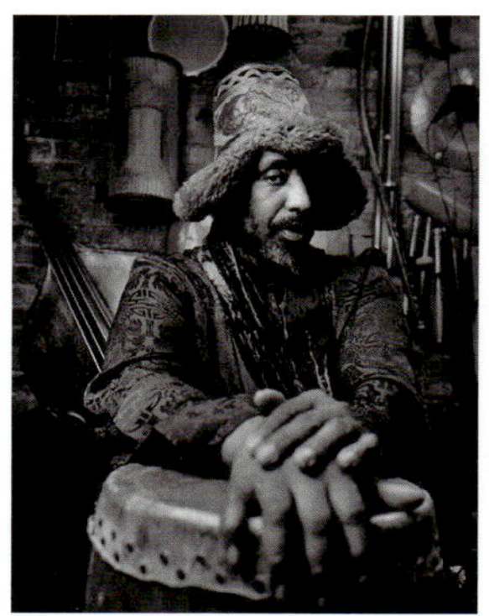

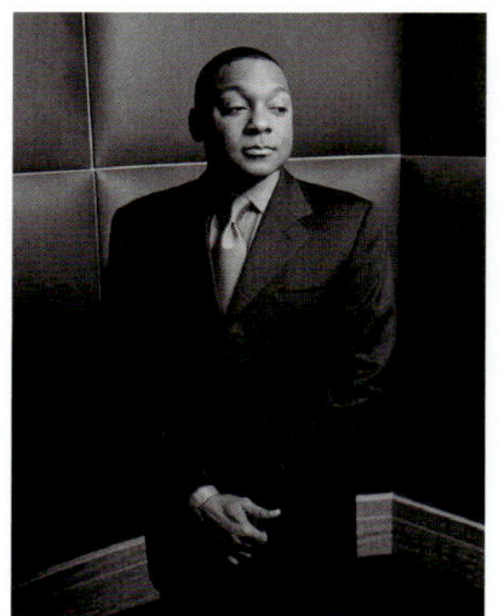

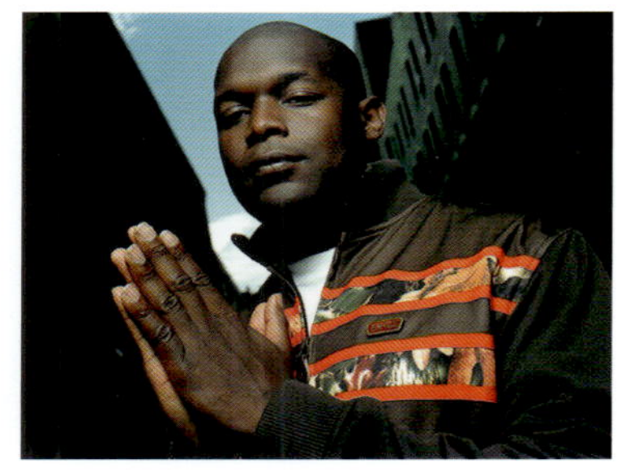

p. 103
William Parker
nella sua casa / at home
New York 2005

p. 104
Wynton Marsalis
Time Warner Building
New York 2003

p. 105
DJ Logic
Brooklyn 2005

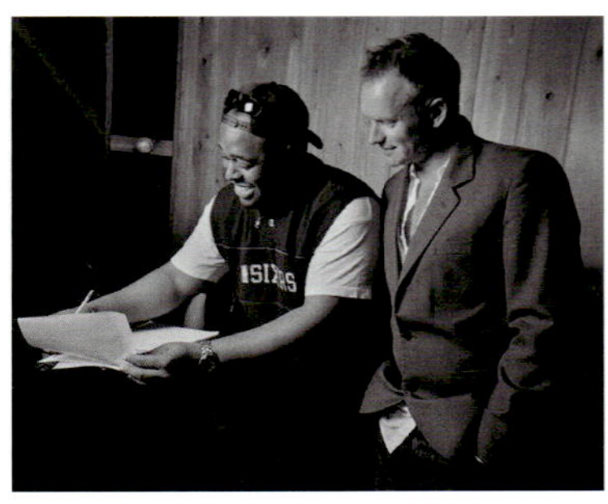

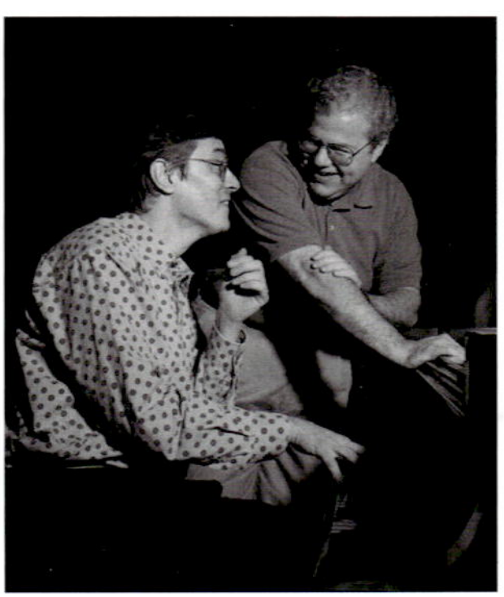

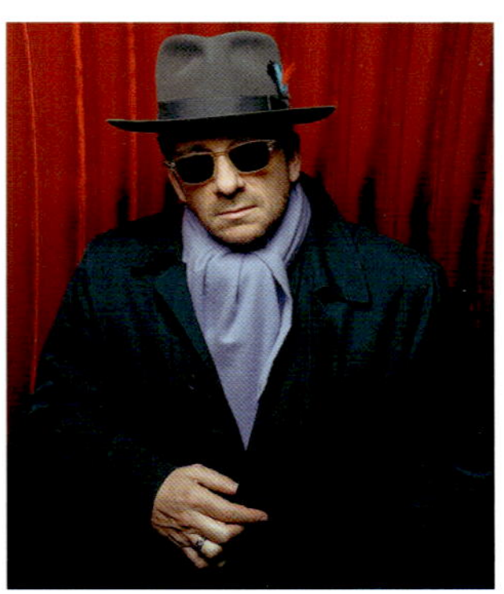

p. 106-107
Christian McBride, Sting
Warner Brothers Recording Session
New York 2002

pp. 108
Emanuel Ax, Peter Serkin
Sony Recording Session
New York 1996

p. 109
Elvis Costello
Joe's Pub
New York 2006

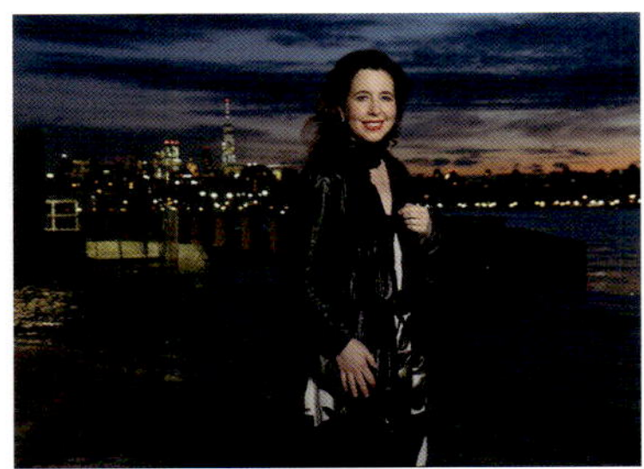

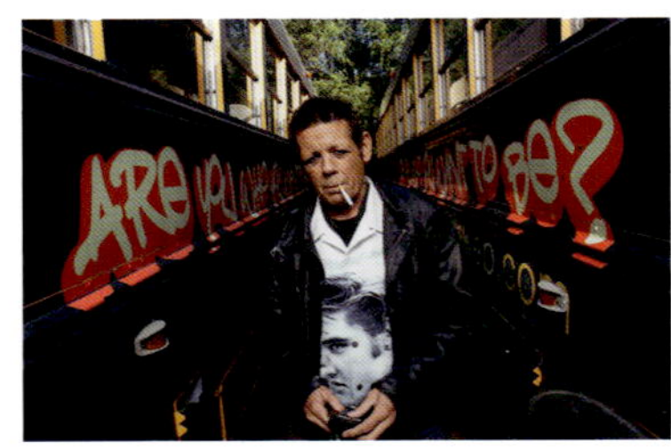

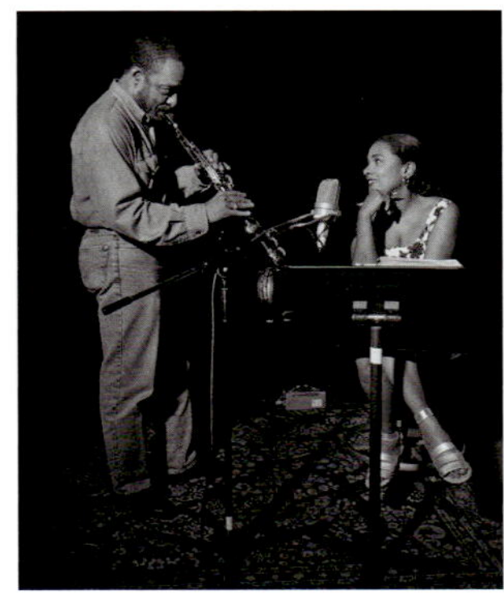

p. 110-111
Angela Hewitt
New York 2019

p. 112
Frankie Venom
Hamilton - Canada 2008

p. 113
Grover Washington, Kathleen Battle
Sony Records Session
New York 1994

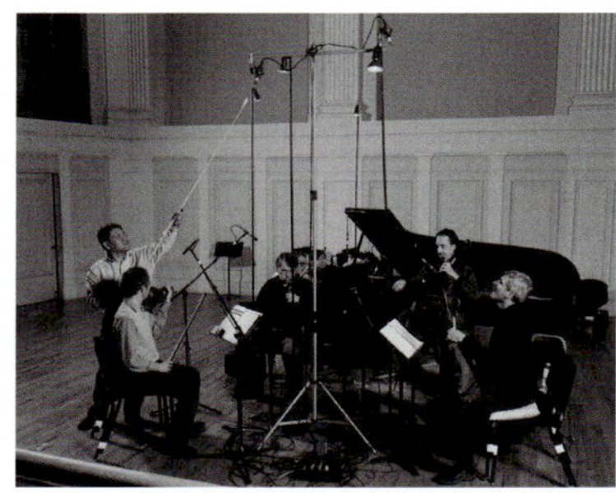

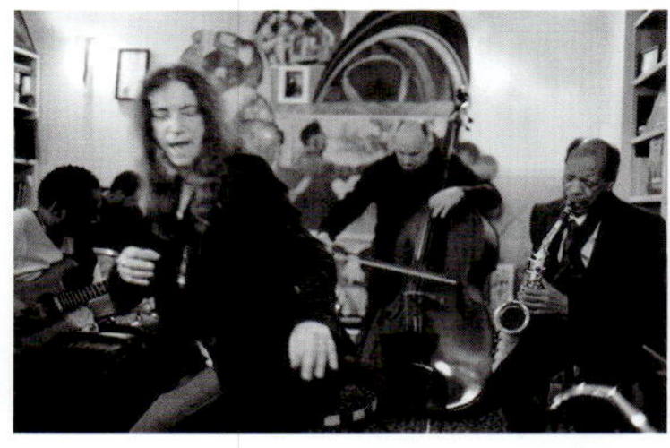

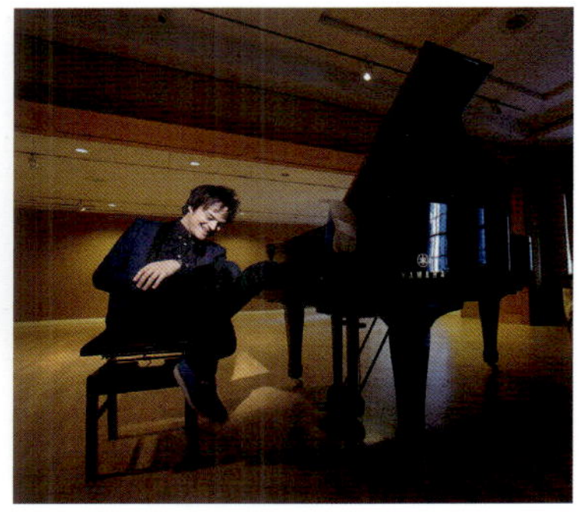

p. 114
Emerson String Quartet
The American Academy of Arts and letters
New York 2006

p. 115
Patti Smith, Ornette Coleman
festa per gli 80 anni a casa /
80th Birthday Party at home
New York 2010

p. 116
Jamie Cullum
Yamaha Artist Services
New York 2014

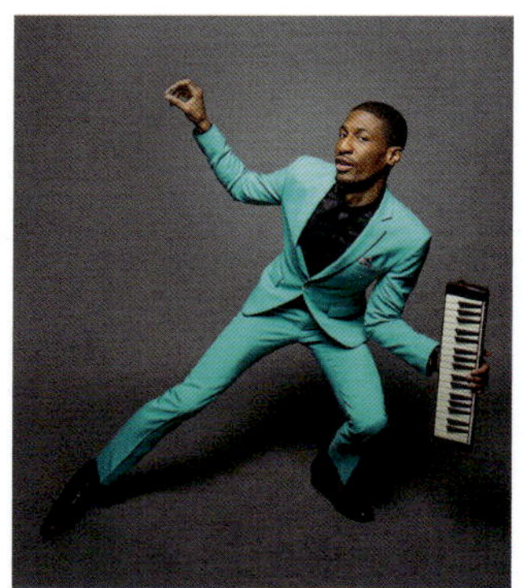

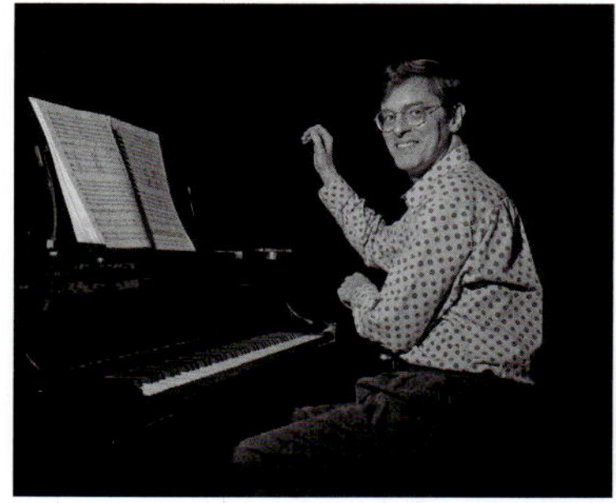

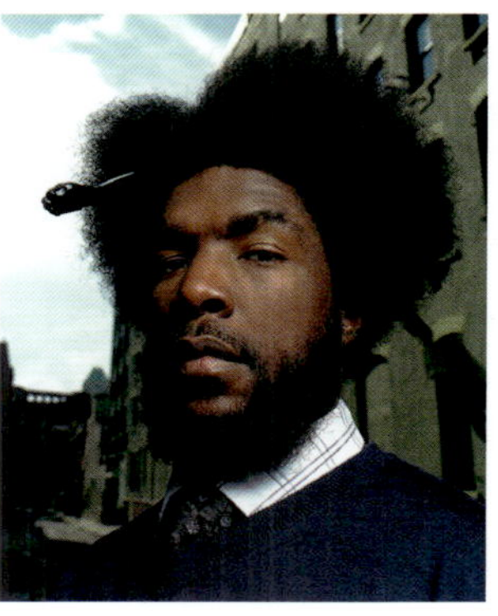

p. 117
Jon Batiste
New York 2016

pp. 118
Peter Serkin
Sony Recording Session
New York 1996

p. 119
Questlove
Brooklyn 2005

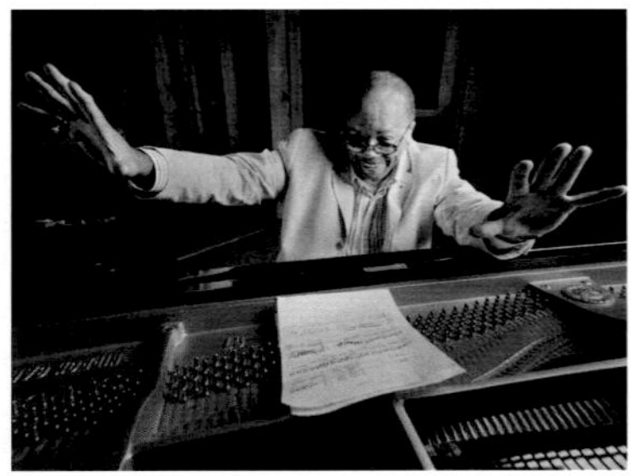

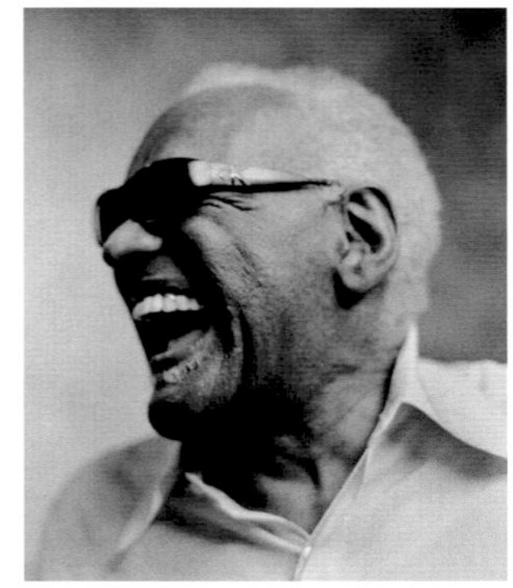

p. 120-121
Quincy Jones
Avatar Studios
New York 2001

p. 122
Sting
Right Track Recording
New York 2004

p. 123
Ray Charles
New York 2000

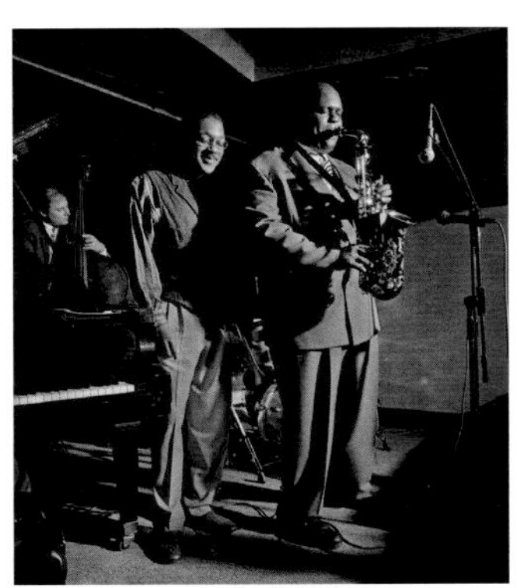

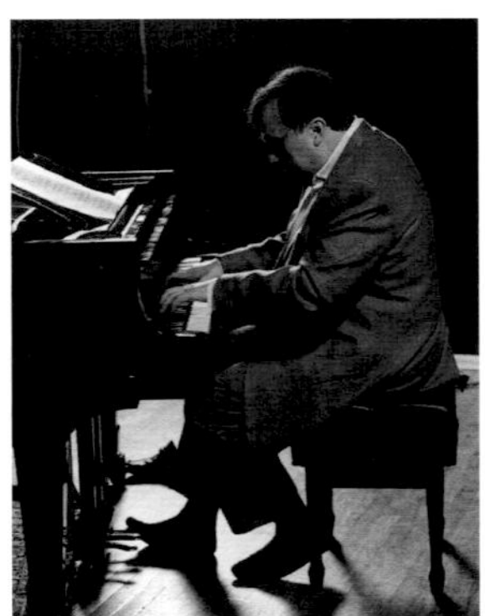

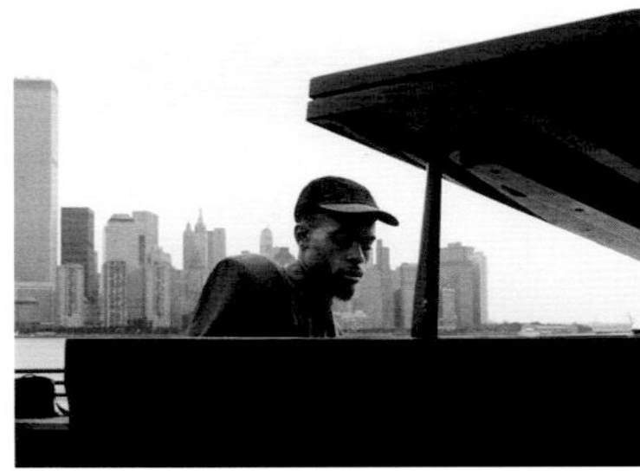

p. 124
Wynton Marsalis, Wess Anderson
Iridium Jazz Club
New York 1994

p. 125
Yefim Bronfman
The American Academy of Arts and Letters
New York 2006

p. 126-127
Marc Cary
Jersey City Pier
New Jersey 1991

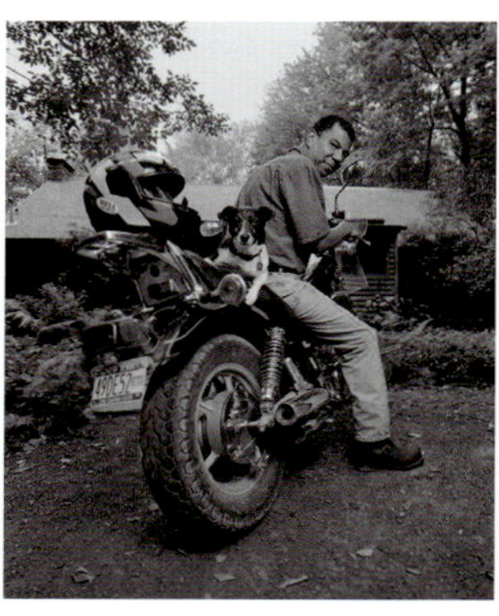

p. 128
Jack DeJohnette and Magic
nella sua casa / at home
Upstate New York 2002

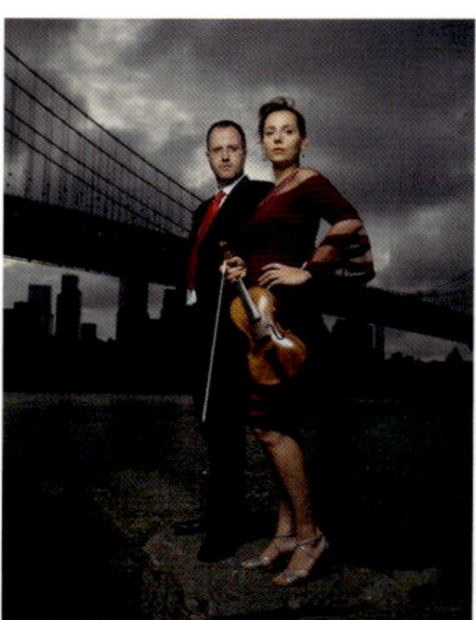

p. 129
Plamena Nikitassova,
Francesco Saverio Pedrini
New York 2018

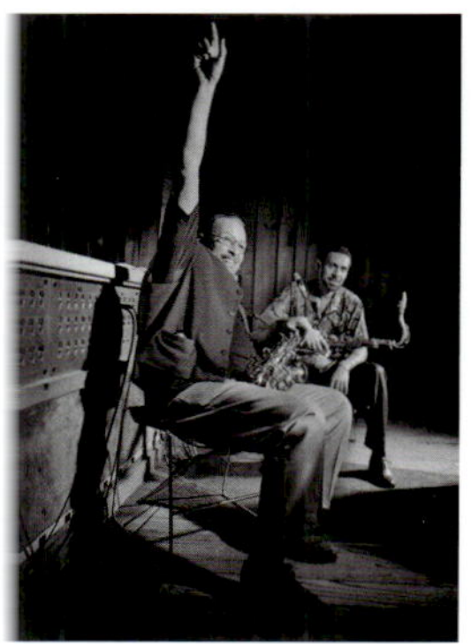

p. 130
Jackie and Rene McClean
Blue Note Recording Session
New York 1997

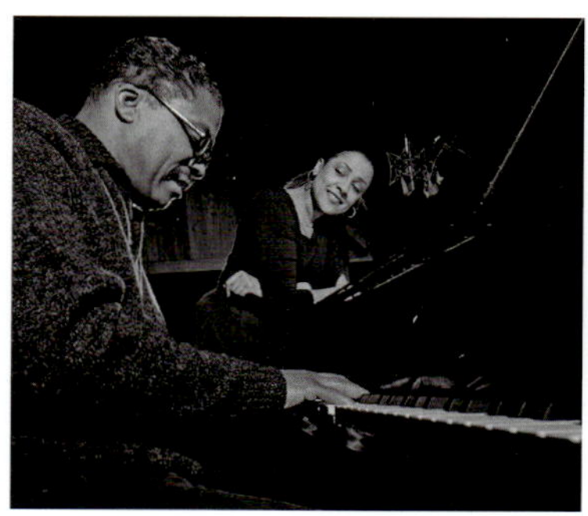

p. 131
Herbie Hancock, Kathleen Battle
Verve Recording Session
New York 1998

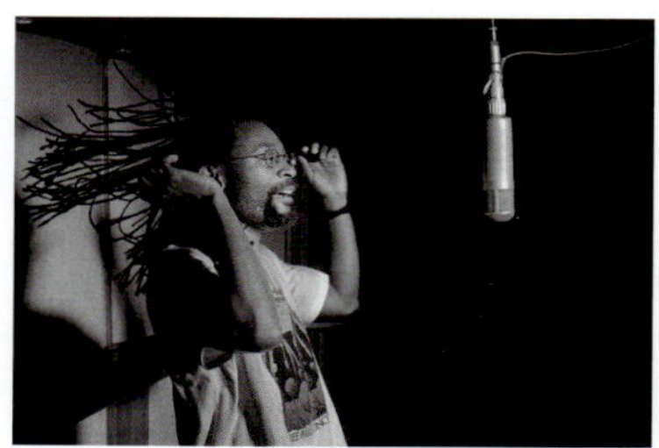

p. 132-133
Bobby McFerrin
Sony Recording Session
New York 1996

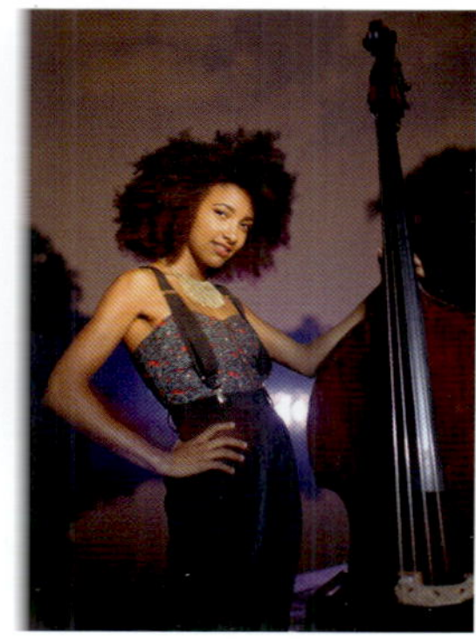

p. 134
Esperanza Spalding
New York 2010

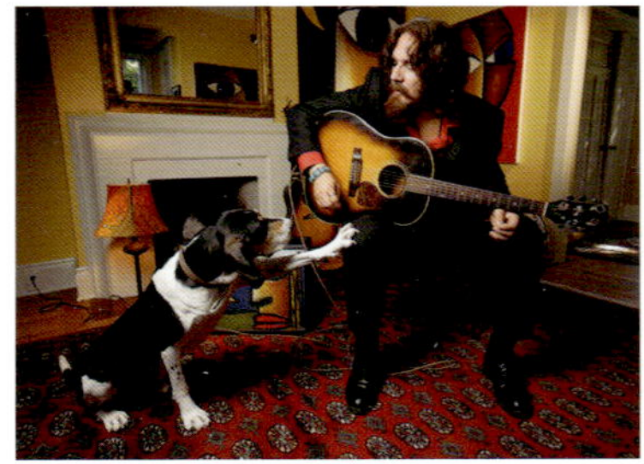

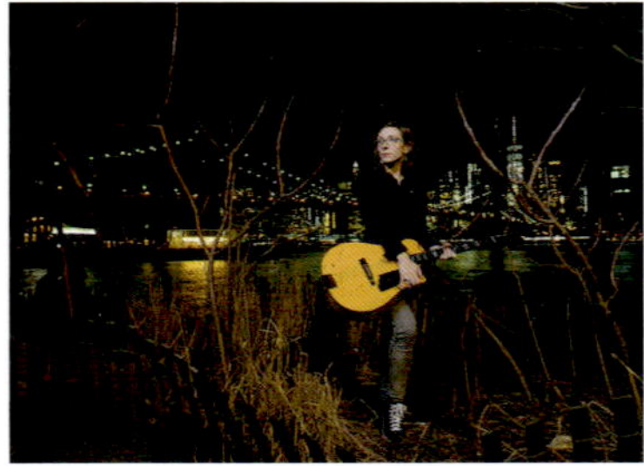

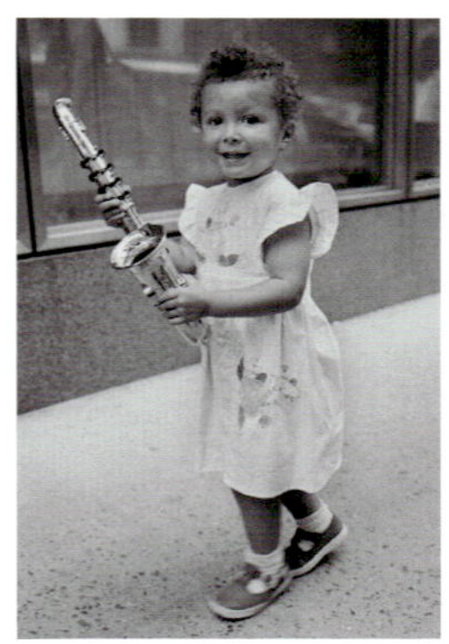

p. 135
Tom Wilson
Hamilton - Canada 2008

p. 136-137
Mary Halvorson
Brooklyn 2018

p. 154
Saxophone Girl
57th Street
New York 1999

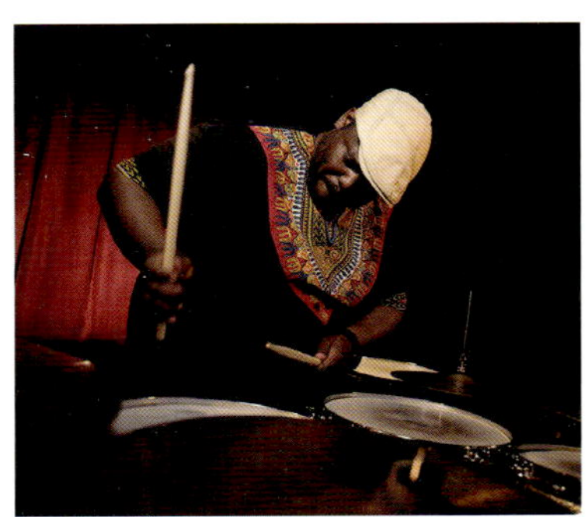

p. 158-159
Johnathan Blake
The Jazz Gallery
New York 2018

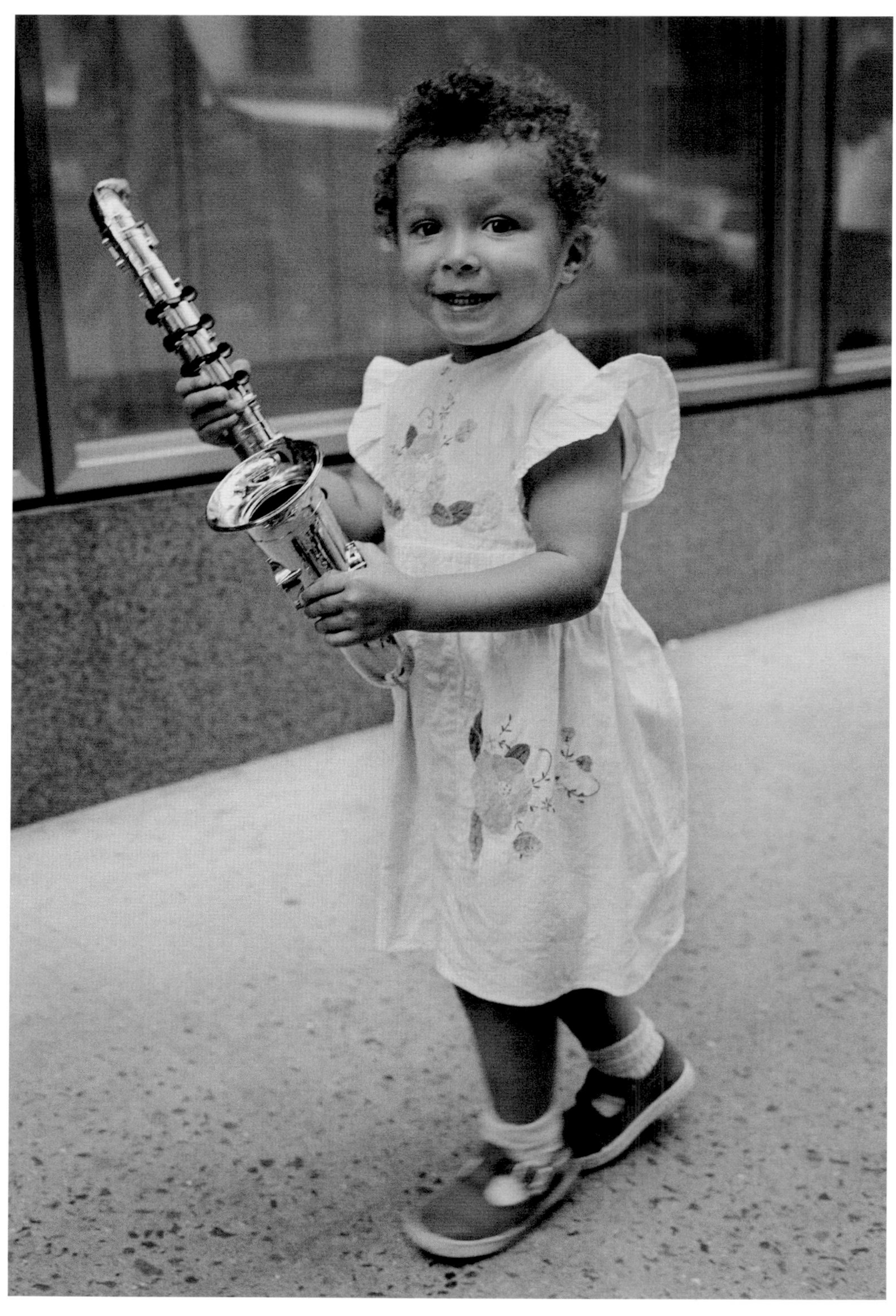

BIOGRAFIA

Nato a New York nel 1957, Jimmy Katz ha studiato fotografia con John McKee alla Bowdoin College.

Finora Katz ha partecipato a più di 550 dischi, realizzando inoltre più di 200 copertine di riviste e centinaia di articoli editoriali – più di ogni altro fotografo moderno. Gran parte della stampa lo ritiene il più importante fotografo dei musicisti jazz degli ultimi 25 anni.

Negli ultimi anni, allo scopo di servire meglio la comunità e di promuovere la forma artistica del jazz, si è servito di un approccio integrato che prevede l'uso della fotografia in posa assieme ad audio e video di alta qualità, integrando queste tecnologie per continuare a documentare il jazz.

Nel 2018 ha fondato l'associazione no-profit GiantStepArts con la moglie Dena Katz. La missione dell'associazione è di finanziare interamente i progetti di registrazione di musicisti all'avanguardia con l'obiettivo dello sviluppo professionale. Jimmy Katz registra ogni album, occupandosi di mixaggio, masterizzazione e progettazione. I musicisti detengono i diritti delle loro composizioni e dei *master* originali; inoltre, sono i musicisti a vendere la propria musica.

Katz ha ricevuto il premio per la miglior fotografia della Jazz Journalists Association nel 2006 e nel 2011.

Negli ultimi 30 anni, ha collaborato con numerose figure storiche della musica jazz, tra cui: Sonny Rollins, Keith Jarrett, Ornette Coleman, Roy Hargrove, Jason Moran, Miguel Zenón, Vijay Iyer, Ravi Coltrane, Freddie Hubbard, Roy Haynes, Cassandra Wilson, Dianne Reeves, Joe Henderson, McCoy Tyner, Ray Charles, Dave Brubeck, Ron Carter, Quincy Jones, George Benson, Joe Lovano, Herbie Hancock, Wayne Shorter, Max Roach, Wynton Marsalis, Christian McBride, Dave Holland, John Zorn, Brad Mehldau, Chick Corea, Elvin Jones, Jim Hall, Abbey Lincoln, Pat Metheny, Dizzy Gillespie, Dave Douglas, Betty Carter, Lee Konitz, Christian McBride, Mark Turner, Steve Coleman, Gregory Porter, Jason Palmer, Tony Bennett, Cécile McLorin Salvant, Diana Krall e Tito Puente.

Katz ha curato il suono di oltre 30 CD, registrando artisti del calibro di Mark Turner, Jason Palmer, Johnathan Blake, Chris Potter, Linda May Han Oh, Miguel Zenón, Miles Okazaki, Avishai Cohen, Ari Hoenig, Lage Lund, Frank Kimbrough, Greg Hutchinson & Johnathan Blake.

BIOGRAPHY

Jimmy Katz was born in New York City in 1957 and studied photography with John McKee at Bowdoin College.

Katz's has been hired to participate in over 550 recording projects and has shot over 200 magazine covers and hundreds of editorial pieces, more than any modern photographer. Katz is considered by some in the press as the most important photographer documenting jazz in the past 25 years.

In recent years to serve the community better and promote the art form, he has used an integrated approach using still photography with high quality audio and video integrating all of this technology to continue to document jazz.

In 2018 he founded the Non-Profit GiantStepArts with his wife Dena Katz. Its mission is to wholly fund, cutting edge musicians recording projects with career development as its goal. Jimmy Katz records, oversee the mixing, mastering and design of every record. Musicians own their compositions and the original masters. The musicians sell their own music.

He received the Award for Excellence in Photography by the Association of Jazz Journalists Association in 2006 and 2011.

In the last 30 years has worked with numerous historical figures in jazz, including: Sonny Rollins, Keith Jarrett, Ornette Coleman, Roy Hargrove, Jason Moran, Miguel, Zenon, Vijay Iyer, Ravi Coltrane, Freddie Hubbard, Roy Haynes, Cassandra Wilson, Dianne Reeves, Joe Henderson, McCoy Tyner, Ray Charles, Dave Brubeck, Ron Carter, Quincy Jones, George Benson, Joe Lovano, Herbie Hancock, Wayne Shorter, Max Roach, Wynton Marsalis, Christian McBride, Dave Holland, John Zorn, Brad Mehldau, Chick Corea, Elvin Jones, Jim Hall, Abbey Lincoln, Pat Metheny, Dizzy Gillespie, Dave Douglas, Betty Carter, Lee Konitz, Christian McBride, Mark Turner, Steve Coleman, Gregory Porter, Jason Palmer, Tony Bennett, Cécile McLorin Salvant Diana Krall and Tito Puente.

Katz has engineered more than 30 CD projects and has recorded artists including: Mark Turner, Jason Palmer, Johnathan Blake, Chris Potter, Linda May Han Oh, Miguel Zenón, Miles Okazaki, Avishai Cohen, Ari Hoenig, Lage Lund, Frank Kimbrough, Greg Hutcherson & Johnathan Blake.

Stampa
Intervista sul "New York Times": http://lens.blogs.nytimes.com/2009/08/14/showcase-34/
Intervista su "NPR": http://www.npr.org/blogs/pictureshow/2009/09/bluenote.html

Citazioni/Testimonianze
"Jimmy Katz, il miglior fotografo jazz attivo sulla faccia della terra." – Herman Leonard
"Sai di aver sfondato nel mondo del jazz quando ti fai fotografare da Jimmy Katz." – NPR
"Katz è diventato il fotografo di maggior rilievo attivo nel mondo del jazz oggi." – "Der Spiegel"
"Nel corso degli ultimi vent'anni, Jimmy Katz si è affermato come il maggior fotografo jazz della sua generazione... Oltre alle decine di immagini avvincenti scattate durante le esibizioni dal vivo, qui sono particolarmente toccanti gli scatti che rivelano momenti intimi dietro le quinte, nella sala registrazioni e soprattutto a casa degli artisti..." – Joel Roberts
"Può essere considerato uno dei fotografi più famosi e fortunati al mondo, e ha immortalato alcuni dei grandi della musica per l'eternità." – "La Repubblica", Italia
"Potrebbe rappresentare l'inizio di qualcosa di grande... L'opera di Katz ha dominato gli ultimi vent'anni del jazz a New York, e ci sono una serie di ritratti mozzafiato. Jazz Katz è il top dei libri fotografici." – Axel Stinshoff, "Jazzthing", Germania
"Jazz Katz è un libro meraviglioso... Sensibilizzando lo sguardo alle espressioni fisiche dei musicisti jazz, gli scatti di Jimmy Katz si avvicinano alla vera natura del jazz. Le sue fotografie raccontano piccole storie, fermate in un'unica immagine come un ricordo." – Harald Justin, "Jazzthetik", Germania

Libri fotografici
Salt Dreams (powerHouse, 2006)
Jazz in New York di Jimmy Katz (JazzPrezzo, 2007)
The Cat With the Hat (JazzPrezzo, 2008)
World of Wonders (powerHouse, 2009)
Francis Wolff and Jimmy Katz Blue Note Photography (JazzPrezzo, 2009)
JazzKatz: The Sound of New York (Padova Jazz Festival, 2014)

Acquisti e mostre museali
Islip Museum, Islip, New York, Humor in Photography, Immagini da Salt Dreams, 2007
Museo Ebraico di Berlino, Germania, autunno, 2009 (fotografie presenti anche nella collezione permanente)
Houston Museum of Fine Arts, Houston, Texas, Immagini da Salt Dreams, 2010 (fotografie presenti nella collezione permanente)
Dutch Fotomuseum (collezione permanente)

Personali (selezione di mostre)
Konica Plaza, Tokyo, Giappone 1996
Sheldon Gallery, St. Louis, Missouri 1998
Peer Gallery (ora Michael Mazzeo Gallery), Chelsea, N.Y. 2006
Steiner Gallery, Vienna, Austria, 2008
Hamilton Art Gallery, Hamilton, Canada 2008
PDNB Gallery, Dallas, Texas, 2010
North Sea Jazz Festival (2014)
Padova Jazz Festival (2014)
Geller Jazz Residency alla Clark University (2014)
Clark University & Lecture (2017)

Selezione di articoli e recensioni
"New York Times", Salt Dreams alla Peer Gallery, Grace Glueck, luglio, 2006
"Forbes Life", estate, 2006
"Marie Claire – Italia", servizio fotografico Salt Dreams, 2006
Youth Vision, Cina, estate, 2007
"New York Times", Long Island Edition, autunno, 2007
"Daily Beast", World of Wonders, 2009
"Psychology Today", World of Wonders, 2009
"New York Times", "Showcase: Riffing in Black and White", agosto, 2009
"New York Times", recensione del volume *Shooting the Freaks*, agosto, 2009
"Musica Jazz", gennaio 2014
"InSound", giugno 2015

Press
New York Times interview: http://lens.blogs.nytimes.com/2009/08/14/showcase-34/
NPR interview: http://www.npr.org/blogs/pictureshow/2009/09/bluenote.html

Quotes/Testimonials
"Jimmy Katz, the best working jazz photographer on earth." – Herman Leonard
"How you know you've made it in jazz: you get your photo taken by Jimmy Katz." – *NPR*
"Katz has risen to be the most important photographer working in jazz today." – *Das Spiegel*
"Over the past two decades, Jimmy Katz has established himself as the preeminent jazz photographer of his generation… Along with dozens of riveting live performance shots, what's especially moving here are the pictures that reveal intimate moments offstage, in the recording studio and especially at the artists' homes… ." – Joel Roberts
"He can be considered one of the most well known and luckiest photographers in the world and he has immortalized some of the music greats for all time." – *La Repubblica*, Italy
"This could be the start of something big… Katz's work has dominated the last two decades of jazz in New York and there are so many portraits that just blow you away. Jazz Katz is the hammer of coffee table books." – Axel Stinshoff, *Jazzthing*, Germany
"Jazz Katz is a wonderful book… by sensitizing the eye for the physical expressions of jazz musicians, Jimmy Katz's photographs approach the true nature of jazz. His photographs tell small stories, frozen in a single picture just like a memory." – Harald Justin, *Jazzthetik*, Germany

Photography Books
Salt Dreams (powerHouse, 2006)
Jazz in New York by Jimmy Katz (JazzPrezzo, 2007)
The Cat With the Hat (JazzPrezzo, 2008)
World of Wonders (powerHouse, 2009)
Francis Wolff and Jimmy Katz Blue Note Photography (JazzPrezzo, 2009)
JazzKatz: The Sound of New York (Padova Jazz Festival, 2014)

Museum Acquisitions and Exhibitions
Islip Museum, Islip, New York, Humor in Photography, Images from Salt Dreams, 2007
Jewish Museum in Berlin, Germany, Fall, 2009 (photographs also in permanent collection)
Houston Museum of Fine Arts, Houston, Texas, Images from Salt Dreams, 2010 (photographs in permanent collection)
Dutch Photo Museum (permanent collection)

Solo Shows (selected exhibitions)
Konica Plaza, Tokyo, Japan 1996
Sheldon Gallery, St. Louis, Mo. 1998
Peer Gallery (now Michael Mazzeo Gallery), Chelsea, N.Y. 2006
Steiner Gallery, Vienna, Austria, 2008
Hamilton Art Gallery, Hamilton, Canada 2008
PDNB Gallery, Dallas, Texas, 2010
North Sea Jazz Festival (2014)
Padua Jazz Festival (2014)
Geller Jazz Residency at Clark University (2014)
Clark University & Lecture (2017)

Selected Articles and Reviews
New York Times, Salt Dreams at Peer Gallery, Grace Glueck, July, 2006
Forbes Life, Summer, 2006
Marie Claire – Italy, Photo Spread Salt Dreams, 2006
Youth Vision, China, Salt Dreams, 2006
De Spiegel, Summer, 2007
New York Times, Long Island Edition, Fall, 2007
Daily Beast, World of Wonders, 2009
Psychology Today, World of Wonders, 2009
New York Times, "Showcase: Riffing in Black and White," August, 2009
New York Times, Book Review "Shooting the Freaks", August, 2009
Musica Jazz, January 2014
InSound, June 2015

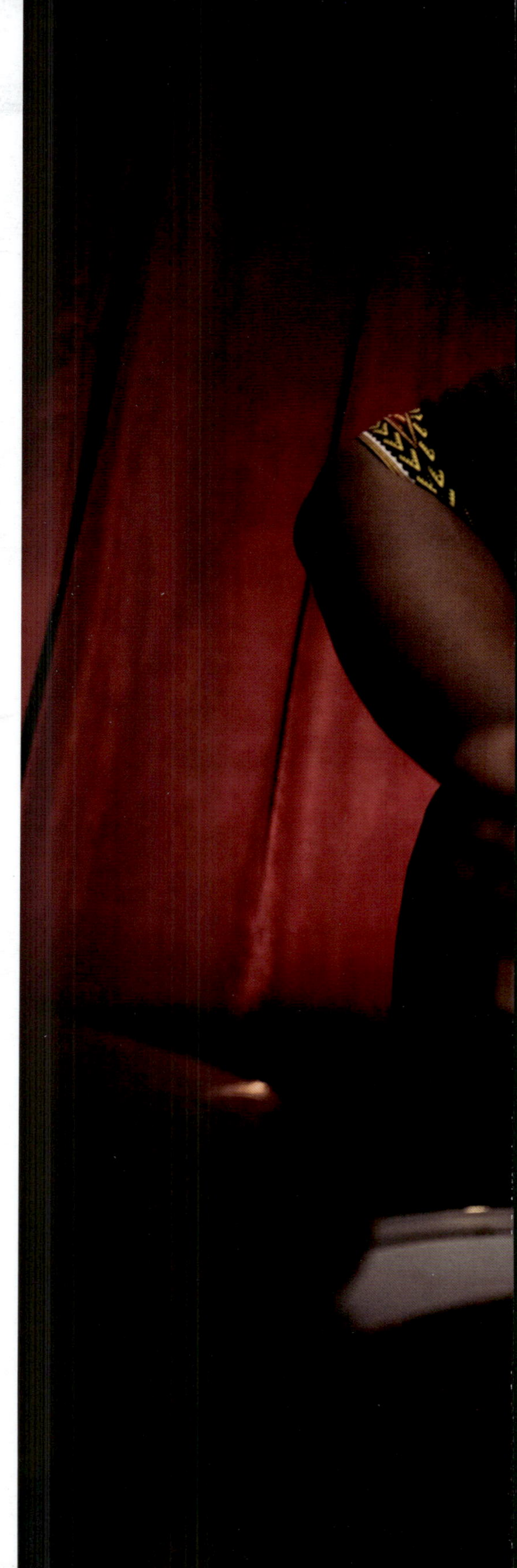

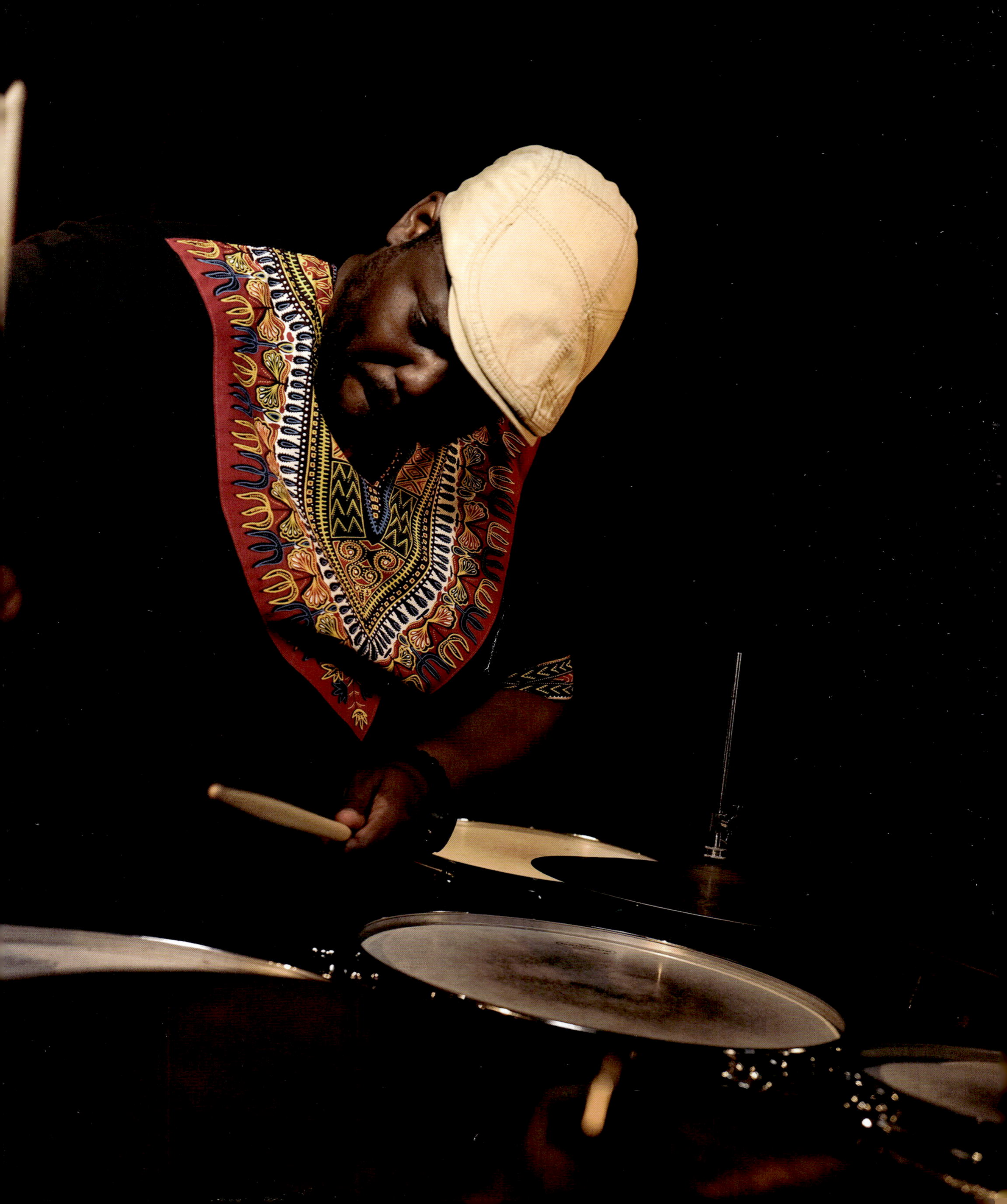

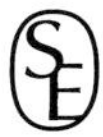

Silvana Editoriale

Direzione editoriale
Dario Cimorelli

Art Director
Giacomo Merli

Coordinamento editoriale
Sergio Di Stefano

Redazione
Lorena Ansani

Traduzione
Contextus srl, Pavia (Daniela Innocenti)

Impaginazione
Denise Castelnovo

Coordinamento di produzione
Antonio Micelli

Segreteria di redazione
Ondina Granato

Ufficio iconografico
Alessandra Olivari, Silvia Sala

Ufficio stampa
Lidia Masolini, press@silvanaeditoriale.it

ISBN: 978883664379 0

Available through ARTBOOK | D.A.P.
155 Sixth Avenue, 2nd Floor, New York, N.Y. 10013
Tel: (212) 627-1999 Fax: (212) 627-9484

Silvana Editoriale S.p.A.
via dei Lavoratori 78
20092 Cinisello Balsamo, Milano
tel. 02 453 951 01
fax 02 453 951 51
www.silvanaeditoriale.it

Le riproduzioni, la stampa e la rilegatura
sono state eseguite in Italia
Stampato da Grafiche Antiga,
Crocetta del Montello (Tv)
Finito di stampare
nel mese di giugno 2019